車基文 自傳的 에세이

## 영원한 삶을 위하여
My journey in the eternal life

My journey in the eternal life

# 영원한 삶을 위하여

車基文 自傳的 에세이

## 책머리에

일반적으로 자신의 생애를 기술한 것을 자서전(Autobiography)이라고 한다. 저자가 자기 자신보다는 그가 살아온 환경이나 시대에 보다 더 중점을 두었을 때에는 "회고록"이라고 한다. 괴테의 "시와 진실" 같이 창작적 요소가 가해져서 문학적 가치를 지닌 자서전도 있다. 나는 처칠, 맥아더, 슈바이처와 같이 영웅적인 회고록을 쓰는 것도 아니고, 톨스토이나 괴테같이 문학적 가치가 있는 창작물을 집필하는 것도 아니다.

이 책은 나의 내면적인 일생의 기록을 적나라하게 에세이식으로 표현한 것이다. 순간적인 인생살이가 아니라 영원한 삶을 위해 대로(大路)를 걷는 나의 체험적 인생관을 후세에 교훈으로 남기고자 하는 데 있다. 사나이 태어나서 한 번 죽지 두 번 죽나! 이 한 목숨 조국과 인류를 위해 초개같이 버리겠다는 마음을 가질 때 영원한 삶을 영위할 수 있다. 개인의 이익과 편안함을 추구하는 것이 아니라 조국수호와 세계평화를 위한 확고한 사생관을 가질 때 인생은 영원할 수가 있는 것이다.

내가 살아온 세대는 격동의 세월이었다. 일본 제국주의가 발악하던 제2차 세계대전 말기에 태어나서 6·25 한국전쟁을 겪었다. 조국상잔의 비극 속에서 민주주의를 수호하기 위한 정의의 전쟁을 체험하면서 자랐던 것이다. 일당독재에 항거하기 위한 4·19 학생혁명의 붉은 피 대열 속에서 배웠다. 조국근대화를 위한 5·16 군사정변의 뒤안길에서 사관학교에 들어갔다. 10·26과 12·12사태를 거쳐 6·10항쟁에 이르면서 민주화의 꽃을 피웠다. 88올림픽과 2002월드컵을 통하여 세계화 정보화를 이룩하였다. 격동의 세월 속에서도 5000년 역사를 수십 년 만에 원초적인 사회에서 고도의 문명사회로 승화시킨 세대였다. 후진국이라는 불명예를 씻어내고 산업화, 민주화, 정보화를 이룩한 영광스러운 선진조국의 주역이 된 시대에 살았던 것이다.

　나는 낙동강변 두메산골에서 태어나고 자랐다. 누구나 할 것 없이 가난에 찌들었던 시대였다. 풀뿌리와 나무껍질을 벗겨 먹고 살던 시절이었지만 향학열에 불탄 소년은 대구로 유학을 했다. 일찍부터 부모를 떠나 홀로서기를 배워 강인한 자립심을 가지고 면학에 열중했다. 학교와 로타리클럽 등에서 받은 장학금으로 무에서 유를 창조할 수 있었다. 아무리 어려운 환경에 처하더라도 누구나 타고난 재능을 마음껏 펼칠 수 있는 자유민주주의 조국의 수혜를 최대로 받았던 것이다.

　국가와 사회로부터 받은 은혜에 보답하기 위해서 멸사봉공의 길을 택했다. 육군사관학교에 들어갔던 것이다. 군인의 길은 자신과 개인의 이

익에만 매달리는 안일한 길보다 대의를 위해 목숨을 바치는 험난한 정의의 길을 걷는 것이다. 국가와 민족 그리고 세계평화를 위하여 헌신하고 희생하며 하나님을 섬기는 믿음의 생활 속에서 영원한 삶을 추구하였던 것이다.

나는 중학교 때부터 일기를 쓰기 시작했다. 중간 중간 불가피하게 단절된 부분도 있지만 숨을 거두는 그날까지 나의 기록은 계속될 것이다. 이 책은 내가 쓴 일기를 줄거리로 해서 전개되었다. 틈틈이 기록해 두었던 메모와 산문 그리고 앨범과 디스크에 보관되어 있던 사진자료들이 지나간 추억을 일깨워 주었다.

이 책은 3부로 구성되었다. 제1부에서는 청운의 꿈을 기술했다. 덕실골 두메산골에서 유유히 흐르는 낙동강을 바라보며 국가와 민족 그리고 인류를 위하여 무엇을 해야 할 것인가를 고민하면서 객지로 나왔다. 불굴의 의지로 면학에 충일했고 "남을 사랑하고 스스로 속이지 말자"라는 대륜의 혼을 좌우명으로 삼으면서 화랑대에 들어갔다. 인생의 용광로에서 청운의 꿈을 실현하기 위해 담금질을 하였던 것이다.

제2부에서는 조국의 간성으로서 위관, 영관, 장군시절에 있었던 나의 삶을 있는 그대로 적나라하게 기술했다. 설악산지역에서 무장공비를 찾아 누비던 시절, 머나먼 이국 땅 월남 정글 속에서 베트콩과 생사의 분수령을 넘나들던 시절, 청와대 국방비서관과 한미연합군사령부 부참모장 그리고 군사정전위원회 수석대표 등을 역임하면서 국가전략과 정책

을 입안하고 집행하는데 핵심적인 역할을 했던 시절이었다.

　제3부에서는 제2의 삶을 기술하였다. 전역을 하고 배우면서 가르쳤다. 숨을 거둘 때까지 배운다는 마음가짐으로 만학을 통하여 석사, 박사 학위를 받았다. 외교 안보현장에서 겪었던 주옥같은 체험을 후배들에게 전수하기 위하여 강단에 섰다. 젊은 학생들 속에서 심신이 회춘하는 느낌을 받으면서 미래의 역군양성에 혼신을 다했던 것이다.

　나의 일생은 진인사대천명(盡人事待天命)하는 자세로 업무에 임하고, 충성심과 사명감에 찬 멸사봉공의 정신으로 국가와 민족 그리고 세계평화를 위하여 헌신하고자 했다. 또한 마지막 남은 열정을 후배양성을 위해 쏟으면서 후회 없는 인생행로를 지내왔다고 회고한다.

　이 책이 나올 때까지 자료수집과 교정을 맡아준 아내 김경아, 아들 차정석, 딸 차수진, 사위 김주혁에게 고맙게 생각하며, 편집과 조언을 아끼지 않았던 글누림출판사 최종숙 사장 이하 관계자 여러분들에게 감사를 드린다. 이 졸저가 불멸의 삶을 추구하는 젊은이들에게 청운의 향도가 되기를 기대하면서 조국과 민족을 위하여 먼저 산화한 영령들에게 이 책을 바친다.

2009년 8월
아이파크분당 서재에서
차　기　문

목차

책머리에 · 5

# 제1부 청운의 꿈

## 제1장 덕실골과 유년기 _ 14

1. 덕실골 농부의 아들로 태어나서 … 15
2. 연안 차씨 41대손 … 18
3. 매사 불여튼튼 아버지 … 22
4. 정과 사랑의 화신 어머니 … 29
5. 사탕 한 알도 나누어 먹던 죽마고우들 … 37
6. 한국전쟁 발발과 유년기 … 41
7. 6개년 우등, 개근한 덕곡초등학교 … 55

## 제2장 객지의 청소년 _ 62

1. 덕실골에서 대구로 … 63
2. 수성천변의 샛별 … 67
3. 양키시장의 똥구두 … 75
4. 격동의 세월 속에서 … 79
5. 유도장에서 단련된 무인정신 … 82

## 제3장 불멸의 화랑혼 _ 86

1. 화랑대 문을 두드리며 … 87
2. 인간 개조기 기초군사훈련 … 92
3. 인생의 용광로에서 … 100
4. 해·공군 사관생도와 형제결의 … 107
5. 일일시험제도 … 113
6. 가슴 설레던 화랑축제 … 119
7. 화랑대의 별 … 123

# 제2부 조국의 간성

## 제1장 위관시절 _ 128

1. 보병학교 초등군사반 … 129
2. 제17연대로 간 3총사 … 132
3. 동빙고 베트남어 교육대 … 141
4. 월남 전선으로 … 147
5. 연합사의 전신 한미연합기획참모단 … 157
6. 공개청혼과 결혼 … 159
7. 중대장과 신혼생활 … 169
8. 눈물바다가 된 중대장 이임식장 … 176
9. 상무대 고등군사반으로 … 181

## 제2장 영관시절 _ 188

1. 군사교육의 요람지 육군대학 … 189
2. 한미1군단 작전장교와
   8·18도끼 만행사건 … 193
3. 미국 육군지휘참모대학 유학 … 197
4. 워게임장교와 중령진급 … 209
5. 대대장 임명과 공수훈련 … 212
6. 제9사단 창설대대장으로 … 217
7. 군 사조직 파동 … 222
8. 삼청교육대로 지정되다 … 226
9. RCT 최우수연대 … 229
10. 팀스피리트 선봉연대로 … 236
11. 6군단 작전참모로 발탁 … 242

## 제3장 장군시절 _ 250

1. 제5군단 참모장으로 … 251
2. 동·서·남해안 해안초소 근무체험 … 260
3. 제37사단과 나의 인연 … 265
4. 청와대 국방비서관으로 … 283
5. 한미연합사 부참모장과 군정위 수석대표 … 289

# 제3부 제2의 삶

## 제1장 경남대학교 _ 304

1. 유니폼을 벗으면서 … 305
2. 만학도로서 … 313
3. A+ 박사학위 … 319

## 제2장 청주대학교 _ 324

1. 청주대학 강단으로 … 325
2. 북한방문 … 329
3. 아프리카 기행 … 346
4. 남같지 않은 몽골(Mongolia) 사람들 … 353
5. 알래스카 탐방 … 361

## 제3장 평택대학교 _ 368

1. 학군단 창설 … 369
2. 성지순례 … 374
3. 중국 자매학교 … 385
4. 영원한 삶을 위한 리더십 요체 … 395

# 제1부
# 청운의 꿈

제1장  덕실골과 유년기

제2장  객지의 청소년

제3장  불멸의 화랑혼

## 제1장  덕실골과 유년기

1. 덕실골 농부의 아들로 태어나서
2. 연안 차씨 41대손
3. 매사 불여튼튼 아버지
4. 정과 사랑의 화신 어머니
5. 사탕 한 알도 나누어 먹던 죽마고우들
6. 한국전쟁 발발과 유년기
7. 6개년 우등, 개근한 덕곡초등학교

## 1. 덕실골 농부의 아들로 태어나서

낙동강이 굽이쳐 흐르는 내 고향 덕실골!

대구에서 버스를 타고 2시간 정도 비포장도로를 달리다 보면 낙동강변 밤마리 나루터에 닿는다. 강변에서 대기하고 있는 나룻배에 몸을 싣고 뱃사공이 물살을 가르면서 노를 저으면 저쪽 강변에서 마중 나온 어머니가 반갑게 맞이한다. 정해진 뱃삯은 없다. 배를 탈 때 마다 현찰을 주는 것이 아니다. 여름에는 보리 한 말, 가을에는 나락 한 말씩 1년에 2번에 걸쳐 뱃삯으로 곡식을 준다. 10번을 타든 100번을 타든 상관없으며 알곡으로 뱃삯을 치르게 되는 것이다.

덕실골 밤마리 나루터는 낙동강 원류와 또 다른 지류인 회천이 합류하는 위치에 있기 때문에 수심이 깊어 포구가 형성되는 좋은 입지조건을 가지고 있다. 이러한 자연조건에 따라 5일장이 크게 열리면서 각종 물류의 교류장소가 되었다. 5일장은 밤마리장, 이방장, 구지장, 현풍장, 초개장, 그리고 고령장 등이 있었다. 모두가 낙동강을 중심으로 발달된 5일장이었다. 특히 밤마리장은 조선시대에 가장 번창한 5일장 중의 하나였다. 그 시대에 밤마리 나루터는 낙동강 수로를 따라 인원과 화물을 수송하는 교통의 중심지가 되면서 많은 한량들이 오가는 유흥 강변항구로서의 구실을 했다.

장날에는 물건을 사거나 팔기 위해서 사람들이 모일 뿐만 아니라 팔도의 각설이들이 다 집결하였고, 농악대회, 씨름대회와 오광대놀이도 함께 성행했다. 오광대의 유래는 내 고향 밤마리에서 시작되었다. 오래전 산 너머 초계에 "말뚝이"라는 마부가 살고 있었는데, 그는 성이 박가로 원래는 양반이었으나 하인 노릇을 하며 지냈다. 덕실골에는 양반이 억세어 상민이나 하인을 천대 또는 무시하였다. 이에 화가 난 말뚝이가 양반의 내정을 알아내어 그 추행을 촌민 10여 명이 모인 자리에서 폭로했다. 그 때 제 얼굴을 나타내는 날이면 양반들로부터 경을 치게 되니 탈을 쓰게 되었다. 이것이 소위 밤마리 오광대놀이의 시초가 된 것이다.

낙동강변 밤마리에서 다시 4Km정도 시골길을 따라 안으로 들어가면 복사꽃이 만발하고 농부들이 한가롭게 소를 몰며 노고지리 지저귀는 아름다운 두메산골이 나온다. 이곳이 바로 내가 태어나고 자란 덕실골이다.

지금은 낙동강에 교량이 건설되고 포장된 도로가 잘 정비되어 대구에서 30분 거리밖에 되지 않은 도시근교로 변했다. 그러나 1960년대 이전까지만 해도 덕실골은 한가롭고 평화로운 두메산골이었다. 남쪽으로는 다남산(378m), 북쪽으로는 소학산(489m)이 아담하게 자리 잡고 있어 천국이 따로 없는 명당이다. 봄에는 앞산의 진달래가 빨갛게 물들어 온통 붉은 색깔을 칠해 놓은 한 폭의 그림 같았다. 여름이면 앞개울에 나가 멱을 감는 개구쟁이들의 물장구 소리가 평화로운 운치를 더해주었다. 오곡이 무르익어 황금벌판을 이루는 가을이 되면 지나가는 바람결에 춤추는 허수아비에 놀라 달아나는 참새떼를 바라보는 농부들의 행복한 모습이 눈에 들어왔다. 겨울이면 화롯불가에 모여 앉아 옛날이야기로 꽃을 피우는 곳이 덕실골이었다.

덕실골이 덕곡면 장리로 개명되었지만 오래 전부터 다른 마을로 시집가는 새댁을 덕실댁이라고 부르는 덕이 많고 인심 좋은 마을이었다. 행정구역으로는 경상남도 합천군으로 되어 있다. 그러나 지리적으로 대구에서 가깝기 때문에 대부분의 사람들이 대구로 드나들면서 공부를 하고 거래를 하며 친인척을 두고 있다. 경상남도 도청소재지가 위치했던 부산은 낙동강 수로가 주 교통수단이었던 시대에 왕래가 많았다. 그러나 육로가 주요 통행수단으로 전환되면서 부산이나 마산보다는 많은 사람들이 지리적으로 가까운 대구를 선호하고 있다. 형들과 누나들은 부산에서 공부를 한 반면에 막내인 나는 대구에서 학교를 다녔던 배경도 교통수단의 변경에 기인한 것이었다.

이러한 덕실골에서 나는 1944년 8월 4일(음력 윤4월 17일) 농사를 짓던 차경봉과 전순선 사이에 6남매 중 다섯째로 태어났다. 일본제국주의 망령들이 우리들의 말과 글을 빼앗아 초등학교에서부터 일본말을 배우고 일본노래를 부르도록 했던 시기였다. 태평양전쟁의 마지막 단계에 이르렀기 때문에 제국주의 일본이 최후의 발악을 하고 있었던 것이다.

남자들은 임의로 취업을 할 수 없었다. 학도병에 강제로 입대하는 규정을 만들어 꽃다운 젊은이들을 전장의 총알받이로 삼았다. 보국정신대라는 것을 결성하여 미혼여성들을 전쟁터로 끌고 가서 제국주의 군대의 성적 노리개로 삼고 있었던 시대였다.

## 2. 연안 차씨 41대손

음력 윤4월에 태어난 나는 연안 차씨 41대손이다. 차씨부족 사회로 형성된 덕실골은 생일 같은 집안일이 있으면 한 가족같이 경사를 치른다. 나는 윤달에 태어났기 때문에 음력을 주로 사용하던 시대에는 평생에 생일을 세 번 찾아먹기가 힘들었다. 그래서 나의 생일은 우리 세대에서는 보기 드물게 양력으로 쉬고 있다. 음력으로 윤4월 17일을 양력으로 계산하면 6월 7일이 된다. 그러나 당시 시골에서는 행정적인 체계가 잡히지 않았고, 아버지가 날짜를 잘못 기억하여 1944년 8월 4일로 호적에 올렸던 것이다. 호적에 실수로 올려졌지만 8월 4일을 나의 생일로 삼았다.

예수님도 호적에 있는 생일과 실제생일이 틀리지만 호적에 있는 12월 25일을 크리스마스로 쉬고 있다. 나도 어차피 일생에 세 번밖에 돌아오지 않는 음력 윤달 생일을 기다리는 것보다 많은 사람들이 이미 알고 있는 호적 생일 즉 양력 8월 4일을 나의 생일로 지내고 있는 것이다.

아버지와 어머니 사이에는 원래 8남매이었다. 아들 다섯, 딸 셋이었다. 그러나 이름도 모르는 내 바로 위의 두 형이 홍역으로 유아 때 일찍 세상을 떠났기 때문에 실제로는 6남매와 다름이 없다. 차정분(딸), 차정금(딸), 차기환(아들), 차기홍(아들), 차기문(아들), 차정숙(딸)이다. 얼굴도 기억할 수 없는 내 바로 위의 두 형이 없으니까 나와 사실상의 둘째 형 차기홍과 사이에는 터울이 많다.

나이 차이가 많은 차기홍 형은 나에게 공부를 가르치면서 엄하게 다루었다. 초등학교에 들어가기 전부터 회초리를 들고 한글과 구구단을 가르쳐주는 무서운 선생님이었다. 그 덕분에 내가 공부를 잘 할 수 있는 튼튼한 기초를 닦을 수 있게 되었고 나의 인생에 바른길을 잡아준 길잡이가 되었던 것이다.

둘째 형은 부모에 대한 불만이 없지 않았다. 우리나라는 유교사상이 뿌리 박혀 있기 때문에 부모는 장남에 대한 관심이 많다. 돌아가신 후에도 제사상을 장손으로부터 받게 되기 때문이다. 작은형은 큰형 위주로 모든 것을 처리하는 부모에 대하여 불평을 하고 있었다. 옷도 큰형 위주로, 신발도 큰형 위주로, 공부도 큰형을 우선적으로 시키게 되니까 상대적으로 작은형은 어려움이 많았던 것이다. 그래도 형제간의 우애는 남달리 좋아서 관혼상제나 명절이 되면 온 가족이 큰형 댁에 모여 즐겁고 행복한 시간을 보내고 있다.

## 가계도

### 차경봉 -- 전순선

**장남 : 차기환 -- 박점선**

차성숙 -- 도영찬 ➡ 도화수, 도경우
차성영 -- 박종회 ➡ 박진희, 박진우
차성자 -- 김익수 ➡ 김지언, 김현재
차원석
차문석
차성희 -- 손영주 ➡ 손민재

**차남 : 차기홍 -- 백은숙**

차석진 -- 박경순 ➡ 차일동, 차현정
차창현
차주현

**삼남 : 차기문 -- 김경아**

차수진 -- 김주혁
차정석

**장녀 : 차정분 -- 박중식**

박낙진 -- 신동숙 ➡ 박옥희
박성진 -- 서분선 ➡ 박기남, 박기만

**차녀 : 차정금 -- 김공희**

김기천 -- 이유선 ➡ 김종현, 김선미
김기보 -- 손향숙 ➡ 김채현, 김종완
김기용 -- 김영미 ➡ 김은혜, 김종국, 김종현
김춘옥 -- 김찬일 ➡ 김복구, 김소영, 김민정
김영옥 -- 권처규 ➡ 권세용, 권진모

**삼녀 : 차정숙 -- 조창래**

조혜경 -- 김창식 ➡ 김채연, 김시연
조은영 -- 이호형 ➡ 이정혁, 이수림
조현일 -- 홍성병 ➡ 조재영, 조재민

20 영원한 삶을 위하여

막내 여동생 차정숙과 나는 어릴 때부터 사연이 많았다. 3살 터울인 우리는 함께 정을 쌓아가는 시간이 많을 수밖에 없었다. 여동생과 나는 어머니 양 옆에 누워 젖을 하나씩 나누어 만지면서 서로 자기 쪽으로 처다보라고 어머니를 귀찮게 했다. 어머니 옆에서 곶감을 나누어 먹고, 팔베개를 베고 자장가를 들으면서 함께 잠이 들기도 했다. 여름이면 어머니는 모깃불을 피워놓고 평상에 앉아 강냉이를 구워주면서 옛이야기를 들려주곤 했다. 우리는 밥솥에 감자를 넣어두었다가 익으면 서로 많이 가지려고 다투기도 했다.

덕실골은 차(車)씨가 집단촌을 이루어 살고 있는 씨족부락이다. 차씨는 신라시대에 25명의 장관을 배출한 명문거족이었다. 그러나 신라 애장왕 시대에 와서 왕의 숙부인 언승이라는 사람이 왕을 시해하고 자신이 스스로 왕위에 올라 헌덕왕이 되었다. 애장왕의 총애를 받아오던 차씨의 시조 차무일의 후손 차승색이 언승을 제거하려 했으나 사전에 폭로되어 황해도 연안 구월산으로 피신을 했다. 차승색은 헌덕왕이 된 언승에게 발각되지 않기 위해 조모의 성인 양(楊)자와 뜻이 같은 류(柳)씨로 성을 전환하여 류승색이라는 거짓 성을 가지게 되었다.

이 때부터 차씨는 류씨라는 거짓 성을 사용해 오다가 고려태조 왕건에 의하여 다시 차씨로 복원이 되었다. 류승색의 6대 손 류차달이 고려 건국에 큰 공헌을 하게 되니 태조 왕건은 류차달에게 큰 벼슬을 내림과 동시에 황해도 연안에 살고 있는 그의 장남 류효전에게 차씨성을 복원시켜 차효전으로 부르게 해 주었다. 그래서 차씨의 본이 연안으로 된 것이며, 차남인 류효금에게는 그대로 류씨 성을 가지게 하고 본을 문화로 했다.1 따라서 차씨와 문화 류씨가 혼인을 맺지 않고 있는데 그 이유는 차씨와 류씨가 원래 형제이었기 때문이다

류씨로부터 차씨를 되찾은 차효전의 자손은 그 후 크게 번창하여 낙동강 유역에까지 내려와서 살았다. 이것이 뿌리가 되어 차씨성을 가진 사람들이 덕실골의 주류를 이루고 있다. 오래 전부터 이 곳 덕실골에서 부족사회를 이루고 살았던 차씨들은 사람마다 형님, 누나, 아저씨, 아주머니 등 친척이 아니 되는 사람이 없기 때문에 한 가족 같은 친근감을 느끼면서 살아가고 있다. 족보를 따져보면 나의 경우 연안차씨 강열공 파(延安車氏 剛烈公 派) 제41대손이 되는 것이다.

## 3. 매사 불여튼튼 아버지

차씨 문중의 장손으로 혈통을 이어받은 아버지 차경봉은 일제가 한국을 합방하던 해인 1910년 9월 23일 할아버지 차수형의 외동아들로 태어났다. 할머니가 딸만 4명을 계속 낳다가 마지막에 아들을 얻었기 때문에 아버지는 독자로서 금지옥엽으로 자랐다. 귀한 옥동자로 태어

---

1 차화준, "차씨의 유래", 『車門大宗報』, 통권 제7호(2000), p.2.

나서 주위사람들의 사랑을 독차지하면서 자랐기 때문에 조금은 이기주의적이고 고집이 셌지만 남에게 지기 싫어하고 리더십이 있었다. 한학을 공부한 아버지는 유교사상에 투철한 분으로써 손에 흙을 묻히지 않고 우람찬 목소리와 눈빛으로 가족들과 머슴들을 다스리는 엄한 가장이었다. 동네에 무슨 일이 생기면 앞장서서 일을 맡아 하면서 많은 사람들의 존경과 추앙을 받았던 촌장 어른이었다.

아버지 차경봉 (1910~1982)

덕실골 사람들은 농사일을 주업으로 하고 있었다. 당시에는 우리나라 인구의 80%이상이 농업에 종사하고 있었기 때문에 아버지도 농사를 지었던 것이다. 우리 집은 머슴을 둘씩 데리고 농사를 지을 정도로 동네에서는 비교적 잘 사는 층에 속했다. 마을이 모두 초가집이었는데 우리 집만 기와집 지붕을 하고 있었다. 초가집 지붕가장자리에는 참새들이 집을 지었다. 동네아이들이 자기 집 지붕에서 새알을 발견했다고 자랑할 때면 초가집이 조금은 부럽기도 했다.

외동아들인 아버지 위로 고모들이 많이 있지만 특별히 우리 집과 가깝게 지내던 고모는 건넛마을 양촌에 사는 막내고모와 산 너머 율곡에 사는 큰 고모였다. 고모네 식구들이 우리 집에 올 때면 잔치분위기가 되었다. 닭을 잡고 소중히 간직해 둔 간고등어가 밥상에 올랐다. 우리 집 화단에는 봉숭아, 채송화, 민들레 등 온갖 꽃들이 일년 내내 피었다. 내 또래의 고종 4촌 누나들 중에 옥선이와 분선이는 특별히 나와 친했다. 꽃밭에서 술래잡기를 하고 누나들의 치마를 들어 올리며 놀려주던 장난이 가장 즐거웠다.

율곡 고모집은 황강변에 있었기 때문에 수박과 참외 등을 많이 심었다. 원두막에 나가 매미소리와 유유히 흐르는 강물을 바라보며 수박을 깨어먹는 즐거움 때문에 고모집에 자주 갔다. 고모는 인정이 많아 우리들이 가면 그 동안 간직해 두었던 과일과 엿, 식혜 등 온갖 음식을 다 내놓았다. 이러한 사랑과 정다운 낭만이 나의 건전한 인격형성에 큰 도움이 되었던 것이다.

아버지는 "매사 불여(不如)튼튼"을 가훈으로 삼고 자식들에게 항상 모든 일을 완벽하게 하라고 강조했다. 작은 일에 충성하는 자가 큰일에도 충성할 수 있다는 성경말씀과 같이 자식들에게 아무리 작은 일에도 항상 최선을 다하라고 요구했다. 호랑이도 토끼를 잡을 때에는 온 힘을 다한다고 한다. 가훈으로 내려온 "매사 불여튼튼"은 작은 일까지도 실수를 하지 않고 완벽하게 처리하는 습성을 가질 수 있게 하여 훗날 나의 인생에 큰 지침이 되었다.

아버지의 자식에 대한 교육열은 누구보다도 강했다. 시골에서 도시로 자식을 보내어 공부를 시키는 일이 흔하지 않았지만 우리 형제들은 부산과 대구로 나가서 유학을 하는 기회를 가졌다. 학비를 조달하기 위하여 소와 돼지를 팔고 이것도 부족하여 나중에는 논과 밭까지 내다 팔면서 공부를 시켰다. 아버지는 외동아들로 태어났기 때문에 조부모는 아들이 멀리 집을 떠나는 것을 결사적으로 반대했다. 당시 많은 사람들이 만주나 일본으로 가서 공부를 하고 객지에서 견문을 넓히고 있었다. 아버지는 그들이 대단히 부러웠던 것이다. 당신이 하지 못한 넓은 세상에서의 경험을 자식들에게는 반드시 시켜보고자 자식들을 부산과 대구로 내보내어 공부를 시켰던 것이다.

농사를 짓기 위해서는 일하는 소가 필요했다. 농기구가 발달하지 않았던 시대라 소가 농사일의 대부분을 하고 있었기 때문에 집집마다 소가 없는 집이 없었다. 우리 집에는 검은 점이 박힌 얼룩소가 있었는데 이 소를 보살피는 것은 나의 몫이었다. 형들이 초등학교를 졸업하자마자 공부를 하기 위하여 객지로 떠나고 없었기 때문에 집에는 막내인 나만 남아있었기 때문이다.

『윤길아! 어서 일어나 소 여물을 끓여야지!!』

『네! 아버지!』

나의 아명은 윤길이었다. 윤달에 태어났다고 하여 큰 누나가 지어준 어릴 때 이름이었다. 창 밖은 아직 컴컴한데 새벽잠이 없는 아버지는 한창 잠이 많은 나를 큰 소리로 깨웠다. 그러나 나는 아무 불평도 하지 않고 아버지의 고함 소리에 벌떡 일어나 사랑채에 있는 가마솥으로 가서 솔가지를 꺾어 불을 지피면서 소여물을 끓였다. 꽁꽁 언 아궁이 바닥에 불을 지피고 여물을 가마솥에 넣어 끌인 후 소에게 먹이면 소가 하루가 다르게 자랐다. 워낭소리를 울리면서 논밭 일을 도맡아 하는 얼룩소는 새끼도 잘 낳았다.

소여물을 끓이는 장작불은 동네어른들이 모이는 사랑방의 주요 난방 수단이기도 했다. 사랑방 손님들이 담배를 피울 수 있도록 화롯불을 준비하고, 목이 마를 때 동네 어른들이 마실 수 있도록 큰 양푼이에 물을 떠다 놓는 일도 빠질 수 없는 나의 일이었다. 이러한 성실한 행동에 동네 사람들은 나에 대한 칭찬이 자자했다.

하루의 농사일이 끝나고 저녁때가 되면 우리 집 사랑방에는 동네사람들이 하나 둘씩 모여들었다. 사랑방은 모든 사람들이 누구나 자유롭게 드나드는 휴식처요 토론장소였다. 아버지를 중심으로 마을의 발전과 번영을 위하여 토론을 벌이는 포럼광장이었던 것이다. 겨울이면 눈이 쌓인 산 속에서 노루와 토끼를 잡아와서 요리를 해먹기도 했다. 사랑방 벽지를 보면 사람들이 앉은 자리 뒤에 머리자국이 까맣게 나있었다. 동네 어른들이 머리를 벽에 기대고 앉았기 때문에 오랜 세월이 흐르는 동안 머리때가 벽지에 묻었던 것이다.

동네 어느 집에 경사가 있을 때에는 돼지를 잡았다. 큰 잔치 날이 있을 때에는 소를 잡기도 했다. 때로는 동네 사람들이 어울려서 집집마다 고기를 나누어 갖기로 약속하고 돈을 미리 거두어 소나 돼지를 잡았다. 사랑방 회식거리를 챙기는 기회도 이때이었다. 사랑방에서 냉동되지 않은 고기를 바로 요리해서 먹는 맛이야 말로 진정한 고기 맛이었다. 금방 잡은 소나 돼지고기를 먹어보지 않은 사람은 그 맛을 모를 것이다.

사랑방을 개방해서 동네 토론방을 만들고 마을의 궂은일은 솔선수범해서 맡아 했던 아버지는 통솔력이 있고 모범된 어른으로 널리 알려졌다. 마을 사람들의 추대로 오랫동안 촌장역할을 하면서 동네사람들의 존경과 추앙을 받았던 것이다. 내가 덕곡초등학교를 졸업한 후 대구로 공부를 하러 나갈 때 아버지는 쌀을 등에 짊어지고 대구까지 나를 데리고 나갔다. 어린 나를 대구에 내려놓고 자치생활을 하도록 한 것이 가련하게 보였든지 눈시울이 붉어지는 모습을 감추고 있었다. 이러한 자상한 모습은 엄한 촌장이 아니라 사랑과 정이 넘치는 아버지였다.

 막내인 나에게 특별히 정이 많았던 아버지는 73세에 노환으로 고향 집에서 돌아갔다. 군무에 매인 몸이라 아버지의 임종을 보지 못한 것이 평생 후회가 되었다. 내가 해외 출장 중일 때 1982년 6월 10일(음력)에 돌아가신 것이다. 합동참모본부에 근무하면서 강영식 장군과 함께 일본, 필리핀, 태국, 인도네시아, 싱가포르, 홍콩, 말레이시아 등을 순방하고 있을 때 아버지가 돌아가셨다는 소식을 접했다. 당시만해도 동남아시아지역으로 통신이 잘 연결되지 않았고, 한국으로 오는 항공편도 쉽지 않았기 때문에 돌아오는데 시간이 소요되었다. 아무리 빠른 항공기를 타고와도 3일장에 참석하는 것이 불가능했다. 차기환 큰형은 내가 와야만 장례를 치를 수 있다고 고집하면서 나를 기다리고 있었기 때문에 결국 5일장으로 장례식을 치렀다.

 무더운 삼복더위라 온 식구들이 땀투성이가 되었다. 냉동시설도 되어 있지 않은 시골이라 온 집안이 냄새로 가득했다. 그러나 해외에서 돌아온 나는 아버지의 시신을 끌어안고 밤새도록 울면서 불효자식의 용서를 빌고 또 빌었다. 눈이 퉁퉁 부은 상태로 정신을 차려보니 큰형 차기환이 나의 어깨를 어루만지며 아버지가 임종 시에 나를 많이 찾았다고 했다. 해외출장 중 아버지가 원하던 가방을 사왔는데 그것도 드릴 수가 없었다. 평소 아버지는 초코파이를 좋아했다. 당신이 좋아하던 초코파이를 가방에 넣어와서 마음껏 드시는 것을 보고 싶었는데……

## 4. 정과 사랑의 화신 어머니

연상의 여인으로 아버지에게 시집을 온 어머니 전순선은 1908년 12월 10일 산 너머 정동마을 양반집 명문가정에서 6녀 1남의 막내딸로 태어났다. 외할아버지 밑에서 한학을 공부하면서 고귀하게 자라난 어머니는 16세 때에 두 살 연하인 아버지에게 시집을 왔다. 당시에는 연상의 여인과 혼인을 하는 것이 관례로 되어 있었기 때문에 어머니의 나이가 아버지보다 많았던 것이다. 나이 어린 꼬마신랑이지만 어머니는 아버지가 큰 소리를 칠 때면 아무 대꾸도 하지 못하고 신랑의 화가 풀릴 때까지 부엌에서 참고 기다렸다. 부부가 의견이 틀릴 때에는 어머니는 맞대응을 하지 않고 항상 침묵으로써 모든 것을 인내했던 것이다. 아버지의 화가 풀리면 그 때에 아버지의 잘못을 따지는 전형적인 동양여성이었기 때문에 부부싸움을 하는 장면을 볼 수가 없었다.

남을 배려하는 어머니의 정은 남달리 깊었다. 논에서 일하는 머슴들에게 배가 고프지 않게 밥을 그릇위로 수북이 올라오게 담아서 먹게 하고 새참이 되면 특별 음식을 만들어 들녘으로 내다 주었다. 어머니가 머슴들에게 줄 음식광주리를 머리에 이고 들판으로 나갈 때면 동생 정숙이와 나는 함께 따라갔다. 나는 주전자를 들고 동생은 물병을 들고 어머니를 따라 논두렁길로 가며 물장구를 치면서 좋아했다.

어머니 전순선(1908~2000)

어릴 때 어머니의 손을 잡고 외갓집에 갈 때가 대단히 기쁘고 즐거웠다. 조그마한 산을 넘어 외갓집으로 가는 길은 봄이면 진달래가 만발하고, 여름이면 매미소리가 귀를 즐겁게 했다. 가을에는 땅에 떨어진 알밤과 도토리가 발걸음을 멈추게 하고, 겨울에는 하얀 눈으로 덮인 오솔길이 아름다운 정취를 더해 주었다.

외갓집 뒤뜰 감나무에 빨갛게 매달려 있는 감 홍시를 마음껏 따 먹을 수 있었고, 외할머니가 손수 담가놓았다가 주시는 식혜 맛은 잊을 수가 없다. 외사촌 형들과 냇가에 나가 멱을 감고, 붕어와 메기를 잡아

매운탕을 끓여먹던 즐거움에 시간가는 줄을 몰랐다. 가을에는 논에서 메뚜기를 잡다가 통발에 가득히 모여 있는 미꾸라지를 거두어가면 외할머니가 추어탕을 맛있게 끓여주었다. 그 때의 자연산 추어탕 맛을 영원히 잊을 수가 없다.

우리 집은 종갓집이라 제사나 명절이 되면 많은 사람들이 모였다. 어머니는 음식을 풍부하게 만들어 온 동네사람들에게 나누어 주었다. 얻어먹는 사람들이 오면 아낌없이 퍼주고 남은 음식을 싸주는 정을 보이기도 했다.

당시에는 설과 추석명절이 되어야 새 옷을 입을 수 있고, 새 고무신을 얻어 신을 수 있었기 때문에 명절이 오기를 손꼽아 기다렸다. 나와 정숙이는 바느질을 하고 있는 어머니 곁에 앉아 서로 좋은 옷과 신발을 사달라고 졸랐다. 검정 양복과 고무신을 신고 나가서 동네 아이들에게 누가 더 좋은 옷과 신발을 신었는지 자랑하기 위함이었다.

어머니는 형들이 방학이 되어 집에 와서 학비를 달라고 하면 한 푼이라도 더 주려고 온 마을을 다니면서 돈을 빌리곤 했다. 내가 육군사관학교에 다닐 때도 마찬가지였다. 사관학교 생활은 생도들에게 생활비라고 나왔지만 외출할 때 교통비도 되지 않았다. 금전적으로 어려웠던 것을 안 어머니는 방학이 되어 고향으로 가면 한 푼씩 모아두었던 잔돈 뭉치를 꺼내어 손에 쥐어주었다. 그 잔돈 뭉치는 검은 고무줄로 겹겹이 묶어져 있었다. 어머니에게 얼마나 귀한 돈이었든가. 먹고 싶은 것 아니 먹고, 필요한 곳에 아니 쓰고 조금씩 모아두었던 때문은 돈을 자식에게 여비로 쓰라고 주는 그 돈은 나에게 수억 원의 가치보다 더 귀하고 소중했다.

자식들을 객지로 보내고 농사일은 당신 혼자서 다 했다. 밭에서 김을 매는 당신의 손은 거칠 대로 거칠었다. 소여물을 끓이기 위해 작두로 여물을 쓸 때 손가락이 잘려나간 자국은 평생 지워지지 않았다. 위장이 좋지 않아 부엌에서 부지깽이로 배를 누르고 있는 모습을 보면서 어머니의 건강이 항상 염려되었다. 그렇지만 병원에 한번 가지 않고 일생 동안 건강을 유지하고 있던 강골이 나의 어머니였다.

이러한 어머니와 나는 초등학교 졸업 후부터 줄곧 헤어져 있었다. 함께 하는 시간이 적었기 때문에 어머니는 항상 막내가 마음에 걸렸던 것이다. 내가 월남전에 두 번째 참전을 하기 위해 김포공항을 출발할 때 어머니는 공항까지 나와서 마중을 했다. 덕실골에서 혼자 서울로 올라와 월남으로 떠나는 자식을 보려고 왔던 것이었다. 당시에는 국제공항이 김포공항뿐이었다. 서울에는 아는 친지도 없었기 때문에 어머니가 다시 고향으로 "혼자 돌아갈 수 있을까" 하고 걱정이 되었다. 마침 육사동기생 김영리 부인(나중에 4촌 처형이 됨)을 공항에서 만났다. 어머니를 자기 집에까지 모셔서 하룻밤을 주무시게 하고, 대구까지 열차를 태워서 보내주겠다고 하여 안심이 되었다.

어머니는 대학까지 나온 미인이 친절하게 해주는 것을 보고 우리 기문에도 이러한 참한 아내를 얻었으면 하면서 중매를 해달라고 부탁을 하였다고 했다. 나중에 나의 약혼식장에서 은혜를 입었던 그 분이 바로 4촌 처형이라는 것을 어머니가 알고 깜짝 놀라면서 오랫동안 기회만 있으면 그 때의 이야기를 했다.

　어머니의 사랑과 정은 누구보다 깊었다. 다른 사람들의 험담을 하는 모습을 보지 못했다. 항상 불우한 이웃을 생각하면서 자비와 사랑을 베풀었던 당신의 성품을 나는 그대로 이어받았다. 사랑과 정을 나에게 행동으로 가르쳐 주신 선생님이었던 것이다.

　어머니는 외할아버지와 외할머니의 산소에 상석을 하나 해놓는 것이 소원이었다. 이를 눈치챈 차기환 큰형은 이종4촌들과 외삼촌에게 연락을 하여 십시일반으로 모금을 해서 상석을 설치했다. 어머니는 평소 모아놓았던 용돈을 모두 내어놓고 형님도 거액을 기부하여 어머니의 소원을 성취시켜주었다. 비록 막내딸이지만 어머니는 효심이 극진한 것을 행동으로 자식들에게 보여주었던 것이다.

　아버지가 돌아간 후 큰형이 어머니를 모시고 있었다. 나는 군생활을 하면서 전국을 떠돌아다니다 보니 부모를 모실 기회가 없었다. 어머니를 모시고 함께 살고 싶었던 것이 나와 아내의 바람이었다. 장군이 되어 아이들 공부 때문에 서울변두리 부천에 처음으로 집을 장만하여 정착을 하면서 어머니를 모시기로 했다. 큰형의 양해를 받아서 아내와 내가 만년의 어머니를 모셨던 것이다.

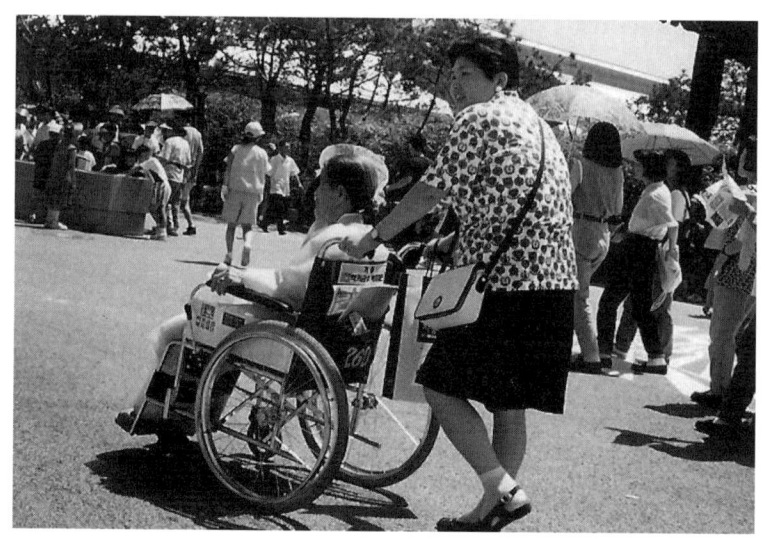
휠체어로 나들이하고 있는 어머니와 아내

89세의 어머니는 건강해서 그 동안 감기 한번 걸리지 않은 체질이었다. 내가 모시는 동안에도 마루에서 몸소 작은 일을 하면서 그것을 하루의 낙으로 삼았다. 동네 노인정에 모셔드리고 어른들에게 어머니를 부탁한다고 하면서 떡, 과일 등을 넣어주었다. 어머니는 다른 사람들과 잘 어울렸기 때문에 10원짜리 동전내기 화투도 하면서 동네노인들로부터 인기를 끌었다.

수진이와 정석이도 할머니를 잘 따르고 좋아했기 때문에 우리 가족은 항상 행복한 웃음이 넘치고 있었다. 어머니는 책 읽는 것을 좋아했다. 책방에 가서 어머니가 좋아하는 춘향전, 홍길동전 등 책을 골라오는 것이 아내의 일이었다. 저녁이면 사극 드라마를 즐겨 보았다. 드라마를 볼 수 없는 경우에는 녹화를 시켜서 보여드리면 대단히 좋아했다.

그러나 90세를 넘기면서 어머니는 기력이 약해지니까 거동을 하는데 불편을 느꼈다. 동네 앞 음식점에 나가 좋아하는 음식을 사드리려면 어머니를 업고 나가야 했다. 어머니는 나의 등에 업혀서 외출하는 것을 좋아했다. 등에 업힌 어머니가 점점 가벼워지는 느낌을 받으면서 서럽고 아쉬운 마음을 금할 수 없었다.

93세가 되어서는 아는 사람들이 모두 저 세상으로 가고 없는데 당신 혼자 살고 있다고 하면서 이제 가야 되겠다고 자주 말씀을 했다. 꿈에서 누구누구를 만났는데 자꾸 손짓을 한다고 하면서 갈 준비를 해야겠다고 하였다. 나와 아내는 100세까지 어머니가 살 수 있기를 바라면서 온갖 정성을 다했다.

어머니는 마지막 임종을 고향에서 하겠다고 대구로 보내달라고 했다. 큰형 댁에는 형수도 돌아가시고 어머니를 돌볼 사람이 없기 때문에 보내드릴 수가 없었다. 며칠 후면 어머니 생신이 되니까 그 때 온 가족이 모인 자리에서 의논을 하려고 하던 차에 2000년 12월 1일 저 세상으로 떠나버렸다.

떠나시는 전날 어머니는 목욕을 시켜달라고 아내에게 부탁했다. 1주일에 한 번씩 목욕을 시켜드리는데 목욕할 날이 아닌데도 목욕을 하겠다고 했다. 아내가 목욕을 시켜드리니까 새 옷을 갈아입고 주무셨다.

저녁식사를 잘 하고 연속극까지 보고 주무셨다.

통상 나는 아침 일찍 출근을 했다. 교통이 복잡한 서울이기 때문에 일찍 집에서 출발하는 것이 시간 절약, 연료절약, 스트레스 감소 등 여러 가지로 좋았기 때문이었다. 내가 출근을 한 후 일상 때와 마찬가지로 아내가 아침상을 들고 어머니 방에 들어가니 이날은 계속 주무시고 있었다. 밥상을 옆에 놓고 어머니를 깨우니 몸이 싸늘하게 식어 있었다. 급하게 119를 불러서 확인하니 이미 몇 시간 전에 운명을 했다는 119와 함께 온 의사의 답변이었다.

사무실에서 아내의 전화를 받고 집으로 달려와서 어머니를 목메어 불러봐도 아무 소용이 없었다. 잠을 자듯이 돌아가는 경우가 있다는 말은 들었지만 내가 어머니의 임종을 겪으면서 주무시면서 돌아가시는 장면을 직접 체험하게 되었다. 평소 병원에 한번 가지 않고, 건강했던 어머니가 조용하게 잠을 자는 듯이 임종을 한 그 모습이 오랫동안 지워지지 않았다.

삼성 서울병원으로 어머니를 옮기고 대구, 울산, 부산에 있는 형님 누나 동생 등 친지들에게 소식을 알렸다. 서울에서 장례행사를 치르고 고향 덕실골 선산 아버지 묘소 옆으로 모셨다. 평소 덕이 많았던 어머니를 애도하기 위하여 사람들이 구름같이 모여들었다. 양지바른 선산 명당에 모셔 두고 집으로 돌아와 어머니가 계시던 빈방을 보면서 허전하고 아쉬운 마음에 하루 종일 울기만 했다.

삼성 서울병원 어머니 영안실

## 5. 사탕 한 알도 나누어 먹던 죽마고우들

어머니를 여의고 유품을 정리하니까 고향에 대한 그리움이 주마등처럼 다가왔다. 우리 집 뒤에는 큰 당산나무가 있었다. 여름이면 나무에 올라 매미를 잡고 그네를 타면서 뛰어 놀던 개구쟁이들의 놀이터였다. 마을 사람들은 1년에 한 번씩 당산나무에 빨강, 파랑, 노랑색으로 된 헌 겁줄을 쳐놓고 제사를 지냈다. 별도의 서낭당이 존재하는 것이 아니라 이 당산나무에 멍석을 깔고 정월 초하루에 서낭제를 지내는 것이었다.

서낭제를 주관하는 제관은 그 해 나이가 많고, 허물이 없는 깨끗한 사람으로 정했다. 음식은 제관의 집에서 만들며 준비된 제물은 아낙네들이 당산나무아래까지 가져다주면 이를 남자들이 당산나무 앞에 차려놓는다. 비용은 동네에서 모아둔 돈으로 사용하며, 축문은 한학을 잘 하시는 우리 아버지가 준비하고 낭독했다.

정월대보름에는 달구집을 만들어 불기둥을 올리면서 한 해의 농사가 잘 되기를 기원했다. 달구집은 청솔가지를 꺾어와서 큰 집채만한 것을 만들어 불을 놓으면 연기와 함께 불길이 하늘로 치솟게 된다. 달구집에 불이 붙으면 징, 북, 꽹과리 등 사물놀이패들이 흥을 돋우었다. 이때 나는 동네아이들과 함께 줄을 달은 깡통에 숯불을 넣어 원형으로 돌리면서 밤새도록 쥐불놀이를 했다. 달구집을 태우는 집 앞 개똥논 바닥은 우리 개구쟁이들의 겨울철 놀이터이기도 했다. 벼를 거두어드린 빈 들판에서 철사와 나무판자로 만든 썰매를 타고 관솔팽이를 치면서 놀았다.

1년에 몇 번씩 활동사진과 서커스가 마을로 들어왔다. 무성영화시대였기 때문에 변사의 신들린 달변에 동네 아낙네들의 눈시울은 눈물로 가득했다. 서커스가 있을 때이면 우리 개구쟁이들은 서커스 천막 아래로 몰래 들어가다가 감독에게 들켜서 하루 종일 벌을 받기도 했다.

이 때 덕실골은 전기가 들어오지 않았다. 제삿날 같은 특정한 날이 오면 대청에다 호야불을 밝히고 온 집안이 훤한 불빛 속에서 일을 했다. 호야불은 석유를 사용하는데 유리에 그을음이 생겨 자주 닦아 주어야 했다. 호야등을 닦는 일은 나의 몫이었다. 그래도 내가 하는 일이 온 가족에게 밝은 불빛을 비출 수 있다는데 신바람이 났다. 남을 위해 일하는 것을 보람으로 여기면서 인생을 살아가는 영원한 삶의 지혜도 여기에서 얻은 것이다. 농사일이 밤늦게까지 진행되는 경우가 많았다. 마당에서 곡식을 정리할 시에도 호야불을 밝히고 일을 했다. 전깃불이 없어도 호야등불이 시골의 밝음과 낭만을 더해주었다.

건너편 양촌 마을에는 5촌 아저씨가 면장을 하면서 술도가를 하고 있었다. 당시 술도가와 정미소를 가지고 있는 사람은 시골에서는 잘 사는 사람이었다. 한번은 동네 개구쟁이들과 5촌 아저씨 집에 가서 술을 만들고 남은 술 찌꺼기를 훔쳐 먹다가 술에 취하여 하루 종일 술주정을 했다. 이러한 친구들 중에 가깝게 지내던 죽마고우는 삼돌이와 이만이었다. 삼돌이는 나보다 한 살 위이면서 인정이 많고 진솔한 마음을 가진 6촌 형이었다. 이만이는 나보다 키는 작았지만 담력이 있고 모험심이 많아 위험한 바위 길도 잘 타고 다녔기 때문에 산에 진달래꽃을 꺾으러 갈 때면 항상 앞장을 서는 친구였다.

개천에 나가 먹을 감고 밀사리와 살구사리를 하다가 주인한테 들켜 도망하던 일들이 개구쟁이들에게는 즐거웠다. 집 앞에 있는 정자나무에 올라가 매미를 잡다가 갑자기 소나기가 쏟아지면 옆에 있는 토란밭에 들어가 넓은 토란 잎사귀를 따서 우산대용으로 하여 집으로 달려오기도 했다.

시골에서는 축구공이 없었다. 공차기를 좋아했던 우리들은 동네에서 돼지를 잡는 날이 축구시합을 하는 날이었다. 평소에는 새끼줄을 뭉쳐서 골목에서 축구를 하다가 돼지를 잡으면 불께에 바람을 넣어 축구시합을 하는 것이 개구쟁이들의 큰 행사이었던 것이다.

놀이기구가 없던 시절이라 구슬치기와 딱지치기는 우리들의 가장 재미있는 놀이 중의 하나였다. 집에 있는 종이라는 종이는 모두 찢어서 딱지 따먹기를 했다. 우리 집에는 형들이 부산에서 공부를 했기 때문에 헌책이 많았다. 헌책을 뜯어 딱지를 만들어 개구쟁이들과 놀이를 할 때면 내가 가장 많이 땄다. 동네에서 구슬 따먹기와 딱지치기의 왕이 될 정도로 나는 놀이경쟁에도 소질이 있었다.

서당에서는 훈장선생이 한문을 가르치고 있었다. 초등학교에 들어가기 전부터 서당에 다니면서 한문을 배웠는데 삼돌이와 이만이는 서당의 동기생이기도 했다. 개구쟁이 우리들은 서당에 가도 공부보다는 놀기를 더 좋아했다. 그래서 훈장선생에게 대나무 회초리로 종아리를 맞는 경우가 많았다. 우리 죽마고우들은 의견이 맞지 않아 다툴 때도 있었지만 눈깔사탕 하나를 가지고 나누어 먹는 우정을 쌓아가고 있었다.

서당에서 돌아오면 소를 먹이러 갔다. 각자 집에 있는 소를 몰고 들과 산으로 갈 때면 친구들이 함께 모여서 놀 수 있는 자유로운 시간이 되기 때문에 이 때가 기다려지는 것이었다. 소들이 자유롭게 풀을 뜯어 먹을 수 있도록 산과 들판에 방목을 하고 저녁이면 다시 소들을 거두어 왔다. 방목을 시킨 후 우리 목동들은 구슬치기와 딱지 따먹기를 하고, 도라지나 칡뿌리를 캐러 다니면서 시간가는 줄을 몰랐다. 한번은 우리 집 점박이 얼룩소가 큰 바위에 미끄러져서 다리를 다친 일이 있었다. 내가 다친 것 보다 더 아픈 마음을 느끼면서 치료를 극진히 한 결과 다행히 빠른 시일 내에 완쾌가 되었다. 소에 대한 나의 사랑과 정은 그 누구보다도 깊었다.

내가 이렇게나 사랑하는 점박이를 아버지는 형의 학비를 조달하기 위해 강 건너에 있는 5일장에 내다 팔았다. 이날 나는 이불을 덮어쓰고 얼마나 울었는지 모른다. 문을 잠가놓고 혼자 눈이 퉁퉁 붓도록 울었다. 아무리 짐승이라도 정이 들면 사람 못지않은 사랑을 느끼게 되는 것이다. 며칠간 밥을 먹지 않고 울고만 있으니까 아버지가 송아지 한 마리를 사와서 나를 달래주었다. 이러한 환경에서 자라난 소년은 영원한 삶을 위해 "남을 사랑하고 스스로 속이지 말자"라는 인생관을 가슴 깊이 새기었던 것이다.

## 6. 한국전쟁 발발과 유년기

덕실골에서 유년시절을 보내고 있던 내가 만 여섯 살 되던 해, 1950년 6월 25일 한국전쟁이 일어났다. 일요일 새벽 4시에 북한군이 T-34전차를 앞세우고 38선을 불법으로 남침을 하면서 전쟁이 시작되었다. 이날은 주말이라 국군장병들은 모두 외출 외박을 나가고, 용산에 위치했던 육군본부에서는 장군들이 부부동반으로 무도회를 열고 있었다. 갑자기 기습을 당한 국군은 일요일 아침 방송을 통하여 휴가 외출 나간 장병들을 소집했다. 아침에 일어나 라디오를 켜니까 아나운서의 황급한 목소리가 귀에 울렸다.

『38선에서 북한 괴뢰군이 불법남침을 하였습니다!』

『국군장병들은 즉시 부대로 복귀하라! 부대로 복귀하라!!』

라디오 방송을 통하여 전군비상령이 선포되고 휴가 외출 나왔던 이웃집 군인아저씨들은 급히 부대로 복귀하고 있었다. 여섯 살 밖에 되지 않은 나는 전쟁이 무엇인지도 모르는 철부지에 불과했지만 무엇인가 불길하다는 생각이 들었다. 라디오에서는 계속되는 뉴스방송이 흘러나왔다.

『용맹한 우리 국군은 문산 지역에서 육탄으로 적 탱크를 깨부수고 북진하고 있습니다.』

『옹진에서는 국군 제17연대가 해주로 진격하고 있습니다.』

『우리 국군은 계속 북진하여 점심은 평양에서 먹고, 저녁은 신의주에서 먹을 것입니다.』

북한군이 파죽지세로 남으로 진격하고 있는데도 불구하고 라디오방송은 국민을 안심시키기 위하여 허위사실을 계속해서 반복하고 있었다. 결국 거짓 사실을 방송함으로써 많은 서울시민들이 남으로 피난을 가지 못하고 공산치하에서 온갖 고충을 당하게 되었다. 북한군은 전쟁개시 3일 만에 서울 미아리를 점령했다. 한국군은 전차라곤 한대도 없었다. 아무리 M1소총을 쏘아도 북한군 전차는 괴물처럼 계속 굴러 내려오니 한국군은 도저히 전차를 당해낼 수가 없었다. 할 수 없어 수류탄을 들고 전차 위에 올라가서 전차 뚜껑을 열고 수류탄을 적 전차 속에 집어넣은 후 자폭하는 육탄용사까지 나오기도 했다.

전차를 몰고 계속 남진을 하니까 채병덕 육군참모총장은 공병감 최창식 대령에게 한강다리를 폭파하라고 명령을 내린 후 경기도 시흥으로 육군본부를 옮겼다. 한강다리가 폭파되니 한국군의 주력은 한강 이북에서 다리를 건너지도 못하고 괴멸이 되었다. 이때 서울시민이 150만이었는데 100만은 피난을 했고, 50만은 한강을 건너지 못하고 서울에 잔류하면서 서울이 다시 수복될 때까지 공산치하에서 온갖 곤혹을 다 겪었다.

한강 다리가 폭파된 후 일본 동경에 있던 맥아더(Douglas MacArthur) 장군은 경비행기로 수원비행장에 내려 한강 남쪽강변을 시찰했다. 한국군만으로는 도저히 북한군의 공격을 저지할 수 없다고 판단하고 트루만 미국대통령에게 전화를 걸어 일본에 주둔하고 있는 미군을 즉각 한국전선으로 투입할 것을 건의했다. 맥아더 장군으로부터 보고를 받은 트루먼(Harry S. Truman) 미국 대통령은 미주리주 고향집에서 휴가를 즐기다가 즉각 워싱톤으로 돌아갔다. 국가안전보장회의를 개최한 후 유엔으로부터 한반도에서 유일한 합법정부로 승인된 대한민국이 공산화 되는 것을 막기 위하여 일본에 주둔하고 있던 미 제24사단을 한국 전선으로 즉각 투입하게 하고 미 본토 미군을 한국으로 투입할 것을 결심했다. 라디오에서는 연일 전쟁 상황에 대한 뉴스가 계속되었다.

『미군이 우리를 도와주러 올 것입니다. 국민 여러분은 안심하십시오.』

『맥아더 장군이 한강을 시찰하고 유엔군도 우리나라에 곧 들어올 것입니다.』

미국이 유엔에 한국전 지원을 요청함으로써 유엔은 공산군의 남침을 저지하기 위하여 1950년 6월 28일 유엔안전보장이사회를 열어 유엔군을 투입하기로 결정했다. 유엔 16개국이 한국전에 참전하게 되는데, 그 국가들은 미국, 영국, 프랑스, 캐나다, 호주, 뉴질랜드, 네덜란드, 필리핀, 터키, 태국, 그리스, 남아공, 벨기에, 룩셈부르크, 콜롬비아, 이디오피아 등이었다.[2]

한국전에 참전한 유엔은 미국에게 유엔군사령관을 임명해줄 것을 요청했으며, 미국은 이 요청에 따라 맥아더 장군을 유엔군사령관에 임명했다. 유엔군사령관에 임명된 맥아더 장군은 즉각 워커(Walton H. Walker) 장군을 미8군사령관에 임명하고 한국전에서 지상군을 지휘하도록 했다. 후에 워커 장군은 의정부전투에서 전사를 하였으며, 서울에 있는 워커힐 호텔은 이 워커 장군을 기념하기 위하여 붙여진 이름이다.

---

[2] 차기문, 『현대사를 통해본 정의의 전쟁』(서울:도서출판 역락 2008), pp.337~338.

이때 이승만 대통령은 지휘통일의 원칙에 따라 유엔 참전 16개국 군대를 작전통제하고 있는 맥아더 유엔군사령관에게 한국군에 대한 작전통제권도 넘겨주었다. 한국군의 작전통제권을 비롯하여 전 유엔군을 지휘하게 된 맥아더 장군은 일본에 있던 미 제24사단의 선발대인 스미스 특수임무부대를 1950년 7월에 오산에 투입했지만 기세등등하게 내려오는 북한군의 전차에는 당할 수가 없었다. 뒤를 이어 미 제24사단 본대가 도착했지만 대전 금강 방어선에서 무너지고, 미 제24사단장인 딘(William F. Dean) 장군까지 포로가 되는 신세가 되었다.

계속해서 남으로 밀고 내려온 북한군은 1950년 8월 초순 낙동강 선에 이르렀으며 낙동강변에 위치한 덕실골 나의 고향에도 북한군이 들어 닥쳤다. 고등학생이었던 형들이 여름방학기간이라 집에 와있었다. 오래간만에 집에 온 형들은 나를 데리고 들판으로 나가 멱을 감으면서 메기와 미꾸라지를 잡고 있었다. 북한군 선발대로 보이는 군인들이 우리에게 다가왔다. 흙투성이 군복에 나무 잎사귀로 위장을 한 북한군인들이었다. 따발총과 장총을 어깨에 멘 사람이 평양사투리로 물었다.

『낙동강이 어디 메야?』

『저 쪽으로 가면 됩니다.』

『경찰들은 언제 어디로 갔습네?』

『모르겠습니다.』

『국방군들이 어디 있는 줄 아느메?』

『모르겠습니다.』

『이 깐나 새끼들 아무것도 모르는 기먼!』

　조금 있으니까 북쪽과 서쪽 산등성이에서 수많은 북한군들이 줄을 지어 내려와서 낙동강 쪽으로 몰려갔다. 이 당시 덕실골로 들어온 북한군은 제1군단 소속 제4사단 병력이었다. 이권무 소장이 지휘하는 제4사단은 서울을 제일 먼저 점령했다고 하여 일명 서울사단이라고도 불렸다. 제4사단에는 모택동이 중국을 통일할 때 참전했던 조선족 8로군도 포함되어 있었다.

　한편 북한군 제4사단과 대항해서 낙동강 건너 현풍과 창녕지역에 배치되어 있던 미군은 처치(John H. Church) 소장이 지휘하는 미 제24사단이었다. 처치장군은 전방 연락단장으로 근무하다가 대전에서 북한군에 포로가 된 딘소장의 후임으로 미 제24사단장이 된 것이었다. 현풍에서 남강의 합류지역인 남지까지 배치되었던 이 사단은 대전에서의 패배 이후 아직까지 그 후유증이 가시지 않았다. 각 연대의 병력은 편제상의 40%밖에 보충되지 않아 2개 대대씩만 유지하고 있었다.

　처치 사단장은 북한군이 8월 중순 창녕으로 접근할 것이라고 판단하고 대전전투에서 얻은 경험으로 주민들을 창녕~영산선 동쪽으로 피난시키는 한편, 낙동강을 건너오려는 10여 만 명의 피난민에게는 도하를 중지시켰다. 항공력이 적보다 우세했던 유엔군은 인민군이 집결하고 있을 것이라고 판단되는 학교 같은 큰 건물은 모두 폭격을 했다. 덕실골에도 유엔군의 전투기가 연일 폭격을 했다. 시골에서 유일한 덕곡초등학교가 유엔군의 폭격으로 불타오르는 장면을 바라보면서 철없는 나는 전쟁놀이를 구경하듯이 박수를 치면서 좋아했다.

폭격이 심할 때면 우리 가족은 아버지를 따라 정자나무아래 바위 밑으로 피신을 했다. 둘째 형 차기홍이가 낮잠을 자다가 미처 우리를 따라오지 못하고 있다가 나중에 정자나무쪽으로 오게 되니 그것을 본 전투기가 우리에게 기관총으로 집중사격을 가했다. 아버지는 우리를 보호하기 위해 정자나무 밑둥치에 밀어 넣고 온 가족을 꼭 껴안고 있었다. 목숨을 걸고 가족을 보호하려는 아버지의 본능적인 투쟁이 있었기 때문에 폭격이 끝난 후 우리 모두는 무사히 안전한 곳으로 피신할 수 있었다. 폭격을 당한 학교에는 불기둥이 솟아오르고 수십 명의 마을사람들 시체가 뒹굴고 있었다.

어린 나는 전투기가 바로 머리 위에까지 낮게 떠서 폭격하는 장면이 더욱 재미있었다. 전투기가 지나가고 난 후에 나는 동네아이들과 함께 탄피를 주우러 가겠다고 떼를 쓰면서 울기도 했다. 50구경 기관총 탄피는 다양한 용도로 사용되었다. 탄피를 녹여서 농기구를 만들고, 엿장수가 마을로 오면 엿으로 바꾸어 먹기도 했다. 놀이기구가 없던 시절이라 탄피 따먹기를 하면서 노는 것이 우리들의 가장 큰 즐거움이었다.

유엔군 전투기의 폭격이 연일 퍼부어지는 가운데 덕실골로 들어온 북한군은 동네 청년들을 모두 의용군이라는 이름으로 끌고 갔다. 동네

유지들은 자본주의 사상에 물들었다고 하여 무조건 잡아갔다. 성년이 된 형과 지방유지 격인 아버지는 인민군의 표적대상이 되었기 때문에 멀리 피난을 가야만 했다. 그러나 피난길이 막혔기 때문에 남으로는 가지 못하고 마을 뒷산으로 피신을 할 수밖에 없었다. 아버지와 형들은 마을 뒤 다남산으로 올라가 땅굴을 파고 피신을 했다. 피신하고 있는 가족에게 줄 쌀과 반찬을 가지고 산으로 올라가는 어머니의 치마자락을 잡고 나는 마치 소풍을 가는 것 같은 기분으로 따라갔다. 산 위에서 바라보는 저 멀리 합천읍내에서의 포성과 시커멓게 솟아오르는 포연은 마치 영화장면을 보는 것 같았다.

『드르륵! 드르륵!』

『쉥~ ~』

『꽝! 꽝!』

전투기에서 뿜어대는 기관총 소리가 귀청을 찢어지게 했다. 산 아래자락으로 낮게 날라가는 전투기의 모습을 보면서 어린아이에게 장차 군인이 되어 저렇게 전쟁터에서 싸워보고 싶은 충동까지 가지게 했다. 북한군은 통신수단이 미흡했기 때문에 봉화를 이 산 저 산에 올려 상호간에 신호를 보내고 있었다. 봉화로 인하여 밤마다 높은 산에서는 불기둥이 높이 솟아오르고, 낮에는 연기가 이 산 저 산에서 치솟았다.

산에 숨어 있는 아버지와 형들에게 먹을 것을 운반해 주고, 어머니와 함께 집으로 내려와 보니 북한군 1개 중대병력이 우리 집을 점령하고 있었다. 그들은 집에 있는 돼지와 닭을 다 잡아 먹고 밥까지 해달라는 것이었다. 가족이 산속에 숨어있다는 약점이 있기 때문에 어머니는 아무 말 못하고 북한군들이 시키는 대로 할 수밖에 없었다. 낙동강전투를 치르는 동안 우리 집은 그들의 중대본부가 되었던 것이다.

우리 집 가축과 쌀을 다 먹고 난 다음에는 동네에 돌아다니면서 소와 돼지를 잡아와서 어머니에게 밥을 지어달라고 했다. 밥을 할 동안에 나는 대청마루에 쉬고 있는 북한군들의 따발총과 장총을 만지면서 신기함에 빠져 들었다. 그들은 38선에서 낙동강까지 내려오면서 총 한방 쏘지 않고 거침없이 내려왔다고 자랑하고 있었다. 그만큼 한국군은 아무런 전쟁준비가 되어 있지 않았기 때문에 북한군의 공격을 막지 못하고 일방적으로 낙동강까지 밀려 온 것이었다.

하폭이 200~500m나 되는 낙동강을 건너는데 도하장비가 부족했던 북한군은 뗏목을 사용했다. 뗏목을 만드느라고 마을에 있는 나무와 판자들을 모두 거두어 갔다. 심지어는 집에 있는 대문짝까지 떼어 갔기 때문에 덕실골은 모두가 대문이 없는 집으로 변해 버렸다.

우리 마을에서 미인으로 알려진 6촌 누나 차기분이가 덕곡초등학교 선생을 하고 있었다. 북한군들이 누나를 아랫마을에 있는 대대본부로 끌고 가서 시중을 들도록 했다. 이 때 아버지와 큰형 차기환이도 산에서 붙잡혀 대대본부로 끌려갔다. 죄목은 유엔군이 곧 들어온다는 말을 마을사람들에게 전파했고, 동네유지로서 비교적 잘 살고 있는 반동분자라는 것이었다. 아버지와 큰형은 북한군으로부터 온갖 고문을 당했다. 아버지를 산채로 매장하려고 형에게 삽을 주면서 구덩이를 파라고 했다. 이러한 명령에 불복한다고 하여 형을 총살시키겠다고 위협했다. 죄 없는 사람을 무고하게 죽인다고 하여 자기들 간에도 다툼이 있었다. 당 간부와 전술간부 사이에 의견충돌이 있었던 것이다.

이러한 가운데 6촌 누나가 반공호로 끌려가서 겁탈 당하려고 하는 것을 형이 달려가서 목숨을 걸고 구출하는 바람에 병영 전체에 소란이 일어났다. 이 사실이 북한군사령부에까지 보고가 되어 그들 상관의 지시에 따라 아버지와 형 그리고 6촌 누나는 석방이 되었다. 그러나 이때 너무나 큰 고통을 당했던 6촌 누나는 나중에 정신을 잃고 결국 이 세상을 떠나는 비극을 초래했다.

맥아더 장군은 낙동강에서 교착상태에 빠진 전선을 승리로 이끌기 위해 1950년 9월 15일 인천상륙 작전을 실시했다. 최초 이 작전을 계획할 때는 많은 사람들이 반대를 했다. 왜냐하면 인천은 조수 간만의 차가 심하고 수심이 얕을 뿐만 아니라 갯벌로 되어 있어 상륙정을 접안시키기가 어렵기 때문에 상륙작전 지역으로는 적당하지 않았던 것이다. 이에 대해 맥아더 장군은 "많은 사람들이 반대하는 그 이유가 내가 인천에서 상륙을 하는 이유이다. 적도 그러한 이유로 인하여 허술하게 해안방어를 할 것이기 때문에 기습적인 상륙을 할 수 있을 것이다"라고 주장했다. 결국 맥아더 장군의 주장대로 인천상륙작전이 실시되어 큰 성공을 거두었던 것이다.

　인천상륙작전의 성공으로 북한군은 허리가 절단되어 보급선이 차단되었기 때문에 낙동강 선에서 북으로 철수를 할 수밖에 없었다. 유엔군은 인천에서 상륙한 부대와 협동하여 적을 완전 포위섬멸 했다. 이에 따라 대부분의 북한군은 전멸이 되었고, 북으로 도망을 하지 못했던 북한군은 지리산으로 들어가서 공비가 되어 휴전이 될 때까지 후방에서 빨치산 활동을 했다.

　1950년 9월 15일 인천상륙작전에 성공한 유엔군은 9월 28일에는 서울을 탈환했다. 서울을 탈환한 유엔군은 38선에 도착하여 북진을 계속할 것인가에 대하여 한국군과 유엔군 사이에 의견이 대립되고 있었다. 한국은 계속 진격을 하여 이 기회에 국토를 통일하려고 했고, 미국과 유엔은 중국이 개입하게 될 것을 우려하여 38선 이북으로 공격하기를 주저하고 있었다.

　이러한 상반된 의견이 대립되고 있는 가운데 이승만 대통령은 한국군 단독으로라도 북으로 공격하라는 지령을 내렸다. 이대통령의 명령에 따라 속초지역에 있던 한국군 제3사단이 1950년 10월 1일에 38선을 돌파하여 북쪽으로 공격했다. 일방적으로 38선을 넘어 북으로 공격하니 북한군은 인천상륙작전을 통하여 낙동강선에서 대부분의 병력이 손실된 상태라 한국군의 공격에 힘없이 무너지고 있었다. 한국군이 북으로 공격해 들어가니 미군을 포함한 유엔군도 따라오지 않을 수 없었다.

국군은 38선을 돌파한 이날을 기념하기 위하여 10월 1일을 국군의 날로 정했다.

38선을 돌파한 아군은 파죽지세로 북진하여 10월 20일에는 평양을 점령했고, 10월 25일에는 압록강까지 진격했다. 유엔군은 평양 북방 숙천 지역에 대규모 낙하산부대를 투하하여 평양을 포위한 후 김일성을 생포하려고 했지만 김일성은 이미 강계지역으로 도망하고 평양은 텅 빈 상태였다.

압록강까지 도달했던 아군은 1950년 10월 26일 예상치 못한 중국군을 압록강변에서 만나게 되었다. 30만의 중국군은 유엔군의 공중정찰을 피하기 위해 야간에만 행군을 하여 북한지역으로 들어왔다. 중국군의 개입정보를 입수하지 못했던 유엔군은 갑자기 나타난 중국군의 인해전술을 당해 낼 수가 없었다. 방망이 수류탄만 들고 공격해 오는 수많은 중국군을 아무리 총을 쏘아도 죽은 시체를 넘어 계속 공격을 해 왔다. 결국 유엔군은 인해전술에 밀려 다시 남쪽으로 후퇴하여 서울은 다시 공산군의 손에 넘어가게 되었다. 이를 1·4후퇴라고 불렀다.

유엔군이 후퇴를 할 때 개마고원까지 진격을 했던 미 해병 제1사단은 장진호 쪽으로 철수를 하여 흥남에서 배를 타고 부산으로 철수를 했다. 1950년 12월 24일 크리스마스이브에 미 해병 제1사단이 흥남까지 나와 해군함정을 타려고 하는데 피난민들이 몰려나와 배를 같이 타려고 아수라장을 이루었다.3 결국 피난민 10만을 배에 태우고 함께 철수를 했는데 이때 장면을 묘사한 "굿세어라 금순아"라는 노래는 오랫동안 히트곡으로서 많은 사람들에게 애창되기도 했다.

이 당시 덕실골은 학교 등 대부분의 공공건물은 모두 폭격으로 불에 타버렸기 때문에 우리는 나무에 칠판을 걸고 가마니를 땅에 깔아놓고 공부를 했다. 수업이 끝나면 잿더미가 된 학교 바닥에서 탄피와 못 등을 주었다. 당시에는 고철을 수집해서 정부에 바치라는 지시가 학교마다 떨어져 있었기 때문이다. 미국으로부터 옷과 우유 등의 구호물자가 들어와서 학생들에게 배급되었다. 미국사람들이 입던 옷이라 상의가 오바같이 크기도 했으며, 신발이 큰 배와 같아서 걸을 때 질질 끌면서 다니기도 했다. 우유가루가 큰 드럼통에 담겨져 나왔는데 우유가루를 입에 넣고 물을 마시다가 목이 막혀 병원으로 실려 가는 아이들도 있었다.

이때 남자들은 군에 들어갈 때 방아쇠만 당기는 연습만 하고 전투에 투입되니, 갓 입대한 신병들은 파리목숨 같은 하루살이 인생이었다. 우리 동네 남자들은 군입대 표시를 한 어깨띠를 두르고, 동네 밖에까지 나온 마을사람들의 농악환송을 받으면서 집을 떠났다. 옆집 아낙네들은 담 너머로 남편과 자식의 마지막 가는 길을 바라보면서 한없이 눈물을 흘렸다. 이러한 장면을 묘사한 "아내의 길"이라는 백설희의 노래가 유행하기도 했다.

---

**3** 상게서, pp.343~345.

1951년 3월에는 아군이 다시 38선을 회복하면서 지루한 진지전이 계속되었다. 38선에서 전선이 교착상태에 빠지자, 맥아더 장군은 만주지역에 원자탄을 투하하고 북진통일을 하자고 주장했다. 전쟁이 확대되는 것을 거부한 미국의 정책에 따라 1951년 4월 11일 맥아더 장군은 해임이 되고, 리지웨이(Matthew Bunker Ridgway) 장군이 유엔군사령관으로 부임했다. 미국은 대통령선거가 있었기 때문에 빨리 한국전쟁을 종식시키기를 원하고 있었다. 그래서 원자폭탄을 투하해서 확전을 하려고 하는 맥아더 장군을 해임했던 것이다.

　　이러한 가운데 마침 소련 말리크(Yakov Aleksandrovich Malik) 유엔대표가 유엔에서 연설을 통하여 휴전을 제의하게 되자 1951년 7월 10일부터 개성에서 휴전회담이 시작되었다. 공산군 측이 개성에서 휴전회담을 하자고 고집을 하는 바람에 당시 북한군이 통제하고 있던 개성에서 최초의 휴전회담이 개최되었다. 공산군 측이 개성을 고집한 이유는 당시 북한군의 수중에 있던 개성은 38선 이남에 위치하고 있었으며 유엔군의 힘이 공산군보다 강했기 때문에 개성을 빼앗기지 않으려고 개성에서 회담을 하자고 했던 것이다. 회담이 계속되는 가운데도 포로교환 문제로 회담이 지연되다가 1953년 3월 5일 한국전쟁에 대한 강경정책을 펴고 있던 소련의 스탈린(Losif Vissarionovich Stalin)이 사망하면서 휴전회담은 급진전을 보게 되었다. 양측은 먼저 부상포로부터 교환을 한 후 이어서 1953년 7월 27일 10:00시에 정전협정이 체결되었다.

3년간에 걸친 동족상잔의 한국전쟁은 남북한을 막론하고 전 국토를 폐허로 만들었으며, 막대한 인명피해를 내었다. 전투병력의 손실만 해도 유엔군은 한국군을 포함하여 18만 명이 생명을 잃었고, 공산군 측에서는 북한군 52만 명, 중국군 90만 명이 전사했다. 또한 전쟁기간 중 대한민국의 경우 99만 명의 민간인이 목숨을 잃거나 부상을 입었다.[4] 이러한 동족상잔의 비극이 이 땅에서 다시는 일어나서는 아니 된다. "평화를 원하거든 전쟁에 대비하라"라는 격언을 상기하면서 전쟁예방을 위하여 국가안보에 총력을 기울여야 할 것이다.

## 7. 6개년 우등, 개근한 덕곡초등학교

전선이 낙동강에서 압록강까지 밀고 밀리는 치열한 전쟁 기간에 나는 덕곡초등학교에 들어갔다. 역사와 전통을 자랑하는 덕곡초등학교는 1926년 9월 25일 덕곡공립보통학교로 설립이 되어 수많은 인재를 배출한 명문학교이다. 초등학교에 입학한 나는 형들로부터 미리 익힌 한글과 산수공부를 바탕으로 다른 학생들 보다 앞서 나가기 시작했다. 입학을 하자마자 교과서를 거침없이 읽어 내려가니 학생들과 선생들 간에 나의 공부실력에 대하여 소문이 났다.

---

**4** 상게서, pp. 350~351.

덕곡초등학교 시절 (둘째 줄 왼쪽에서 네 번째가 필자)

한번은 4학년 담임인 차기분 선생이 나를 불러 자기 교실에서 전체 학생들이 보는 가운데 4학년 국어책을 읽으라고 했다. 물론 자기반 학생들에게 자극을 주기 위하여 코흘리개 1학년학생인 나를 교단에 올려놓고 책을 읽으라고 했지만 선배들 앞에서 책을 읽게 되어 송구스러운 느낌이 들기도 했다.

1학년 학생이 4학년 국어책을 거침없이 읽어 내려가니까 선배들이 깜짝 놀랄 뿐만 아니라 여학생들에게 인기가 높아지기 시작했다. 시골에서 여성에 대한 교육은 보수적이었다. 한국전쟁기간 중이라 여자 아이들이 제때에 학교에 들어가기가 더욱 쉽지 않았던 것이다. 우리 반에도 교육시기를 놓친 여자아이들이 늦게 입학을 했기 때문에 여학생들의 나이가 남학생보다 2~3살 정도 많았다. 김명선, 나명자, 나숙이, 박정애, 서기분 등은 키도 크고 누나 같은 모습을 하고 있어 시집을 보내도 될 정도로 어른스러워 보였다. 나갑연, 박옥선 정도만 우리와 같은 또래였고 나머지는 모두 남학생들을 동생으로 취급할 정도였기 때문에 우리들이 가까이 하기엔 거리가 먼 이방인과 같은 동급생이었다.

남학생들은 여학생들에 비해 나이나 신체적으로 차이가 나게 되니 나이가 비슷하고 말이 통하는 우리들끼리만 노는 경우가 많았다. 특히 친한 친구인 차종형, 이한출, 임쌍효, 정수진, 구상회, 구자선, 정은목, 최동길, 최장석, 강신찬, 김복기, 김정열, 노영훈, 서재천, 서재홍, 성동한 등은 학교 공부가 끝나면 서로의 집을 드나들면서 밥도 함께 먹고 잠도 같이 자면서 가까운 우정을 쌓았다.

덕곡초등학교 죽마고우들 (둘째 줄 왼쪽에서 다섯 번째 모자 쓴 사람이 필자)

부모들은 친구들이 집에 오면 친자식 이상으로 친절하게 대우를 했기 때문에 다른 아이들의 부모가 내 부모 같은 생각이 들기도 했다. 함께 어울려 놀 때에는 시간가는 줄도 모르고 밤을 새울 때도 많았다. 밤늦게까지 놀다가 학교에 지각을 하여 단체기합을 받는 경우가 한 두 번이 아니었다. 점심도시락을 싸가지고 학교에 가는데 도시락은 점심시간이 되기 전에 이미 다 없어졌다. 첫 교시가 끝나면 1/3, 둘째 교시가 끝나면 1/3, 셋째 교시가 끝나면 또 1/3 이렇게 하여 점심시간이 되기 전에 도시락은 텅 비어 있었다. 선생님이 도시락을 먹은 사람은 손을 들고 점심시간이 끝날 때까지 벌을 서게 했다. 그래도 공부하는 것보다 도시락 먹는 즐거움이 큰 것은 어쩔 수 없었다.

겨울에는 난로에 기름이 없었기 때문에 산에 가서 썩은 나무 밑둥치와 솔잎 갈비를 수집해서 불을 피웠다. 남학생들이 나무를 하러 산으로 가는 동안 여학생들은 청소를 하면서 남학생들이 나무해오기를 기다렸다. 그러나 남학생들은 나무를 수집하다가 깊은 산속에 나타난 토끼몰이에 빠져 해가 저무는 줄을 몰랐다. 이럴 때면 교장선생이 산 밑에서 기다리고 있다가 우리들에게 화가 무척 난 얼굴로 단체기합을 주기도 했다.

전쟁 중에 교실은 폭격으로 불타 없어졌기 때문에 교내에 있는 플라타너스나무 아래서 칠판을 나뭇가지에 걸어놓고 흙바닥에 가마니를 깔아놓은 상태에서 매미 울음소리를 들으며 공부를 했다.

『맴 맴 맴……』

  매미소리에 장단을 맞추어 나무그늘 아래에서 구구단을 외우고, 비가 올 때는 창고에 들어가 공부를 했다. 그래도 공부를 하겠다는 향학열은 누구보다도 강했다. 도시에서 공부하는 학생들보다 조금도 뒤떨어지지 않은 수준이었다. 부산에서 공부를 하다가 덕곡초등학교로 전학을 온 정화자라는 학생이 있었다. 이 학생은 큰 도시에서 자랐기 때문에 세련되고 옷도 잘 입었다. 아버지가 국회의원을 3번이나 출마를 할 정도로 가정형편도 좋았고 가문도 훌륭했다. 뽀얀 얼굴에 세련된 자태를 한 정화자에 대한 인기는 단연 최고였다. 서로 그녀에게 잘 보이려고 남자아이들이 경쟁하고 있었다. 햇볕에 거슬러 얼굴이 까만 우리들 시골아이들과는 어디를 보나 차이가 났다. 그러나 공부를 하는 데는 우리와 별로 차이가 나지 않았다. 부산에서 공부를 잘 했다고 하지만 우리들과 비슷한 수준인 것에 우리도 자부심을 가질 수 있어 선의의 경쟁상대가 되기도 했다.

  가을이 되면 코스모스가 만발한 학교 교정에서 가을운동회가 열렸다. 산에 있는 청솔가지를 꺾어서 교문에 개선문을 만들고, 운동장에는 만국기가 휘날리었다. 각 마을에서 모여든 풍물패들이 자기들의 장기를 자랑했다. 이날은 학생들과 학부형 그리고 마을주민들을 포함해서 수천 명이 한자리에 모인 가운데 하나의 축제와 같은 잔치분위기가 되었다.

우리들은 이러한 가을운동회를 며칠 전부터 가슴 설레며 손꼽아 기다렸다. 그 동안에 학교에서 배운 모든 것을 부모들에게 보여주기 위하여 각종 장기자랑을 여러 날 동안 연습했다. 당일 날에는 청군, 백군으로 나누어 부모와 함께 발 묶고 달리기, 큰 공 굴리기, 100미터 달리기, 릴레이 등 그 동안 갈고 닦은 기량을 마음껏 뽐내었다. 운동회 날에는 어머니가 특별히 김밥에다가 고구마, 밤을 삶아서 싸주었다. 나무그늘에서 도시락에 국밥을 곁들여 먹는 맛이란 둘이 먹다 하나 죽어도 모를 지경이었다.

6학년 졸업반이 되었을 때 통영으로 수학여행을 떠났다. 덕곡에서 통영 한산도까지 수학여행을 한다는 것은 보통 생각으로는 엄두도 못내는 일이었다. 그러나 우리는 오랫동안 계획을 세워서 부모님의 허락을 받고 장거리 수학여행을 떠났다. 당시에는 버스가 귀했다. 트럭을 대절해서 10시간이나 걸리는 비포장도로를 달렸다. 남녀학생들이 먼지를 보얗게 덮어쓰고 트럭이 덜커덩거릴 때마다 우리는 이리 쏠리고 저리 쏠리고 했지만 그것이 더욱 재미있었다.

덕곡초등학교를 졸업할 때 나는 6년간 우등 개근을 하였고 전체수석으로 졸업을 했다. 최고의 영예인 경상남도 교육감상을 탔던 것이다. 반장도 매년 했는데 3학년 때 한번 나와 라이벌이던 하남식에게 빼앗기고 내가 계속했다. 6학년 때는 전교생 회장으로서 리더십을 발휘하기도 했다. 하남식은 그 후에도 죽마고우로서 어려운 일이 있을 때는 서로 상의를 하는 사이였으며 그가 간암으로 일산 암센터에서 세상을 떠날 때까지 나의 친한 친구가 되어 주었다.

  덕실골에서 대구로 나가 공부를 한다는 것은 대단한 일이었다. 대부분 중학교를 진학하지 못하는 경우가 많았고 가정형편이 조금 낫다고 하는 학생은 가까운 옥야중학교나 합천중학교에 다녔다. 이런 환경 하에서 자식에게 공부를 시키겠다는 부모의 열성과 나의 향학열에 따라 대구로 나가 공부를 하게 되었다. 당시 대구에는 연고가 아무도 없었지만 난생 처음으로 대구로 유학을 떠났던 것이다.

## 제2장  객지의 청소년

1. 덕실골에서 대구로
2. 수성천변의 샛별
3. 양키시장의 똥구두
4. 격동의 세월 속에서
5. 유도장에서 단련된 무인정신

## 1. 덕실골에서 대구로

　교통이 발달하지 않았던 시대라 덕실골에서 대구까지 가는 교통수단은 대단히 미흡했다. 2시간 이상 걸어서 이방까지 나오면 하루 2~3대씩 진주에서 대구로 운행되는 버스를 만날 수 있었다. 이 당시 천일여객, 경전여객 등의 버스가 다니고 있었는데 버스시간이 일정하지 않아 도로변에서 먼지를 덮어쓰고 몇 시간씩 기다려야 했다. 버스에는 운전수를 보조하는 조수가 따랐다. 조수의 역할은 운행 중 버스 엔진이 꺼지면 손잡이 돌림기로 시동을 걸고, 승객들에게 요금을 받고 안내를 하는 것이었다. 낙동강에 홍수가 날 때면 자동차가 다니지 못하기 때문에 4시간 이상 걸리는 현풍까지 걸어서 가야 했다.

　시골에서 도시로 나가 공부를 한다는 것은 학비도 만만하지 않았다. 우리 집은 상당한 토지를 가지고 있으면서 머슴을 여러 명 고용해서 농사를 지을 정도로 동네에서는 부자로 알려졌다. 그러나 형들의 학비를 조달하느라고 논밭과 소돼지까지 다 팔고, 남은 것이라곤 생계를 유지할 정도의 개똥논 밖에 없었다. 막내인 나에게까지 공부를 시킬 수 있는 능력이 부족한 상태였지만 6개년 간 초등학교에서 수석으로 졸업한 나의 고집을 부모는 꺾지 못했다. 먹을 것만 보내주면 장학금을 타서 학교에 다니겠다고 각서를 쓰고 14살 소년은 무작정 대구로 나갔던 것이다.

  자식에 대한 교육열이 남달리 많았던 아버지는 나를 기특하게 생각하면서 내가 먹을 쌀을 짊어지고 함께 대구로 가주었다. 생전 처음으로 대구에 가보았지만 우연히 먼 친척 한 분을 만날 수 있었다. 아버지와 친분이 있는 그 분이 자기 집으로 우리를 데리고 가서 대구에 대한 상황을 설명해 주며 마침 자기 집에 빈 방이 하나 있다고 하면서 실비로 월세를 주었다. 이 집은 내가 다니기로 한 학교 바로 옆에 위치하고 있었기 때문에 학교 다니기에 편리한 거리였다. 낯선 대구에서 친척과 함께 있다는 안도감도 있었다.

  하숙을 할 정도가 못 되는 형편이라 자취를 하기로 하고 그 집에서 짐을 풀었다. 자취생활을 할 때 연탄을 사용해서 난방을 하는데 연탄불에 꽁치를 구워 먹는 것이 최고의 반찬이었다. 고기 중에는 꽁치가 가장 싼 것이었지만 연탄불에 구운 꽁치보다 더 맛있는 반찬은 없었다. 학비와 용돈은 학교에서 주는 장학금으로 충당하고 방값은 아버지가 보내주는 쌀로서 대신했다.

  한번은 여름방학이 끝나고 개학이 되어서 아버지와 나는 함께 쌀 한 포대를 짊어지고 대구로 가는 과정에 홍수를 만나 낙동강이 범람했다. 강물이 범람하니 길이 막혀 버스가 다니지 못했다. 우리는 배를 타고 이방을 지나 구지까지 가서 혹시나 대구행 버스가 오지 않나 하고 기다렸지만 허탕이었다. 무거운 짐을 지고 수십Km나 되는 현풍까지 다시 걸어서 갔다. 현풍까지 가서야 비로소 대구로 가는 버스를 탈 수 있었는데 가뭄에 콩 나듯이 드물게 오는 시골 버스라 초만원이었다. 버스 운전수가 짐은 실을 수가 없다고 거절하는 것을 사정을 하여 쌀을 버스에 겨우 실을 수 가 있었다. 나를 공부시키기 위한 이러한 아버지의 열정에 감동하여 더욱 열심히 공부를 해야겠다는 다짐을 했다.

중학교 3학년 때에 둘째누나 차정금이가 대구로 이사를 왔다. 초등학교 선생을 하던 김공희 매형이 대구로 전근을 오면서 누나도 함께 따라 온 것이었다. 혼자서 자취를 하다가 매형이 대구로 왔기 때문에 누나 집에서 함께 있기로 했다. 밥을 지어먹을 걱정이 없고 나보다 2살 위인 사형 김무희와 함께 공부를 하게 되니 여러 가지로 도움이 되었다. 김무희는 성실한 기독교 신자로서 교회에 열심히 나가고 있었다. 교회에서 미국인 선교사로부터 영어공부도 배우고 있었다. 당시에 신앙이 무엇인지도 모르면서 김무희를 따라서 교회에 나가 선교사로부터 영어를 배웠다. 이것이 나중에 내가 영어를 잘 할 수 있었던 기초가 되었던 것이다.

당시에는 전기사정이 좋지 않았다. 제한 송전을 하기 때문에 밤 12시가 되면 자동적으로 전기가 끊어졌다. 공부를 열심히 해야겠다는 열성에 전기가 나간 후에도 촛불을 켜놓고 공부를 했다. 졸음이 와서 꾸벅 졸다가 머리카락을 촛불에 태워먹은 경우도 있고 책을 태워버린 경우도 있었다. 졸음을 쫓기 위하여 찬물에 세수를 하고 바늘로 허벅지를 찔러가면서 공부를 한 결과 중학에 이어 고등학교도 계속해서 장학생으로 학비를 면제받을 수 있었다.

덕실골이 대구생활권으로 바뀌면서 시골에서 대구로 이사를 오는 사람들이 점점 많아졌다. 산업화 현상에 따른 도시 집중화가 피부로 느껴지는 상황이었다. 둘째 형 차기홍이도 대구로 이사를 왔다. 대구에 누나와 형도 함께 살게 되어 외로움이 덜해지는 분위기였다.

누나 집에 있다가 형 집으로 옮겨서 학교를 다녔다. 방학이 되면 조카들과 함께 고향으로 내려갔다. 객지에서 공부를 하다가 고향으로 가면 동네 어른들에게 인사를 다녀야 했다. 특히 고향에는 모두 친척벌이 되는 어른들이라 인사를 하지 않으면 버릇없이 자랐다고 욕을 먹게 되는 분위기였다.

대구는 사과가 유명했기 때문에 고향에 갈 때에는 사과 한 꾸러미를 사가지고 갔다. 동네 어른들에게 인사를 하면서 맨손으로 할 수 없기 때문에 사과와 담배 한 갑씩을 들고 다니며 인사를 하면 시골어른들이 대단히 기뻐했다. 이러한 습관이 나에게는 하나의 실천하는 도덕 교육 도장이 되기도 했다.

한번은 다섯살된 조카 차석진을 자전거에 태우고 대구에서 덕실골까지 갔다. 자전거도 형이 사업용으로 사용하던 바퀴가 큰 화물용이었다. 버스비용을 절약하기 위하여 자전거를 이용했지만 지금 생각해도 무모한 짓이었다는 생각이 든다. 짐자전거에 어린아이를 태우고 비포장도로를 따라 먼 거리를 달려서 고향에 도착하니 아버지와 어머니가 깜짝 놀랬다. 그래도 방학이 되어 고향에서 부모와 함께 보내는 시간이 가장 즐거웠다. 방학이 끝나고 다시 대구로 떠나 올 때는 부모와 헤어지기 싫어서 눈물을 한없이 흘리기도 했다.

큰형 차기환도 대구로 이사를 왔다. 이제 대구에는 우리 가족들이 모여 사는 근거지가 되었다. 부모님만 제외하고 모두 대구로 나왔던 것이다. 큰형이 나에게 자장면을 사준 일이 있었다. 대구에는 내가 제일 먼저 나와 있었지만 돈을 아끼느라고 자장면 한 그릇을 먹어보지 못했기 때문에 그 때 형이 사준 자장면 맛을 잊을 수가 없다.

## 2. 수성천변의 샛별

덕실골 촌놈이 대구에 나와서 어느 학교에 들어갈 것인가를 결정하는데 고심이 많았다. 처음에는 대구에서 제일 명성이 있는 경북중학교에 원서를 내었다. 당시 경북중학교는 공립이었기 때문에 시험을 보지 않고 초등학교 내신성적만으로 뽑았다. 합천 덕곡초등학교에서 6개년 간 우등과 개근을 한 최고의 성적이었지만 시골이라는 핸디캡 때문에 불합격이라는 통보를 받았다. 정식 입학시험을 치렀다면 자신이 있었지만 아직 한 사람도 경북중학교에 들어간 실적이 없는 시골학교라 경북중학교에서는 덕곡초등학교의 수재를 알아보지 못했던 것이다.

경북중학교에서 낙방을 했기 때문에 2차인 대륜중학교에 원서를 냈다. 사립학교인 대륜중학교는 필기시험을 보았다. 시험을 보게 되니 당연히 좋은 성적으로 합격할 수 있었다. 대륜중학교 창설이래 최고의 성적을 얻어 당당히 수석합격을 했던 것이었다. 대륜중학은 대구 수성천 벌판에 위치하고 있었다. 수성천의 매서운 바람은 살을 도려내는 듯한 추위였다. 대구는 분지로 형성되었기 때문에 겨울에는 전국에서 가장 춥고 여름에는 가장 더운 지방이다. 학교 옆 나의 자취방에는 연탄불을 피워놓았지만 혹한의 추위에는 방안의 물이 꽁꽁 얼었다. 이러한 환경에서 이불을 덮어쓰고 손발을 비비면서 열심히 공부를 했다. 수석으로 입학한 명예를 유지하기 위해서도 다른 사람들보다 열심히 하지 않을 수 없었다.

대륜학교는 일제시대였던 1921년 9월 15일 애국지사 홍주일, 김영서, 정운기가 민족의 독립을 위해서는 인재를 양성해야 한다는 일념으로 세운 순수 민족사학이다. 일제시대 일본의 교육방침은 그들의 식민지 정책에 순응하는 것을 목표로 하고 있었다. 이러한 상황 하에서 한국인의 진정한 민족교육이란 기대할 수 없었다. 따라서 참된 한국인을 위한 교육을 위해서 세 사람이 목숨을 걸고 사학을 설립했던 것이다. 이렇게 설립된 대륜은 초기에는 교남학원이라는 이름으로 정운기가 교장이 되어 출발을 했다. 1940년 10월 30일 서병조 재단이사장이 취임하면서 대륜학교로 교명을 변경하여 민족의 독립을 촉구하는 인재를 양성하는 명문학교로 발전을 하게 되었다.

  6·25 한국전쟁이 일어나면서 수성동에 있는 학교를 군대에 넘겨주고 대봉동에 있는 가교사로 이전을 한 경우도 있었다. 그러나 휴전이 된 후 1954년 10월 4일에는 미군에게 빌려준 교사와 교지 일부를 환수받았다.5 내가 중학교를 다닐 때에는 철조망을 사이에 두고 군대가 주둔하고 있는 상태 하에서 일부 교사만을 사용했고, 운동장도 제한된 상태로 사용할 수밖에 없었다.

대륜중 최우수상 수상, 내 앞에 시계와 상장이 보인다
뒷줄 왼쪽부터 차기홍, 김기보, 차정금, 박동규, 앞줄 왼쪽부터 어머니, 필자, 아버지

---

**5** 대륜동창회, 『대륜 80년사』(경북인쇄소, 2001), pp.102~110.

대륜학교는 나의 인생에 가장 보람된 도장이었고 나의 인생관을 형성시켜준 향도였다. 민족과 국가의 샛별이 되기 위해서도 향학열에 불타는 모범학생이 되어야겠다는 결심을 했다. 중학교를 수석으로 졸업을 했다. 경상북도 교육감상과 함께 시계, 사전 등 많은 부상을 수상했다. 중학교 졸업식에는 고향에서 아버지 어머니가 오고, 둘째 형 차기홍, 둘째 누나 차정금, 사형 박동규까지 참석하여 축하를 해 주면서 기념사진을 찍었다.

중학교를 졸업하고 고등학교에 들어갈 때에는 당시 전국에서 가장 좋은 학교로 알려진 경북고등학교에 원서를 내려고 했다. 특히 내신성적 제도 때문에 경북중학교에 들어가지 못한 한을 풀기 위해서도 경북고등학교에 들어가려고 마음먹고 있었다. 진학원서를 내기 위하여 담임선생과 상의를 하니 담임선생은 나를 교장실로 데리고 갔다. 교장선생은 나에게 대륜고등학교에 계속 다닌다면 3년간 장학생으로 보장해 주겠으니 대륜에 진학을 하라고 반 강제적으로 압력을 넣었다.

교장선생은 우수한 학생을 대륜고등학교에 진학시키는 것이 학교를 발전시키는데 밑거름이 된다고 보고 수석으로 졸업한 나를 동일계열 고등학교에 반드시 넣겠다는 것이었다. 분위기로 보아서 도저히 다른 학교에 갈 수 있는 상황이 아니었다. 담임선생과 교장선생의 강력한 설득에 나는 대륜이라는 모교에 대한 애정도 있고 하여 결국 대륜고등학교에 가기로 했다. 고등학교 진학시험도 생략한 채, 고향으로 내려가서 부모의 농사일을 돕고 있다가 신학기가 되어 장학생으로 입학을 했다.

경북대학교 물리과대학 학장이었던 이효상 선생이 교장서리로 부임을 했다. 인품이나 능력면에서 타의 추종을 불허했던 이효상 선생을 만나 나의 인생관을 재정립할 수 있었다. 특히 선생님은 우리들에게 인상깊은 강의를 많이 해주었다. "스스로 속이지 말자", "남을 사랑하자"라는 주제가 오랫동안 기억에 남았다. 이 두 말은 곧 대륜학교의 교훈으로 확정되어 오늘에 이르기까지 대륜인의 혼으로 뿌리를 내리고 있다.

"스스로 속이지 말자"라는 말 속에 인생의 지표가 내포되어 있다. 자기 자신을 속이지 말고 하늘을 우러러 한줌 부끄럼이 없는 인생을 살아간다면 그 사람은 성공한 사람이라고 할 수 있다. 이 세상의 모든 악은 스스로를 속이는 것에서부터 시작되기 때문이다. "남을 사랑하자"라는 것은 바로 다른 사람을 배려하는 마음을 가지자는 것이다. 다른 사람을 배려할 줄 아는 사회야 말로 지상낙원의 유토피아적인 세상이 될 수 있다. 스스로 속이지 말고 남을 사랑하는 마음이 바로 자기 자신을 위하는 길이고 우리 사회와 국가 그리고 인류사회를 위하는 길인 것이다.

한솔 이효상 선생은 1930년 일본 동경대학교 독문과를 졸업하고 1936년 "가톨릭청년"지에 "기적"이라는 시를 발표하여 등단한 후 많은 작품, 특히 문학과 관련된 연구논문 등을 발표한 시인이었다. 1960년 참의원에 당선되면서 정계에 투신하여 6, 7대 국회의원, 국회의장을 역임했다. 이러한 이효상 선생은 우리 자치위원들을 앞산 밑에 있는 당신의 과수원으로 불러서 학교운영에 대한 지침을 내리고 우리들에게 인생관과 국가관에 대한 설교를 해준 인자한 선생님이었다.

대륜고 자치위원(맨 뒷줄 왼쪽에서 두 번째가 필자)

대륜의 로고도 이때 만들어 졌다. 미술시간에 박명조 선생이 새로운 대륜 모표(帽標)를 그려오도록 숙제를 내었다. 숙제를 하면서 우리들이 선생님과 함께 토의를 거쳐 만든 것이 바로 오늘날의 대륜 로고가 된 것이다. 이렇게 우리가 학교에 다닐 때 만들어진 교훈과 로고 때문에 대륜인으로의 긍지와 자부심을 어느 누구보다도 크게 가지고 있다. 대륜인의 긍지를 가지고 기쁠 때나 슬플 때나 항상 함께 부르던 노래가 교가였다.

> 태백산이 높솟고 낙동강 내다른 곳에
> 오는 세기 앞잡이들 손에 손을 잡았다.
> 높은 내 이상 굳은 나의 의~ 지~ 로
> 나가자 나 아~가~ 에서 얻은 빛으로
> 삼천리 골 곳에 샛별이 되~~어라

이상화 작사, 김호룡 작곡인 교가를 목이 터지라 함께 부르며 수성벌판에서 땀을 흘리며 심신을 수련하던 추억을 잊을 수가 없다. 오는 세기의 선봉이 되는 샛별이 되어야 하겠다는 다짐을 우리는 굳게 했던 것이다.

나는 과학에 관심이 많았다. 화학과 생물학을 담당하고 있는 이만정, 장기진 선생과 함께 과학분야에 관심이 많은 학생들이 모여 과학연구 동아리를 만들었다. 이 동아리에는 김동성, 전상열이 함께 했다. 우리 3명을 학교에서는 과학 3총사라고 불렀다. 김동성은 고등학교 교장으로 정년퇴임을 했고, 전상열은 전기회사 사장이 되었다.

1961년 가을에는 경복궁에서 전국과학전시회가 있었다. 우리 과학동아리 삼총사는 함께 연구한 "클로렐라"라는 작품을 가지고 전국과학전시회에 출품을 하여 창의적인 작품이라고 호평을 받으면서 큰 인기를 얻고 우수상을 수상했다. 과학전시회가 끝난 후에는 경복궁에서 동대

문까지 교가를 부르며 걸어 다녔다. 서울시가지를 답사하면서 대륜의 호연지기를 마음껏 펼쳤던 것이다.

3총사의 클로렐라 연구 (왼쪽부터 전상열, 필자, 김동성)

그 후 대륜학교는 나날이 번창하여 대구에서 가장 좋은 시설과 가장 좋은 위치에서 비약적인 발전을 하였다. 대구 수성구가 서울 강남같이 신도시로 개발되면서 대구의 8학군이 되었고 동창 중에 건설업을 하는 독지가가 나타나 학교시설을 현대화하였다. 경북대구에서 서울대학교에 가장 많은 합격자를 내고 수능시험에서 수석합격자를 연속으로 내고 있는 전국최고의 명문학교로 우뚝 서게 되어 대륜인으로서의 긍지와 자부심을 더욱 크게 가지게 되었다.

## 3. 양키시장의 똥구두

대륜학교에 다닐 때 나는 "양키시장"에서 판매하는 헌 군화를 구입해서 신고 다녔다. 헌 군화는 질기고 손질할 필요가 없기 때문에 오랫동안 신발걱정을 하지 않아도 되었기 때문이다. 친구들이 나의 별명을 "똥구두"라고 지어줄 정도로 6년간 무거운 헌 군화를 끌고 다녔던 것이다. 친구들은 내 뒤를 따라다니며 "똥구두! 똥구두!"하면서 놀리기까지 하였다. 지금도 동창회 모임에 나가면 그때의 "똥구두" 이야기로 꽃을 피운다.

당시에는 한국전쟁이 끝나고 모두가 잿더미가 되어 어렵게 살던 시대라 시장에는 군수물자가 많이 나돌았다. 특히 대구역전골목에 가면 미제물건을 비롯하여 군용물자가 없는 것이 없었다. 이곳을 사람들은 "양키시장"이라고 불렀다. 전쟁 중 시체에서 벗겨온 군화, 군복, 반합 등 질기고 튼튼한 중고 군수제품을 아주 헐값에 살 수 있었다. 군화뿐 아니라 헌 군복도 구입해서 검정색으로 염색을 하여 입으면 옷 한 벌로 모든 것이 해결되었다. 내구성이 강하고 편하게 사용할 수 있는 값싼 헌 군용물자를 학창시절부터 애용한 것이 내가 군인의 길로 가는데 일조를 했다고도 볼 수 있다.

학비는 장학금으로 충당하지만 생활비가 부족했기 때문에 항상 절약

하는 생활을 해야 했다. 교과서는 새 것을 사용해 본적이 없었다. 대구 양키시장 골목과 반월당에 나가면 중고 교과서를 파는 곳이 많았는데 항상 헌책방을 찾아다니면서 중고서적을 구입해서 공부를 했다.

신학기가 되면 가난한 학생들은 선배들이 물려준 책이 아니면 헌책을 구하기 위하여 저자, 출판사, 출판연도를 메모해서 양키시장으로 몰려들었다. 어쩌다가 내가 찾는 책을 비교적 깨끗한 상태로 발견하게 되면 보물을 찾은 듯 기뻐했다. 이러한 헌책을 구입해서 해묵은 캘린더를 뜯어 책 커버를 만들고 매직펜으로 책 표지를 쓰고 나면 한 학기 공부 준비가 끝나는 것이었다.

중·고등학교를 다니면서 헌군화, 헌옷, 헌책만을 사용했기 때문에 얻은 반갑지 않은 선물이 있었다. 중고제품을 통하여 옮겨진 폐결핵이었던 것이다. 학교에서 단체로 건강검진을 했는데 결핵판정을 받았다. 자취생활을 하면서 잘 먹지도 못한 상황이었기 때문에 중고제품만 사용하는 과정에서 결핵이 나의 몸으로 전염되었던 것이다. 담임선생이 보건소를 알려주어 대구 수성동에 있는 보건소를 찾았다. 당시에는 우리나라에 결핵환자들이 많았기 때문에 세계보건기구에서 결핵약을 많이 보내주었다. 보건소에서는 X-Ray를 찍고 건강검진을 한 후 "파스짓"이라는 결핵약을 무료로 주었다.

방학이 되어 집에 가면 어머니는 평소 나에게 잘 먹이지 못한 것을 안타까워하며 온갖 맛있는 음식을 장만해 주었다. 특히 결핵에 좋다고 하는 개를 잡아서 개장국을 매일 끓여주었는데 내가 보신탕을 먹게 된 것은 이때부터였다. 보건소 약과 어머니의 정성스러운 돌봄으로 폐결핵은 깨끗이 완치되었다. 그러나 사관학교에 들어가서 1년에 한 번씩 건강검진을 하는데 항상 흉부 X-Ray촬영에서 흉터가 나타났다. 건강검진을 할 때마다 2차 정밀검사를 받은 후 이상이 없다는 최종판결을 받아야 하는 번거로움이 따르기도 했다.

결핵이 완치된 후 대구 동인동에 위치하고 있는 육영기숙사에 들어갔다. 독지가가 일제시대 적산가옥을 정부로부터 임대해서 어렵게 공부하는 학생들을 위하여 자선사업을 하고 있었던 것이다. 혼자 하던 자취생활을 접고 육영기숙사에 들어가서 송대헌 선배를 만났다. 나보다 2살 위인 대륜학교 송선배는 나를 친동생같이 아껴주었다. 나중에 그 선배는 육사 22기로 들어가서 대령으로 전역을 했지만 나의 은인이요, 내 인생진로의 지표가 되어주었다.

육영기숙사는 각 학교에서 공부를 잘 하는 우등생들만 추천을 받아서 입사를 시켰기 때문에 모두가 공부를 잘 하고 모범생들이었다. 자취생활을 하는 것보다 생활비도 적게 들고 공부하는 분위기도 좋았다. 기숙사 원장은 연세가 많은 인자한 분으로 우리들을 항상 바른길로 가도록 인생설교를 해주었을 뿐만 아니라 생활의 불편함이 없도록 자상하게 보살펴 주었다. 원장에게는 고명딸이 하나 있었다. 공부를 하다가 그녀의 피아노 치는 소리를 들으면 공부보다는 그녀에게 관심이 가는 것은 사춘기가 왔다는 신호였다. 그러나 이러한 환상은 그림의 떡이었다. 사관학교를 들어가야 한다는 절박한 목표는 다른 생각을 실천에 옮길 정신적 시간적 여유가 없었던 것이다.

기숙사 옆에는 빵집이 하나 있었다. 아침 일찍 일어나 찬물에 세수를 하고 공부를 할 때면 빵 굽는 냄새가 내방까지 확산되어 나의 정신을 혼미하게 만들었다. 꼬르륵 하는 배를 움켜잡고 빵 하나만 먹어봤으면 하는 생각에 정신이 집중되지 않았다. 그러나 생활비가 빠듯한 나에게는 그 먹고 싶었던 빵을 한 번도 먹어보지 못하고 기숙사 생활을 마쳐야만 했다.

이 때 나는 대륜학교 뿐만 아니라 로타리클럽에서도 장학금을 지급받았다. 대구 교육청에서 공부를 잘 하고 모범된 학생을 뽑아서 로타리클럽 장학생으로 추천했던 것이었다. 로타리클럽 조찬회에 나가서 장학금을 받는데 그 자리에 모인 분들은 모두 머리가 하얀 중년 신사분들이었다. 유명인사들을 초청해서 조찬강연을 듣고 있는 그 분들은 인품이 고매한 지식인들이었다. 나도 나중에 이런 분들같이 어려운 환경에 있는 사람들을 도와야겠다는 결심을 하면서 귀중한 장학금을 주기적으로 받았다.

## 4. 격동의 세월 속에서

1960년 대륜고등학교에 입학을 한 직후 4·19 혁명을 맞이했다. 4·19 학생혁명은 대구에서 싹이 텄다. 장기집권을 노린 이승만 자유당정권은 야당을 탄압하고 부정한 방법을 사용해서라도 이승만과 이기붕을 정, 부통령으로 다시 당선시키고자 했던 것이다.

야당이었던 민주당 대통령후보 조병옥 박사의 유세가 1960년 2월 28일 일요일 대구에서 개최될 예정이었는데 집권당은 야당의 유세장에 사람들이 모이는 것을 막기 위하여 일요일인데도 불구하고 대구 초·중·고등학생들에게 등교를 하도록 명령을 내렸다.

이러한 집권 자유당의 행위에 분노를 느낀 우리들은 "학생을 정치에 이용하지 말라"고 외치면서 책가방을 멘 채로 데모를 벌렸다. 1960년 3월 7일에 실시되었던 대륜중학교 졸업식도 우리들의 정치적인 불만 속에 어수선한 분위기가 되었다. 이것이 도화선이 되어 전국적으로 데모가 일어났다. 결국 4·19 혁명으로 불이 붙게 되었고 영구집권을 꾀했던 이승만과 자유당정권의 12년간에 걸친 장기집권을 종식시켰던 것이다.

이승만 정권이 무너지고 새로운 공화정을 위한 준비를 위해 허정 과도정권이 뒤를 이었다. 그러나 정치적인 안정이 정착되지 못한 환경 하에서 허약한 허정 과도정부는 사회적인 혼란만 가중시킨 결과를 초래했다. 4·19 혁명정신이 수포로 돌아가는 분위기 속에서 박정희 장군을 포함한 군사엘리트들은 나라걱정을 하고 있었다.

내가 대륜고등학교 2학년에 올라갈 때 박정희 장군은 육군사관학교 8기생들과 함께 5·16 군사정변을 일으켰다. 5월 16일 새벽, 제2군 부사령관이었던 박정희소장은 장교 250여 명 및 사병 3,500여 명과 함께 한강을 건너 서울의 주요기관을 점령했다. 군사혁명위원회를 조직하여 전권을 장악하면서 제3공화국을 출범시켰다. 5·16 군사정변은 정치적으로는 비민주적인 요소가 있었지만 조국근대화를 위한 역사의 전환점이 되었다.

자주·자립체제의 결여로 수난과 오욕의 역사를 강요당해야 했던 우리 민족에게 조국근대화의 결의를 다짐하게 하는 결의를 심어주었고 또 실천시켰다. 우리 국민들은 머리카락을 잘라 가발을 만들어 외국에 내다 팔았다. 동네마다 엿장수를 동원하여 "머리카락 파세요! 파세요!" 하며 길게 땋아 늘인 아낙네들의 머리카락을 모았다. 시골 어머니들은 서울 간 아들놈 학비 보태주려고 머리카락을 잘랐고, 먹고 살 쌀을 사기 위해 머리카락을 잘랐다. 그래서 한국의 가발산업이 발전하게 되었던 것이다.

또한 싸구려 플라스틱으로 예쁜 꽃을 만들어 외국에 팔았다. 곰 인형을 만들어 외국에 팔았다. 전국에 쥐잡기 운동을 벌렸다. 쥐털로 일명 코리안 밍크를 만들어 외국에 팔았다. 돈 되는 것은 무엇이던지 다 만들어 외국에 팔았다. 이렇게 저렇게 해서 1965년 수출 1억 달러를 달성했다. 세계가 놀랐다. "저 거지들이 1억 달러를 수출 해?"하며 '한강의 기적'이라고 전 세계가 경이적인 눈빛으로 우리를 바라봤다.[6]

우리가 올림픽과 월드컵을 개최하고 세계가 우리 한국을 무시하지 못하도록 국력을 키울 수 있었던 것은 제3공화국 시절 서독에 파견되었던 광부와 간호사들, 월남전 참전군인들이 있었기 때문이었다. 간호사와 수천 미터 지하탄광에서 땀 흘리며 일한 우리의 광부, 목숨을 담보로 이국전선에서 피를 흘리는 우리 국군장병, 작열하는 사막의 중동 건설현장에서 일한 역군들의 흘린 피와 땀과 눈물이 있었기에 오늘의 풍요한 대한민국이 가능했던 것이다.

4·19 혁명, 5·16 군사정변, 10·26, 12·12 사태 등을 거쳐 6·10 항쟁에 이르기까지 격동의 세월 속에서 산업화, 민주화, 정보화가 이루어지고 세계로 뻗어나가는 대한민국이 되었다. 선진조국은 공짜로 이루어지는 것이 아니라 우리 국민들의 고귀한 피와 땀으로 이루어졌던 것이었다.

---

[6] 조왕호, 『청소년을 위한 한국 근대사』(두리미디어, 2006) pp.201~205.

## 5. 유도장에서 단련된 무인정신

5·16 군사정변이 일어나고 대한민국이 조국근대화의 괘도에 오르고 있을 때 나는 학업에 전념하고 있었다. 공부도 열심히 했지만 무도에도 관심이 많았다. 대륜학교 유도부에 들어가서 여가시간을 이용하여 심신단련에 매진했다. 유도는 어느 스포츠에서도 유례를 찾아보기 어려운 엄격한 규범의 제약을 요구하고 있다. 기술의 연마나 체력단련에 그치지 않고 자아의 인격을 완성하고 자타공인의 덕을 쌓는 운동이 유도인 것이다. 그래서 유도는 술이 아니라 도라고 하는 것이다.

유도를 할 때에는 팬티 이외에는 옷을 모두 벗고 도복을 입어야 했다. 겨울에는 도복을 갈아입을 때가 가장 고통스러웠다. 싸늘한 도복을 몸에 걸치면 한기부터 왔다. 매트에 낙법을 몇 번하고 나면 그 때에야 몸에 땀이 나고 운동을 할 만한 상태가 되었다. 몸이 풀리면 띠를 단정히 매고 정중하게 상호 인사를 한 후 운동을 시작했다. 유도를 하면서 잊지 못할 추억으로는 1962년 제8회 경북체육제전에서 우리 대륜유도부가 우승을 한 것이었다.

이 때 정열적인 패기로 유도를 지도해 주던 김판오 선생을 잊을 수가 없다. 그는 대학을 졸업하고 바로 대륜학교 유도선생으로 부임하여 우리들과 직접 대련을 하면서 유도를 지도해 주었다. 학과가 끝나고 유도장으로 가면 그는 벌써 도복을 입고 우리를 기다리고 있었다. 유도를 가르치는 것도 중요하지만 우리들에게 도가 무엇인지를 솔선수범해서 행동으로 보여주었다.

제8회 경북체육대회에서 우승한 대륜 유도부 (뒷줄 왼쪽에서 세 번째가 필자)

6·25한국전쟁 직후라 교실은 대부분 군대로 동원되었기 때문에 일부 교사만 찾아서 사용하고 있는 형편이었다. 시설이 부족했기 때문에 학교재단에서 강당 겸 체육관으로 건물을 신축해서 유도장으로 사용할 수 있게 해주었다. 좋은 유도장 시설 덕분에 각종대회에 나가서 우승까지 할 수 있었던 것이다.

김판오 선생의 지도로 단련된 무도정신은 내가 사관학교로 가게 된 동기가 되기도 했다. 유도와 무인은 통하는 데가 있다. 순수한 문인도 좋지만 공부도 하면서 무도를 연마하여 문무를 겸한 진정한 리더십을 함양하는 것은 더욱 중요했다. 대륜학교에서 유도로 단련된 리더십은 육군사관학교에 가서 조국의 간성으로 잠재역량을 발휘하는데 큰 촉진제가 되었다. 대륜학교에서 기초가 완성된 나의 유도는 육사에서 계속 무술을 연마하는데도 큰 도움이 되었다. 유도 2단, 검도 초단이라는 무도실력을 갖추어 무인으로서 일생을 보내는데 큰 지주가 되었던 것이다.

사관학교를 지망하게 된 또 하나의 동기는 6·25 한국전쟁을 겪으면서 전쟁의 비극을 극복하기 위해서는 강력한 국가의 힘이 필요하다고 인식한 것이다. 국력에는 여러 가지 요소가 있지만 국방력이 제1차적인 요소가 된다는 것에 이의를 제기할 사람은 없을 것이다. 구한말 우리가 일본과 중국을 비롯한 주변국으로부터 갖은 수모를 당했고 결국 36년간 일본제국주의 식민지가 된 비극도 국방력이 미약했기 때문이었다.

당시 6·25 한국전쟁으로 인하여 교정의 반쪽을 군대에 이양해 주고 철조망 사이에서 교정의 반쪽에서만 공부를 해야 했던 나는 운동장 한 구석에 높이 솟아있는 히말라야시다 나무 밑에 앉아 깊은 시름에 잠겼다. 미래의 진로를 고민하던 나는 이 땅에 6·25와 같은 전쟁의 비극이 다시는 없어야 한다는 생각에 조국의 간성이 되기로 결심했던 것이다. "평화를 원하거든 전쟁에 대비하라"라는 명언을 상기하면서 조국의 튼튼한 초석이 되고자 사관학교의 문을 두드렸다.

## 제3장  불멸의 화랑혼

1. 화랑대 문을 두드리며
2. 인간 개조기 기초군사훈련
3. 인생의 용광로에서
4. 해·공군 사관생도와 형제결의
5. 일일시험제도
6. 가슴 설레던 화랑축제
7. 화랑대의 별

# 1. 화랑대 문을 두드리며

태평양전쟁과 한국전쟁을 직접 몸으로 겪은 나의 부모는 내가 사관학교에 가겠다고 하니 처음에는 반대를 했다. 군대에 가면 다 죽는 것으로 알고 있었던 아버지와 어머니라 사관학교 가는 것을 이해하지 못했던 것이다. 사관학교가 어떠한 곳이라는 것을 부모에게 이해를 시키는 데는 상당한 시간이 걸렸다.

당시에는 육사의 인기가 대단하여 사관학교입시를 위한 사설학원까지 개설될 정도였다. 아무리 경쟁이 치열해도 대륜에서 6년간 수석을 한 나로서는 자신이 있었다. 어느 사관학교가 좋은지를 몰랐던 나는 일단 육·해·공군사관학교에 모두 응시해 보기로 했다.

입학요강을 살펴보니 육사와 공사는 동일한 날짜에 시험을 보고 해사만이 다른 날로 되어있었다. 그래서 일단 육사와 해사 두 곳에 원서를 내고 시험을 보았다. 사관학교 시험은 특차이었기 때문에 다른 대학보다 먼저 응시를 할 수 있었다. 육사는 시험절차가 복잡했다. 1차 시험에 합격이 되어도 2차 면접과 체력검증이 까다로웠다. 1차 시험에서 우수한 성적으로 합격을 한 나에게 2차 면접시험에서 시험관이 질문을 했다.

『왜 육군사관학교에 지원을 했나?』

『순간의 안일한 길보다 영원한 정의의 길을 가기 위하여 지원을 했습니다.』

『군인의 길이란 돈보다 명예를 중시해야 하고, 개인의 부귀영화보다 국가와 민족을 위해 자기를 희생해야 하는 험난한 직업인데 그래도 직업군인이 되고 싶은가?』

『예! 개인보다 국가와 민족을 위해 헌신하는 군인의 길이 저의 인생관과 적성에 부합된다고 생각합니다.』

나의 소신에 찬 대답에 면접관의 표정이 긍정적이라는 느낌을 받았다. 육군사관학교에 들어가기 위해서는 무엇보다도 강인한 체력이 강조되었다. 체력검정은 이틀간에 걸쳐 실시되었다. 아무리 성적이 우수해도 체력이 허약하면 합격할 수가 없었다. 체력검정에 합격하기 위해서는 수류탄 던지기 30m 이상, 2,000m 달리기 9분 30초 이내, 100m 달리기 16초 이내, 턱걸이 4회 이상, 35Kg 무게들기 2회 이상 되어야 했다.

태릉근처에서 민박을 하면서 체력검정을 받았는데, 매년 수험생을 돌보는 민박집 아주머니는 나에게 식사관리를 특별하게 해 주었다. 가벼우면서도 영양가 있는 음식을 만들어 주면서 시험을 잘 보라고 격려를 아끼지 않았다. 그 민박집에는 나 이외에 지방에서 올라온 많은 학생들이 있었다. 같은 방을 사용한 사람은 경상도 사투리를 쓰는 부산 해동고등학교 출신인 노동준이었다. 나중에 그도 나와 함께 합격을 하여 준장까지 진급을 했고 군생활이 끝날 때까지 친한 사이가 되었다.

결과는 육군사관학교와 해군사관학교에 모두 합격을 했다는 통지가 왔다. 육사는 244명 합격에 27등이었고, 해사는 102명 합격에 9등을 했다. 최종합격자 발표는 해사가 먼저 했다. 그리고 입교날짜도 육사가 합격자 발표를 하기 전에 해사는 가입교를 하도록 명령을 내렸다. 육사와 해사에 2중으로 합격한 사람들이 육사로 가버리는 것을 방지하기 위한 조치였다. 육사도 이에 질세라 내가 해사에 입교하기 위하여 기차를 타고 진해로 내려가는 도중에 라디오 방송을 통하여 합격자 명단을 발표하고 있었다.

진해로 내려가다가 다시 대구로 올라와 선생님과 선배들을 찾아가 어디로 가야 하는가 하고 상의를 했다. 어느 곳을 선택해야 하는가 하는 행복한 고민에 빠지게 되었던 것이다. 최유련 선생이 "말은 제주도로 보내고, 사람은 서울로 보낸다!"라는 속담을 이야기 하면서 서울에 있는 육사로 가기를 권고했다. 그리고 다른 사람들도 아직까지 우리군은 육군위주로 되어있으니 규모가 큰 육군에 갈 것을 권했다. 이러한 선생님과 선배들의 조언에 따라 육사에 들어가기로 했다. 대륜에서 육사에 들어간 사람은 12회로 졸업한 나 이외에는 9회부터 14회까지 아무도 없었다. 육군사관학교 4년간 고등학교 선배도 없이 외로운 생활을 보내야만 했다.

## 고등학교별 육군사관학교 23기 합격자

| 학교 | 인원 | 성명 |
|---|---|---|
| 서울고 | 15 | 송수섭, 정지용, 김문소, 곽음근, 이정환, 박노철, 홍정헌, 유관희, 박용승, 장우균, 김창학, 김풍구, 박영일, 김병섭, 이홍주 |
| 광주고 | 13 | 문일섭, 김우열, 박창수, 차영섭, 전상열, 김영걸, 장동욱, 최기창, 박성일, 장지문, 이건부, 김용웅, 김영목 |
| 부산고 | 12 | 권ін효, 이성희, 송영준, 오준홍, 김정원, 허진영, 서시우, 박방웅, 민완기, 이덕관, 박승부, 조영휘 |
| 진주고 | 9 | 유도현, 김건일, 황일훈, 박호길, 손문성, 정화언, 정현량, 윤중영, 이종규(소) |
| 대전고 | 8 | 임영환, 남기헌, 이춘웅, 우종일, 오영관, 박종규, 길영철, 권오성 |
| 경남고 | 8 | 최충남, 홍용찬, 김상원, 양상진, 안성용, 김동윤, 최병원, 김성규 |
| 광주일고 | 8 | 박주영, 정완채, 박정철, 김용구, 우형식, 박정석, 박혜철, 허기웅 |
| 경동고 | 7 | 구자열, 허 열, 박희복, 이정남, 윤봉식, 박웅익, 신운철 |
| 성남고 | 6 | 유승우, 장광남, 심기섭, 이종완, 안홍양, 노부름 |
| 경북고 | 5 | 정명화, 민성기, 우영무, 김동문, 김호권 |
| 마산고 | 5 | 설영길, 고용일, 김창길, 권철호, 김학영 |
| 교통고 | 5 | 박영익, 최영부, 김영리, 윤상영, 김주명 |
| 경대부고 | 5 | 정정택, 권대포, 허 철, 하정곤, 김광수 |
| 휘문고 | 5 | 김문환, 김 황, 신광치, 김중서, 원기호 |
| 전주고 | 5 | 김명세, 양길용, 노시덕, 이남신, 유영길 |
| 용산고 | 5 | 이영일, 윤형태, 이제원, 박성태, 이충남 |
| 제물포고 | 5 | 김정호, 이종선, 김찬식, 윤용섭, 김은겸 |
| 남성고 | 4 | 김대훈, 서거웅, 정복섭, 송오섭 |
| 청주고 | 4 | 정기준, 최기옥, 신동필, 김성용 |
| 경복고 | 4 | 신광균, 문종윤, 전 관, 문동명 |
| 보성고 | 4 | 유제현, 강종필, 곽원문, 최종선 |
| 조대부고 | 4 | 김태언, 노남섭, 정병태, 최수목 |
| 경주고 | 3 | 손수태, 최인환, 이문원 |

| | | |
|---|---|---|
| 대광고 | 3 | 나기산, 김권후, 이영근 |
| 성동고 | 3 | 양영부, 이영식, 김인걸 |
| 여수고 | 3 | 박정철, 정기호, 배의웅 |
| 상업고 | 10 | 김영구(마산), 강성남(마산), 조효남(대경), 김문기(강릉), 서구웅(대구), 정영진(대구), 조의웅(대구), 강승길(대동), 양영기(제주), 문창훈(제주) |
| 농업고 | 9 | 안성청(울진), 이원락(진주), 권정행(진주), 이상도(의령), 한정주(고흥), 이금생(사천), 이성우(원주), 이영길(남해), 김말득(울산) |
| 사범고 | 7 | 온창일(전주), 박정웅(광주), 신현수(충주), 이부직(안동), 반원중(안동), 김구웅(군산), 장근식(대전) |
| 공업고 | 5 | 김강황(부산), 김 학(부산), 김용경(광주), 장길남(영월), 한광소(목포) |
| 오산고 | 2 | 이 재, 홍봉길 |
| 문태고 | 2 | 문준영, 김길삼 |
| 동래고 | 2 | 유한주, 조영신 |
| 중앙고 | 2 | 주선만, 남상욱 |
| 김천고 | 2 | 구일철, 김상덕 |
| 동아고 | 2 | 김현수, 정정상 |
| 세종고 | 2 | 안준부, 임정순 |
| 계성고 | 2 | 박영기, 서세호 |
| 서울사대부고 | 2 | 서충일, 김재익 |
| 해양고 | 2 | 이영언(목포), 정진원(부산) |
| 1교1인 | 26 | 신형강(경기), 박승일(배재), 차기문(대륜), 김선태(수원), 이종규(대)(영남), 홍성원(동성), 조태형(제천), 김석재(안의), 전수진(인천), 이재환(완도수산), 장판용(사례지오), 노동준(해동), 최정웅(진해), 박노양(성광), 이정균(춘천), 인성경(합덕), 박현규(강문), 최재림(대성), 박영택(한성), 오주의(동북), 이호무(인창), 김영원(오현), 김건섭(고계), 임호권(홍성), 송영걸(홍국), 김일웅(검정고시) |

자료 : 육군사관학교 동기약사, 1997, p.25

전체 합격자 244명을 지역별로 구분하여 보면 서울:105명, 경남:51명, 경북:25명, 전남:37명, 전북:7명, 충남:10명, 충북:4명, 강원:1명, 제주:4명이었다. 당시에 육군사관학교에 합격할 수준이면 서울대학을 포함하여 어느 대학이든지 쉽게 들어갈 수 있었다. 선생님들은 학교의 명예와 대학입학률을 올리기 위하여 서울대학 공과대학 화공과에도 응시를 하도록 권유했다. 그러나 육군사관학교에 입교 통지가 일찍 오는 바람에 수능시험만 응시해 놓고 육군사관학교가 위치한 태릉으로 가야만 했다.

육군사관학교 제23기로 입학한 육사동기들 가운데는 일반대학에 다니다가 온 학생들이 많이 있었다. 심지어는 공사와 해사를 다니다가 온 사람도 있었다. 대부분이 2~3년 재수를 하면서 들어왔기 때문에 육사 23기는 다른 기수에 비하여 평균 나이가 많았다. 육군사관학교는 입학 성적 순으로 교번을 정했는데 내가 27등이었기 때문에 2,694번이라는 교번을 받았다. 육사 창설이래 2,694번째 합격자라는 뜻이었다.

## 2. 인간 개조기 기초군사훈련

『따 따 다 ~ 따 따 다 ~ 따따따따 ~ 따 따 다~』
『3분 이내 선착순으로 집합!』

『하나! 둘! 셋!……』

『3번 이하는 저 멀리 있는 독립수를 돌아서 선착순으로 다시 집합!!』

『귀관은 군화끈도 제대로 매지 않았군!』

『철모는 어디로 갔어?』

1963년 2월 1일 06:00시 정각! 아직 창밖에는 앞이 보이지 않을 정도로 컴컴한데, 단잠을 깨우는 힘찬 기상나팔소리와 함께 호랑이 같은 지도생도들의 불호령이 떨어졌다.

가입교와 동시에 기초군사훈련이 시작되었던 것이다. 기초군사훈련을 Beast Training이라고 했다. 사람대우가 아니라 동물취급을 하는 훈련이란 뜻이다. 가입교를 한 후 머리를 짧게 깎고 난생 처음 입어보는 군복과 함께 M1소총을 지급받았다. 아직 군화끈도 제대로 맬 줄 모르는 풋내기들의 선착순 군대생활이 시작되었던 것이다. 모든 행동은 선착순으로 시작하여 선착순으로 끝이 났다. 선착순이란 전원이 지정된 목표까지 달려갔다가 돌아오는데 1등부터 선착순으로 짜른다. 뒤에 짤린 사람은 또 다른 목표를 정하여 뛰도록 했다. 힘껏 달리지 않아 선착이 되지 못하면 계속해서 다시 뛰게 하여 마지막 1명이 될 때까지 선착순으로 달리게 하는 것이다. 선착순 달리기에 혼이 빠진 생도들은 가쁜 숨을 헐떡거리며 애국가 4절까지와 사관생도의 신조를 큰 소리로 외쳤다.

> **사관생도의 신조**
>
> 하나  우리는 국가와 민족을 위하여 생명을 바친다.
> 둘     우리는 언제나 명예와 신의 속에서 산다.
> 셋     우리는 안일한 불의의 길보다 험난한 정의의 길을 택한다.

 가입교는 정식입교를 하기 전에 1개월간 사관생도로써 갖추어야할 기본자세를 가르치는 기초군사훈련이다. 육체적 및 정신적으로 속세의 물을 빼고 사관생도로 인간개조를 하는 것이다. 정규사관생도로서의 자세와 내무생활, 군대예절, 기초적인 군인자세를 주입시키기 때문에 낙오자가 가장 많이 나오는 기간이다. 4학년 중에서 선발된 지도생도들이 가입교한 병아리 생도들에게 기초군사훈련을 시켰다. 훈련을 맡은 지도생도들은 우리들에게 호랑이보다 더 무서운 존재였던 것이다.
 『귀관은 3중대, 2소대, 1분대야!』
 앞으로 소속될 부대편성을 부여 받았다. 이 소속은 사관생도생활을 하면서 함께 자고 먹고 뛰는 공동체를 의미하는 것이다. 사관생도는 직각보행, 직각식사를 해야 한다. 아무리 시간이 없다 하여도 곡선보행은 허용되지 않는다. 직각식사를 하니 숙달되지 않은 신입생이 밥이나 국물을 흘리는 경우가 있었다. 이렇게 되면 단체 기합을 받았다. 어느 한 생도가 잘 못한 일이 있으면 전체가 기합을 받도록 함으로써 단체의식을 주입시키는 것이었다. 하루 선착순 생활을 하고 나면 배가 고팠다. 아무리 먹어도 금방 배가 꺼졌다. 이 시기에는 강철을 먹어도 소화를 시킬 수 있을 정도로 식욕이 왕성했다.

한번은 식사시간에 감사기도를 하는 사이에 K생도가 옆에 앉은 P생도의 밥을 한 스푼 들어서 자기 밥그릇에 갖다 놓았다. 감사의 기도를 마치고 눈을 떠보니 자기 밥 한 스푼이 없어진 것을 발견한 P생도는 K생도와 싸움이 벌어졌다. 이 사건으로 전체가 식사도 하지 못하고 연병장에 집합해서 하루 종일 선착순 기합을 받았다. 또 한번은 반찬 그릇에 깍두기 한 알이 남았는데 M생도와 C생도가 동시에 그 깍두기를 포크로 찍었다. 서로 자기 것이라고 우기다가 싸움이 벌어졌다. 이때도 식사를 하지 못하고 우리 전체는 단체기합을 받아야만 했다. Beast Training 기간은 육체뿐 아니라 마음도 동물로 변하고 있었던 것이다.

밤 10시가 되면 일석점호를 취한다. 점호를 받기 위해서는 관물을 정리하고 청소를 깨끗이 해야 한다. 만약 점호시간에 총 손질이 잘못되든가 먼지 하나라도 발견이 되면 밤새도록 기합을 받게 된다. 점호란 사람과 관물이 모두 제자리에 있는지 그리고 모든 관물이 사용 가능한 상태인지를 확인하는 것이다. 차려자세로 침상 가장자리에 서있으면 4학년 지도생도가 앞으로 왔다. 그러면 자동적으로 방안이 떠나갈 듯한 큰 소리로 관등성명을 복창했다.

『귀관?』

『네! 2698번! 김말득 생도』

『귀관?』

『네! 2722번! 권대포 생도』

『귀관은?』

『네! 2743번! 윤중령 생도』

『자네는 나보다 계급이 높은 중령이구만…….』

특이한 이름과 지도생도의 농담 섞인 말에 모두들 웃음을 참을 수가 없었다. 결국 어느 한 생도가 웃음을 터뜨리게 되니 모두가 따라서 웃음바다가 되었다. 이로 인하여 모두가 완전군장으로 차가운 연못에 얼음을 깨고 들어가 밤새도록 단체기합을 받았다.

일석점호가 끝나고 하루 생활을 반성하면서 일기를 썼다. 일기 쓰는 시간도 제한되어 연필을 들고 하루 생활을 구상하다 보면 "동작 그만!"이라는 호령이 떨어졌다. 모든 것이 기계적으로 돌아가는 인간개조생활이다 보니 생각할 여유가 없었다. 이러한 과정을 견디지 못하고 탈영을 하는 생도들이 있었다. 철조망을 넘어 도망을 가는 생도들은 헌병에게 잡혀 와서 퇴교를 당했다.

번개같이 지나가는 하루 생활이 끝나고 취침 나팔소리와 함께 천근같은 무거운 몸을 침대에 밀어 넣었다. 조용한 태릉골에서 들려오는 개 짖는 소리가 고향을 생각하는 마음으로 변하여 더욱 가슴을 에이게 했다. 철길에서 들려오는 기적소리가 조용한 밤하늘을 가로 질렀다. 저

기차를 타면 고향으로 갈 수 있다는 생각에 눈물을 글썽이면서 꿈속으로 들어갔다.

주말에는 휴식을 취할 수 있었다. 할 때는 하고 놀 때는 논다는 것을 강조하면서 주일에는 학교 내에 위치한 교회, 성당, 사찰에도 갈 수 있게 했다. 면회는 금지되었지만 회식은 가능하기 때문에 단체로 빵과 음료수 등을 구입해서 먹었다. 김이 모락모락 나는 곰보빵과 팥빵 그리고 새알콩이 그렇게 맛있는 줄 몰랐다. 산더미 같이 쌓아놓은 빵이 어느 사이에 다 없어지고 마는 것이었다. 한번은 빵을 나누어 주는 당번생도가 다른 생도의 새알콩 하나를 입에 슬쩍 넣어버렸다. 이것이 들통이 나서 지도생도에게 휴일 내내 단체기합을 받았다.

1963년 2월 26일 육사 제19기 선배들의 졸업식이 있었다. 화랑연병장에서 박정희 대통령이 참석한 가운데 졸업식을 거행하는데 눈보라가 휘날리는 무척 추운 날씨였다. 우리 가입교생들도 그 동안 받은 훈련을 많은 사람들에게 보여주기 위하여 전투복 차림으로 졸업식에 참석했다. 섭씨 영하10도의 추운 겨울날씨에 긴장된 자세로 서있으니 쓰러지는 생도들이 나왔다. 그러나 선배들이 비워준 생활관 빈자리에 우리들이 공식적으로 들어갈 수 있다는 희망과 기대감에 동상이 걸릴 것 같은 상태에서도 굳건하게 참았다.

기초군사훈련을 받고 난 우리들의 눈동자는 반짝반짝 빛나고 있었다. 인간을 용광로에 집어넣어 완전히 다른 사람으로 개조해서 내어놓았던 것이다. 기초군사훈련이 끝나고 정식입교가 되면서 생도대 생활이 시작되었다. 생도대는 기초군사훈련 때의 편성을 기초로 해서 2개 대대, 8개 중대로 나누어 졌다.

중대 편성표

| 중대 | 명단 |
|---|---|
| 1중대<br>(28명) | 최충남, 신형강, 문일섭, 문준영, 정정택, 김명세, 김영구, 김창길, 이영식, 최기옥, 이재환, 우영무, 신광치, 장동욱, 곽원문, 김은겸, 최재림, 박희복, 정현량, 박성태, 박영기, 조의웅, 이종완, 원기호, 김성용, 길영철, 이충남, 최수목 |
| 2중대<br>(28명) | 임영환, 정지용, 고용일, 나기산, 김권후, 박창수, 유도현, 이영일, 황일훈, 허기웅, 허 열, 윤형태, 김영걸, 우형식, 한정주, 서거웅, 박영택, 김재익, 김영원, 최병원, 박종규, 정영진, 김창학, 하정곤, 안홍양, 김인걸, 정정상, 김광수 |
| 3중대<br>(29명) | 유제현, 송수섭, 김문소, 차기문, 주선만, 김정호, 장광남, 김길삼, 김상원, 전 관, 박정철, 김용구, 심기섭, 조효남, 윤준영, 양길용, 유광희, 박성일, 안준부, 신동필, 임정순, 이종규, 이영근, 김풍구, 반원중, 박영일, 서세오, 유영길, 조영휘 |
| 4중대<br>(30명) | 이 재, 권영효, 박주영, 송영준, 김석재, 권대포, 서충일, 이종선, 이부직, 박정철, 김 황, 이상도, 차영섭, 김동윤, 김현수, 이정균, 김용경, 강승길, 노시덕, 장우균, 김 학, 송영걸, 김말득, 윤용섭, 김호권, 이덕관, 이성우, 노부륭, 김영복, 김병섭 |
| 5중대<br>(29명) | 손수태, 홍용찬, 김태언, 박승일, 이종규, 신광균, 김강황, 이문원, 홍봉길, 양상진, 박정웅, 구일철, 김정원, 이원락, 전상열, 정화언, 홍정헌, 문동명, 최영부, 오주의, 최기창, 정복섭, 김진섭, 박혜철, 박승부, 김문기, 이영언, 박웅익, 정진원 |

| | |
|---|---|
| 6중대<br>(32명) | 정명화, 민성기, 유승우, 최인환, 김우열, 홍성원, 유한주, 김문환, 김대훈, 양영부, 신현수, 허 철, 우종일, 이정환, 이홍주, 김중서, 박노양, 박방웅, 정기호, 최종선, 문창훈, 김상덕, 권정행, 조영신, 이진부, 이남신, 권철호, 신운철, 송오섭, 김주명, 권오성, 양창열 |
| 7중대<br>(30명) | 김선태, 안성청, 온창일, 노남섭, 박영익, 남기헌, 문종윤, 전수진, 이충웅, 강성남, 안성용, 허진영, 박노철, 장관용, 김구웅, 서구웅, 김동문, 박용승, 이정남, 박정석, 박호길, 장길남, 김성규, 김용웅, 임호근, 한광소, 배의웅, 서세호, 장근식, 박창남 |
| 8중대<br>(31명) | 설영길, 이성휘, 구자열, 조태형, 오준홍, 김건일, 정기준, 정완채, 양영기, 강종필, 곽윤근, 서시우, 손문성, 노동준, 최정웅, 인성경, 오영관, 박현규, 민완기, 이금생, 김영리, 이제원, 장지문, 김찬식, 김일웅, 윤봉식, 남상욱, 이호무, 김학영, 이영길, 정병태 |

자료 : 육군사관학교 동기약사, 1997, p.19

사관학교 나의 3중대원들

나는 제3중대로 편성되었다. 생도 때의 소속은 일생을 통하여 기억에서 지워지지 않았다. 특히 기초군사훈련 때부터 시작된 최초의 중대 편성은 영원히 기억에 남았다. 중간에 재편성을 하지 말고 일관되게 소속을 유지하는 것이 사관생도 생활의 추억을 위해서도 좋을 것이라고 생각되었다.

### 3. 인생의 용광로에서

1963년 3월 4일!
청운의 꿈을 품고 기초군사훈련을 성공적으로 마친 우리는 심신단련의 전당인 화랑대 연병장에서 정식 입학식을 가졌다. 이 자리에서 조국과 민족을 위하여 이한 목숨 초개같이 바치겠다는 선서를 했다. 사관생도의 선서식을 더욱 빛내기 위한 서울 예술여자고등학생들의 찬조출연이 신입생들의 마음을 들뜨게 했다.

사관생도복장을 입고 공식적인 입학식을 가짐으로써 정식 사관생도 생활이 시작되었다. 기초군사훈련기간 동안에는 가입교 상태이기 때문에 전투복 차림이었지만 이날부터 단정한 사관생도복장을 입은 생도로서의 자격이 부여되었던 것이다.

그러나 생도대의 생활도 역시 고달픈 시간의 연속이었다. "06:00시

정각!" 정적을 깨뜨리는 기상나팔소리가 새벽 공기를 가로지르면 암흑에 잠겼던 태릉골 호랑이들은 포효를 하기 시작했다. 하늘엔 별이 총총하고 동녘에는 여명이 깃들기도 전에 포근한 침대를 박차고 연병장으로 뛰어나갔다. 졸리는 눈, 하품 나오는 입들을 억제하면서 애국가, 군인의 길, 사관생도의 신조, 조국선열에 대한 묵념이 이어지면서 화랑대 25시가 시작되었다.

나의 사관생도 시절

화랑대 생활은 사관생도로 하여금 장차 군의 정예장교로서 지적 능력, 고결한 품성, 강인한 정신력, 확고한 국가관을 함양시키는 데 있다. 이러한 교육환경 속에서 생도들은 협동, 봉사, 희생정신 등을 함양하고 합리적 사고와 자기 통제능력을 키우게 된다. 우수한 훈육요원과 훌륭한 교수들의 지도하에 일반학 및 군사학을 연구하고, 지휘 통솔력 배양을 위한 자치근무 실습을 한다.

고매한 품격형성을 위한 명예제도와 동기생들 간의 절차탁마를 위한 동기회 활동, 정서함양 및 취미생활을 위한 과외활동과 축제 등을 가졌다. 대부분의 일상생활은 생도대에서 보내게 되는데 여기에서 호랑이 같은 훈육관들이 우리를 지도했다.

육군사관학교 생도들은 학년별로 생활목표를 정해 놓고 있는데 1학년은 규정준수 습성화 및 내면화를 위한 단체정신, 2학년은 희생, 봉사정신 및 주인의식 배양을 구현하기 위한 준법정신을 생활목표로 하고 있다. 그리고 3학년은 장교로서 사명감 및 투철한 직업의식을 고취하기 위한 솔선수범, 4학년은 합리적 리더십을 배양하기 위한 지휘 통솔 능력 배양을 생활목표로 하고 있다.

생도생활의 하루를 보면 기상나팔과 함께 일조 점호로 시작되어 교수부에서 대학교육과 체육 및 무도교육 등의 심신단련이 계속되며, 석식 이후에는 자율적으로 시간을 활용할 수 있는 개인활용시간이 주어진다. 운동시간에는 승마, 골프, 수영, 태권도, 유도, 검도, 축구, 야구 등 자기가 원하는 종목을 선택해서 할 수 있다. 나는 유도부에 속해 있었다. 4년간 유도를 한 결과 졸업할 때에는 국가 공인 2단을 획득했다. 유도부에서 상당한 수준이었기 때문에 전국대회가 있을 시에는 사관학교 대표선수로 나갔다. 1966년 12월 4일에 있었던 서울시내 대학 친선 유도대회에서는 우승을 차지하기도 했다.

생도 1학년 생활은 눈코 뜰 새 없이 바쁘게 돌아갔다. 기초군사훈련을 마치고 첫 편지를 받았다. 대구에 있는 조카 성숙이와 성영이가 보내준 편지였다. 반가운 편지를 펼쳐볼 시간이 없어 화장실에 가서야 편지를 읽을 수 있었다. 평일에는 편지를 쓸 엄두도 못 내고 주말이 되어야 겨우 답장을 쓸 수 있었다.

유도2단 승단을 하고 나서 (뒷줄 왼쪽에서 첫 번째가 필자)

육군사관학교 생도들이 지켜야 법도중의 하나가 명예제도이다. 명예를 생명으로 여기는 사관생도들에게 이 명예제도는 스스로 자긍심을 가질 수 있게 한다. 명예제도의 최저기준은 허위, 부정행위, 부당이득을 취하지 않은 것이다. 모든 사관생도는 이러한 최저기준에 따라 명예심을 함양하는 것을 생활화해야 한다. 명예를 위반하였을 때에는 양심보고를 하고, 양심규제를 통해 반성하는 계기를 갖도록 하고 있다. 사관생도는 자신의 명예위반에 가책을 받았을 때는 자발적으로 명예위원 생도에게 직접보고 하거나 중대 양심 보고함을 이용하여 신속하게 보고하도록 하고 있다.

매주 월요일이 되면 하기식이 있고 이어서 20Km 구보가 있다. 구보를 할 때면 완전군장을 하기 때문에 낙오하는 생도들도 있었다. 낙오를 하는 사람은 항상 정해져 있었다. 구보는 체력보다는 인내심이다. 인내심을 키우는 방법 중의 하나가 바로 구보인 것이다. 여름에는 방학을 이용하여 군사훈련을 학년별로 받게 되는데, 1, 2학년 때는 화랑대 근처에서 각종 화기학과 기초적인 전술학을 습득했다.

『엎드려 쏴!』

『목표는 전방에 보이는 표적』

『사격 개시!』

『탕! 탕! 탕!』

『명중! 또 명중!』

폭염이 내려 쬐는 숨막히는 삼복더위에 지열을 밟고 서서 약동하는 젊음을 조준했다. 그 후 국가대표 선수촌으로 변했지만 당시에는 사관생도들의 사격장이었던 태릉벌은 전투복에 젖은 새콤한 땀냄새로 얼룩져 있었다. 태릉골프장으로 변한 야산에는 각개전투, 분대전투를 하느라고 해가 떠서 질 때까지 땀으로 뒤범벅이 되었다. 더운 날씨에 화염방사기 교육과 화생방 가스실습 훈련은 더욱 고통스러운 과정이었다.

『훈련 때 흘린 땀 한 방울은 실전에서 피 한 방울을 절약한다.』

교관의 고함소리와 함께 7월의 염천하늘 아래에서 훈련 또 훈련이 계속되었다. 3학년이 되면 각 병과학교를 순회하면서 교육을 받았다. 보병, 포병, 기갑은 광주에서, 통신은 대전에서, 공병은 김해에서 훈련을 받았다. 가장 고달픈 코스가 광주 보병학교에서 받는 유격훈련과 전술종합훈련이었다. 1, 2학년 때 태릉에서 배운 전술교육을 종합해서 받는 과정이었다. 그리고 내무생활도 까다로워 벌점이 나오면 외출이 금지되었다. 주말이 되면 조교가 서류뭉치를 가져왔다.

『편지라도 들어있으면 좋으련만……』

『벌점 33점에 야간보행 60분이라고?』

『맙소사!』

기다리던 편지대신에 벌점통보가 나와서 생도들의 어깨는 축 늘어졌다. 가장 기다려지는 외출을 할 때면 광주시내로 나가 영화도 보고 황금동을 거닐면서 사관생도로서의 긍지와 자부심을 마음껏 가졌다. 광주가 고향인 생도들은 동기생들을 자기 집으로 초대했다. 집이 강진인 김용구 생도가 우리들을 자기 집으로 초대를 했는데 그의 가족들이 우리를 반갑게 맞이해 주었다. 사관생도들은 친형제와 같은 동지애가 있기 때문에 부모들도 친자식같이 여기고 있다.

즐거웠던 생도생활 (뒷줄 오른쪽에서 두 번째가 필자)

이러한 정이 있기 때문에 육군사관학교 동기생들은 일생을 두고 한 가족과 같이 지내고 있다. 끈끈한 우정과 사랑은 다른 사람들이 가지지 못하는 또 하나의 재산이 되는 것이다. 3학년에 올라가면서 중대편성이 한번 바뀌었다. 다른 중대 생도들과도 가깝게 지낼 수 있는 기회를 부여하기 위함이었다.

　4학년 때는 전방부대에 배치되어 소대장 실습을 했다. 견습소대장으로 임무를 받아 실 병력을 지휘하면서 임관 후 소대장으로서의 자질을 함양했다. 매복과 수색정찰, 분대전투와 소대전투, 내무생활과 부대관리 등 실무부대에서 일어나는 모든 상황을 실습했다. 앞으로 개선해야 할 문제점까지 발췌해서 노트에 깨알 같은 글씨로 적었다. 소대장으로 부임한 후 참고할 주요자료가 될 수 있기 때문이었다.

## 4. 해・공군 사관생도와 형제결의

　우리나라 같이 좁은 지역에서는 육・해・공군이 통합되는 것이 효율적이다. 각 군이 독립작전을 하는 경우보다 통합된 합동작전을 하는 것이 훨씬 능률적이기 때문이다. 미국 같은 큰 국가에서는 해군은 해군만이, 공군은 공군만이 해외에 나가서 단독으로 작전을 하는 경우가 있지만 우리나라같이 한 전구에 불과한 작전지역에서는 육・해・공군이 통합된 작전을 하는 것이 대부분이다. 이러한 이유로 통합군이 되기 전에 먼저 육・해・공군사관학교를 통합해야 한다는 의견이 많이 있었지만 각 군의 이해관계로 실현되지 못하고 있다. 1, 2학년만이라도 통합해서 공통과목 교육을 함께 받고 3학년부터 각군 사관학교에서 전문적인 공부를 해도 될 것이다.

이러한 맥락에서 육군사관생도 생활을 하면서 해·공군사관학교 생도들과도 함께 할 수 있는 기회가 부여되었다. 사관학교 상호 교류방문을 통해서 타군 사관생도들과 유대를 강화했다. 해군사관학교와 공군사관학교 생도들이 육군사관학교에 오고, 육군사관학교 생도들이 해군사관학교와 공군사관학교에 가서 해군과 공군전술을 익히면서 형제의 의를 맺었다.

공사에서 항공기 엔진을 분해·결합하는 육사생도들

해군사관학교에 가서는 구축함을 타고 항해훈련을 했다. 구축함을 타고 산더미 같은 파도를 헤치며 원해로 나가니 해군이 얼마나 어려운가 하는 것을 이해할 수 있었다. 공군사관학교에서는 전투기 엔진조작으로부터 조종사의 훈련과정까지를 실습하는 기회를 가졌다. 육사에서 기계공학을 공부했기 때문에 공군 전투기 분해결합은 이해하기가 쉬웠다.

사관생도 생활의 추억 중 가장 기억에 남는 것은 역시 육·해·공군 사관학교 체육대회였다. 매년 10월 국군의 날에 즈음하여 지금은 없어진 동대문운동장에서 삼군사관학교 체육대회가 열렸다. 축구, 럭비, 릴레이 등 3일간 계속되는 체육대회는 일반 국민들에게까지 인기가 있었다. 삼군사관학교 체육대회는 응원전에서 절정을 이루었다. 선수들의 기량도 중요하지만 응원연습을 하느라고 전교생이 총력을 경주했다.

삼군사관학교 체육대회에 대비하기 위하여 여름방학이 지나면 바로 응원연습에 들어갔다. 매일 교수부 수업이 끝나면 화랑연병장 계단에 모여 응원단장의 지도아래 응원연습을 했다. 저학년은 화장실도 못간 채 기합을 받으면서 연습을 했다. 이 때가 되면 전후방에서 근무하고 있는 선배들이 학교로 찾아와 물심양면으로 후배들을 격려하기 때문에 피로를 모르고 응원에 열중했다.

동대문 운동장에서의 육·해·공군사관학교 체육대회

삼군사관학교 체육대회를 하면서 각 사관학교는 모두가 독특한 응원전을 펼쳤다. 육사에서는 무락카 응원, 해사는 펭귄 응원, 공사는 독수리 응원이 유명했다. 무락카는 육사 11기 응원단장이었던 이동희 선배가 만든 응원구호로서 모두가 함께 우렁찬 구호를 외치면서 선수들뿐만 아니라 모든 생도들의 사기를 북돋우었다. 이 응원구호는 영원한 육사인으로서의 긍지와 자부심을 갖게 했다.

     무락, Veni, Vidi, Vici
     억센 M. A, Vital, Vigor
     카슈까라, Leven, 사자 호랑나
     Caress Caress, 陸士 陸士

이 무락카는 육사 필승의 힘찬 결의와 함께 아량과 포용력도 강조하는 것으로써 국어, 영어, 라틴어, 독일어, 한자 등이 혼합되어 있다. 이러한 무락카의 의미를 분석해 보면

무락(Mul-ac) : Military Academy의 합성어

베니, 비디, 비키(veni vidi vici) : Ceasar가 루비콘 강을 건너며 전승을 알렸던 "왔노라, 보았노라, 이겼노라"라는 뜻의 라틴어

억센 엠에이(M.A) : 억세고 강한 육사(Military Academy)를 표현하는 한글과 영어 약어의 조합

바이탈 비커러(Vital, Vigor) : 지칠 줄 모르고 생동하는 정열, 활력, 샘솟는 생명력, 불굴의 용기와 투지를 함축하는 영어 형용사

카슈까라 : 적에게 달려가서 가라 무찌르라(가서 까라)는 의미의 순수 한글

레벤(Leben) 항복하는 자는 살려주라는 뜻의 독일어. 기사도 정신에 입각하여 약자에게 포용력을 가지라는 의미

사자, 호랑나 : 적에게는 무자비하면서도 약자에게는 관용과 포용을 베푸는 사자나 호랑이처럼 한다는 의미

카레스 카레스(Caress, Caress) 육사, 육사 : 모두가 육사를 자랑스럽게 생각하고 긍지감을 가지고 껴안고 사랑하자는 다짐, 애교정신과 화랑대 정신의 계승을 다짐하는 것이다. 이 응원구호를 이해하기 쉽도록 다시 한번 풀어보면 다음과 같다.

> 육사! 왔노라, 보았노라, 이겼노라
> 억세고 강한 육사!
> 힘차고 용맹하게 불굴의 용기와 투지로
> 달려가서 묵사발을 만들어라
> 그러나 항복하는 자는 살려주자, 사자나 호랑이처럼
> 나의 사랑 육사! 우리의 육사!

선수들이 출정을 할 때면 모두가 일어서서 힘찬 구호와 응원가로서 사기를 북돋우었다. 응원가는 육사 교가와 함께 우리들의 마음속에 영원히 새겨져 있다.

> 비켜라 물러서라 우리용사 나선다!
> 세계를 진동하는 육사의 투혼
> 승리의 월계관은 우리의 것
> 승리! 승리! 승리만이 우리의 자랑

삼군사관학교 체육대회의 결과는 인원이 많은 육사가 이길 확률이 많았다. 육군사관학교는 1년에 240명씩 뽑았고, 해군사관학교와 공군사관학교는 100명씩 뽑았기 때문에 육사 인원이 많았던 것이다. 종합우승을 할 시에는 긴 차량행렬 속에 동대문 운동장에서 태릉 육군사관학교까지 가는 길이 진동을 하면서 지축을 흔들었다. 전 차량이 불빛을 켜고 경적을 울리면서 행진을 하면 서울 시민들이 나와 박수를 보내었다. 우승을 하면 전 사관생도들에게 특별 외박이라는 상이 주어졌다. 상급생이 하급생을 대하는 규율도 부드러워지면서 학교 분위기가 달라졌다. 이러한 삼군사관학교 체육대회와 함께 육·해·공군사관생도들의 형제와 같은 유대강화는 적이 도발해오면 능률적인 합동작전으로 필승을 조국에 안겨줄 수 있다고 확신하고 있었다.

### 5. 일일시험제도

사관생도 생활을 하는 동안 어려운 것 중의 하나가 일일시험제도 (Daily Test System)였다. 육군사관학교 교수부는 시험지옥이다. 일일시험, 장말시험, 중간시험, 기말시험……. 모든 시험에서 100점의 2/3 즉 67점 이하가 되면 추가고사를 보고, 추가고사에서도 낙제가 되면 퇴교를 당한다. 일일시험은 교수부에서 매일매일 복습과 예습사항을 부여해주고 수업시작하기 전에 시험을 보는 제도이다. 복습과 예습을 하지 않으면 일일시험에 낙제가 되고 이것이 쌓이면 추가 고사를 보아야 한다. 참으로 부담되는 제도이지만 이것으로써 공부를 하지 않을 수 없는 분위기가 되어 어느 대학과정보다 알찬 수업을 한다고 자부했다. 만약 복습과 예습시간이 부족하면 취침시간 이후에도 연등을 하면서 공부를 하여야 했다. 22:00시가 되면 생활관 불이 모두 꺼지기 때문에 연등을 신청한 생도는 별도의 지정된 장소에 가서 추가적인 공부를 했다. 연등도 2시간 이상은 불가능했다.

일일시험 이외에 장말고사가 있다. 매 Chapter가 끝날 때 마다 시험을 보는 것이다. 공부를 하지 않고는 견디지 못하게 하는 곳이 교수부이다. 한번은 구보를 하다가 다리를 삐었다. 병원에 가니 기브스를 하고 며칠간 입원을 해야 한다는 진단이 나왔다. 5일간 입원을 하고 나오니 학과를 따라가기가 쉽지 않았다. 다른 생도들에게 뒤떨어지지 않기 위해서는 연등을 하여야만 했다. 2시간으로 제한되어 있는 연등시간이 부족해서 화장실에 가서 창틈으로 새어 들어오는 불빛아래 몇 시간씩 공부를 해서 뒤떨어진 학과를 따라갈 수 있었다.

벤프리트 장군이 육군사관학교를 창설할 때 미국 웨스트포인트를 모델로 하여 만들었기 때문에 시설이나 교육면에서 대한민국에서 최고의 수준이었다. 모든 기자재는 미국으로부터 무상원조를 받아 최신기기로 들어왔기 때문에 국내 어느 대학보다 앞서 있었다. 4년간 전 과정을 이수하면 이학사 자격이 부여되기 때문에 과학분야는 서울 공과대학을 능가하는 수준이었다.

1, 2학년 때에는 수학과 도학을 제외하고는 교양과목 위주로 편성되었고, 3학년 때에는 1, 2학년에서 배운 기초학문을 토대로 재료공학, 유체역학, 열역학, 원자물리학, 고체역학 및 전기공학을 배웠다.

교수부 생활 (둘째 줄 맨 오른쪽에 서있는 사람이 필자)

4학년 때에는 공학실험을 주로 하였는데 전기공학, 자동차공학, 토목공학, OSC실험 등이 포함되었다. 공산주의사상과 마르크스 - 레닌 사상 등 이데올로기에 대한 이론과 비판도 함께 배우면서 일반대학에서 다루지 못한 과목까지 공부할 수 있었다.

육군사관학교는 해방이 되고 군대를 양성하기 위하여 군사영어학교로 출발을 했다. 1946년 5월 국방경비사관학교로 전환이 되었고, 그 해 9월에는 육군사관학교로 개칭되었다. 1949년에는 4년제 정규과정으로 개편되었으나 6·25 한국전쟁으로 인하여 실시되지 못하다가 1951년 진해에서 4년제 정규사관생도 제11기를 선발했으며, 1954년 6월 태릉 화랑대 자리로 옮겼다. 제11기부터 정규 육군사관학교 생도로서 4년제

제 1 부 청운의 꿈  115

대학에서 이수해야 할 학점을 이수하고 사관학교 설치법에 의거하여 이학사(理學士)학위를 수여하였다. 4년제 대학 이상으로서의 이학사 학위를 수여하기 때문에 학년별 과목 및 학점도 어느 대학보다 많았다. 24시간 합숙을 하는 개념의 사관생도 생활이었기 때문에 공부를 하는 데도 더 많은 시간을 가질 수 있었다.

학년별 이수과목 및 학점

| 1학년 | | 2학년 | |
|---|---|---|---|
| 과목 | 학점 | 과목 | 학점 |
| 대수학 | 3 | 미분방정식 | 1 |
| 구면삼각 | 2 | 함수론 | 3 |
| 미분학 | 4 | 고등해석 | 2 |
| 해석기하 | 2 | 통계학 | 3 |
| 적분학 | 4 | 물리학 | 8 |
| 미분방정식 | 3 | 물리실험 | 1 |
| 자연과학 | 4 | 화학 | 8 |
| 기초도학 | 2 | 화학실험 | 1 |
| 공업도학 | 2 | 측량학 | 3 |
| 국문학 | 4 | 측량실습 | 1 |
| 문화사 | 6 | 국방지리 | 3 |
| 영어 | 8 | 제2외국어 | 4 |
| 군사학 | 2 | 철학 | 3 |
| 체육 | 3 | 영어 | 6 |
| | | 심리학 | 2 |
| | | 체육 | 2 |
| | | 군사학 | 2 |
| 일반학 소계 | 51 | | 53 |
| 일반학 누계 | 51 | | 104 |

| | | | |
|---|---|---|---|
| 군사훈련 | 6.5 | | 6.5 |
| 내무 | 5.2 | | 6 |
| 합계 | 62.7 | | 65.5 |
| 총누계 | 62.7 | | 128.2 |

| 3학년 | | 4학년 | |
|---|---|---|---|
| 과목 | 학점 | 과목 | 학점 |
| 원자물리학 | 6 | 전자공학 | 6 |
| 공업역학 | 4 | 전자실험 | 1 |
| 재료역학 | 3 | 병기공학 | 3.5 |
| 재료역학실험 | 0.5 | 공업재료학 | 1 |
| 열역학 | 4 | 자동차공학 | 1 |
| 열역학실험 | 0.5 | 구조물설계 | 3 |
| 유체역학 | 3 | 구조역학 | 3 |
| 유체역학실험 | 0.5 | 철근콘크리트 | 1.5 |
| 회로이론 | 3.5 | 전사학 | 8 |
| 전기기계 | 3 | 심리학 | 2 |
| 전기실험 | 0.5 | 선택(1) | 2 |
| 경제학 | 4 | 공산주의비판 | 4 |
| 영어 | 4 | 선택(2) | 2 |
| 정치학 | 4 | 군사학 | 2 |
| 법학 | 4 | 체육 | 1 |
| 심리학 | 2 | 운동 | 1 |
| 군사학 | 2 | | |
| 체육 | 1 | | |
| 일반학소계 | 50.5 | | 46 |
| 일반학누계 | 154.5 | | 200.5 |
| 군사훈련 | 6.5 | | 6.5 |
| 내무 | 6 | | 6 |
| 합계 | 63 | | 58.5 |
| 총누계 | 191.2 | | 249.7 |

자료 : 육군사관학교 동기약사, 1997, p.31

생도들로 하여금 이러한 학점을 이수하게 하는 교수편성은 초기에는 일반대학 교수들을 초빙하여 생도들에게 교육하였지만 점진적으로 자체 내에서 우수한 생도들을 국내외 대학으로 보내어 석사 박사학위를 받게 하여 교수로 활용하였다.

교수부 성적이 우수한 생도들은 육군사관학교를 졸업하고 1년간 소대장을 마친 후 국내외 대학에서 공부를 할 수 있는 기회가 주어졌다. 외국대학에서 박사학위를 받고 육사 교수부 교수로 진출하게 되는데 이들은 대부분 대령까지만 진급이 보장되었다. 육사에 들어간 것은 교수가 되기보다는 장군이 목표이었기 때문에 교수로 남지 않으려고 하는 사람이 많았다.

해외교육 현황

| 성명 | 학교 | 성명 | 학교 |
| --- | --- | --- | --- |
| 임영환 | 미국. 하바드 | 이 재 | 미국. 미네소타대 |
| 정기호 | 미국. 카돌릭대 | 민성기 | 미국. 카돌릭대 |
| 송수섭 | 미국. 조지아대 | 곽윤근 | 미국. 택사스대 |
| 안성청 | 미국. 카톨릭대 | 이상도 | 미국. 카톨릭대 |
| 박승일 | 미국. 아리조나대 | 나기산 | 미국. 피츠버그대 |
| 홍성원 | 미국. 콜로라도대 | 조효남 | 미국. 미시건대 |
| 임호권 | 미국. 카톨릭대 | 이영길 | 중국. 문화대학 |

| | | | |
|---|---|---|---|
| 정진원 | 미국. 남가주대 | 유제현 | 미국. 미시건대 |
| 온창일 | 미국. 캔사스대 | 정지용 | 미국. 웨스턴대 |
| 송영준 | 미국. 텍사스대 | 차기문 | 미국. 트로이대 |

자료 : 육군사관학교 동기약사, 1997, p.33

 군인이라면 가장 가보고 싶은 해외지휘참모대학 과정이 있다. 선진국의 군사제도를 도입하기 위한 해외 육군대학 과정이다. 그 중에서 가장 인기 있는 과정이 미국 지휘참모대학인데 이 과정을 수료한 동기생은 강승길, 김학영, 노동준, 온창일, 이부직, 유제현, 정정택, 차기문 8명이었다.

## 6. 가슴 설레던 화랑축제

 사관생도생활은 공부도 열심히 시키지만 주말에는 외출, 외박이 있고 여름과 겨울에는 방학도 있다. 토요일이 되면 내무검열을 하고 생도퍼레이드를 한 후 외출을 나갔다. 내무검열 시에는 상급 근무생도가 흰 장갑을 낀 손으로 창틀을 그어서 만약 먼지가 묻어 나오면 계속해서 재 검열을 받아야 했다. M1총구도 반짝반짝 빛이 날 때까지 손질을 해서 합격이 되어야만 외출을 나갈 수 있었다. 외출이라는 미끼가 있기 때문에 불합격이 되지 않으려고 안간힘을 다해서 검열준비를 했다. 내무검열에 합격이 되면 사관생도 예복을 입고 연병장으로 집합했다. 1주일에 한 번씩 실시되는 정규 퍼레이드에 참여하기 위해서였다. 이 때에는 외부에서 관광객이 오고 애인과 가족들이 와서 퍼레이드를 관람한 후 면회와 외출이 시행되었다.

나는 면회 올 사람도 없었고 서울에 외출 나갈 집도 없었다. 나의 모교인 대륜고등학교는 남녀공학이 아니었기 때문에 이성을 사귈 기회도 없었다. 또 공부에만 열중하다 보니 옆 눈을 팔 여유도 없었던 것이다. 주말에는 항상 생도대에서 책을 보든가 운동을 하는 것으로 시간을 보내고 있었다. 간혹 서울시내로 외출을 나갈 때면 같은 생활관에 있는 친구들과 영화관이나 미술관을 찾아보는 것이 유일한 낙이었다. 외출을 하였다가 돌아올 때는 청량리에서 버스를 타야 하는데 일요일 저녁 귀대시간이면 청량리에서는 시간을 맞추느라고 허둥대는 생도들이 많았다.

사관생도는 3금 생활을 철저히 지켜야 한다. 3금이란 술, 담배, 여자이다. 술을 마실 수 없고, 담배를 피울 수 없으며, 결혼을 할 수가 없다. 3학년 여름휴가 때 3금 제도를 어기고 술을 처음으로 마셔보았다. 휴가를 이용하여 김문기 생도와 함께 제주도로 여행을 떠났다. 여의도 비행장에서 공군 C-130 수송기를 타고 제주도에 갔다. 당시에는 여의도가 군용비행장이었다. 돈이 없는 생도들이라 공군수송기를 이용하기로 했던 것이다. 제주도 비행장에 내려 5·16도로를 따라 서귀포를 비롯하여 한라산과 제주도 전체를 난생 처음으로 구경했다. 한라산 등산을 한 후 내려올 때 길을 잃어 헤매던 생각을 하면 지금도 아찔하다. 제주도라는 낯선 지역에 가니까 마음이 약간은 풀려서 처음으로 3금제도를 어기고 생맥주 집에 들러 맥주도 한잔 마셔보았던 것이다.

4학년 졸업을 앞두고 '화랑제'라는 축제가 열렸다. 화랑제에는 여자 파트너와 함께 참가하도록 되어 있었다. 이 때 여자친구가 없는 생도는 고민에 빠졌다. 나도 여자친구가 없었기 때문에 고민에 빠진 생도 중의 한 사람이었다. 여자친구와 애인이 면회를 오고 함께 외출을 하는 생도들을 보면 그렇게 부러울 수가 없었다. 화랑제가 점점 가까워 오면서 누구라도 데리고 와야 하는 상황이었다.

마침 그 때 육사21기 차기준 선배의 여동생이 수도여자사범대학(현재의 세종대학)를 다니고 있었는데 그 누나에게 부탁을 했다. 차기준 선배는 울산에 살고 있었는데 가까운 친척은 아니었지만 방학이 되면 울산까지 가서 놀고 오기도 했다. 큰 정미소를 하는 선배의 부모는 나를 아들같이 대해주어서 편한 마음으로 지내는 사이였다.

그 누나의 소개로 윤숙영이라는 수도여자사범대학생을 화랑제 파트너로 구하게 되었다. 그녀는 대전에 있는 모 은행장의 외동딸로서 아담한 면모에 한복이 잘 어울리는 동양적인 여성이었다. 가냘픈 몸매와 계란형 얼굴은 어머니를 연상하게 하는 모습이었다. 말이 별로 없으면서 농담을 할 때면 입을 가리고 웃어주는 모습이 모든 사람들에게 호감을 주는 스타일이었다. 누구라도 처음 보는 사람이면 한번 사귀고 싶은 다소곳한 한국형 여성이었다. 한복차림을 하고 화랑제에 참석했을 때에는 우리 동기생들에게 인기를 독차지 할 정도로 눈에 띄는 모습이었다.

화랑대 축제가 있은 후부터는 외출을 할 때면 함께 시간을 보낼 사람이 생겨 기다려지는 주말이 되었다. 대전이 집이었던 그녀는 수도사범대학 부근인 화양동에서 자취를 하고 있었다. 나와 같은 처지에 있었던 인성경 생도와 함께 그녀의 자취방에 가서 손수 만든 점심대접을 받기도 했다. 졸업을 얼마 아니 남기고 여자친구가 생겼기 때문에 하루하루가 즐겁고 행복한 시간이 계속되었다.

그러나 육군사관학교를 졸업하고 내가 전방으로 떠나버린 후로는 서로 간에 연락이 두절되었다. 전방 소대장으로 부임을 하고 바로 1·21 청와대 습격사태가 나면서 바쁜 생활의 연속이었다. 또 울진·삼척 무장공비침투사태가 발생하면서 나의 소대장 생활은 주로 설악산 깊은 산골에서 보내야만 했다. 이어서 월남으로 파병이 되어 2년 후에 돌아오니 그녀는 이미 대전에서 중학교 선생을 하면서 결혼을 한 상태였다.

화랑제는 사관생도들에게 낭만과 추억을 남겨주는 평생 잊을 수 없는 행사이다. 3금 생활에서 구속되어 있던 생도들이 애인과 여자친구를 초청해서 함께 시간을 보낼 수 있고 새로운 인연을 맺게도 한다. 사관생도들에게 가슴 설레게 하는 화랑대의 대축제인 것이다.

## 7. 화랑대의 별

  화랑제 축제가 끝나고 졸업이 가까워 오면서 4학년 생도들은 청와대로 초청되었다. 박정희 대통령과 육영수 여사가 직접 나와 청와대 녹지원에서 졸업축하파티를 주관해 주었다. 삼군사관생도들이 함께 초청되어 오래간만에 반가운 만남이 되기도 했다. 박정희 대통령내외는 우리들에게 직접 악수를 나누고 테이블로 찾아다니면서 정겨운 대화를 나누었다. 사관학교 출신에다가 군인경력이 있는 대통령이기 때문에 사관생도들에게 각별한 애정과 관심이 있었던 것이었다.

  1967년 2월 23일 많은 국민들의 관심과 축복 속에 화랑연병장에서 졸업식이 거행되었다. 박정희 대통령 내외가 참석한 가운데 이학사 수여와 소위 임관식이 동시에 실시되었다. 2월이라 아직 추위가 가시지 않았다. 그런데도 옥외 연병장에서 하나의 흐트러짐 없이 생도들은 부동자세로 졸업식 행사에 임했다. 기초군사훈련 복장으로 제19기 졸업식 때 참석하면서 햇병아리생도들이 쓰러져 들것에 실려 나가든 기억이 생생한데 벌써 4개성상이 흘러 우리가 졸업을 하게 된 것이었다.

  졸업식에 이어 거행되는 화랑대의 별 행사는 또 하나의 축제분위기였다. 후배들이 선배를 떠나보내면서 별 모양의 대형을 갖추어서 선배를 환송하는 것이었다. 선배들은 후배들의 환송노래를 들으면서 4년간 쓰고 있었던 손때 묻은 사관생도 모자를 하늘로 높이 던지면서 새로운 장교모자로 바꿔 쓰는 행사였다.

화랑대의 별 행사는 강재구 동상을 참배하는 것으로 절정을 이루었다. 강재구 소령은 파월교육 시 부하들을 대신해 몸으로 수류탄을 막고 장렬히 산화한 우리 생도들 마음속에 살아있는 영웅이었다. 육사 16기로 졸업한 그는 1965년 10월 4일 맹호부대인 수도사단 제1연대 10중대장으로써 파월을 앞두고 수류탄 투척훈련에 임하고 있었다. 훈련도중 박해천 이등병이 던진 수류탄이 높이 치솟아 중대원들이 모여 있는 쪽으로 떨어지고 있었다. 병력 대부분이 유효반경 내에 위치해 큰 인명살상이 예상되었다. 지형이 평탄치 않아 손으로 받지도 발로 찰 수도 없는 상황이었다. 그 순간 자신의 몸으로 수류탄을 덮친 강재구는 폭음과 함께 무참한 주검으로 산화했던 것이다.[7]

그가 생전에 육사에 와서 후배들인 우리들에게 "군인은 굵고 짧게 살아야 한다"라고 강의를 하던 생각이 생생하였다. 모범장교였던 그가 중대장을 하면서 화랑대에 와서 우리들에게 정신교육을 시켰던 것이다.

육사 졸업식 때는 아버지, 어머니, 정숙이 그리고 정숙이친구들이 참석해서 축하해 주었다. 나의 졸업식에 참석하기 위하여 고향에서 며칠 전에 서울로 올라온 것이었다. 여관에 묵으면서 서울구경도 할 겸 처음으로 육사에 온 것이었다.

---

[7] Global 世界大百科事典, 도서출판 범한, 2004, p.13.

나의 육사졸업식에 참석한 부모와 친지들

　졸업식이 끝난 후 육사 교수부 사학과 교수인 김연근 소령 부부가 우리를 자기 집으로 초대를 했다. 김연근 소령은 대륜학교 선배로서 육사11기로 졸업을 하고 서울대학교 사학과를 나와서 박사학위를 받은 후 육사에서 우리들에게 역사를 가르치고 있었다. 사관학교 2학년 때 내가 대륜 후배라는 것을 알고 나를 불러 격려해준 것이 인연이 되었다. 이후 사모님이 서울에 연고가 없는 나를 위해서 따뜻한 밥을 해주면서 정과 사랑을 베풀어 주었다. 이러한 분에게 감사의 인사를 드려야 한다고 하면서 어머니는 고향에서 싸온 곶감을 가지고 김연근 선배에게 갔다. 이후에도 어머니는 그 때 극진한 대접을 받은 은혜를 잊지 못하겠다고 하면서 항상 안부를 물어보았다.

육군사관학교는 들어가기도 어려웠지만 졸업하기는 더 힘들었다. 명예제도와 3금제도를 위반하여 퇴교를 당하고, 성적을 따라가지 못하여 퇴교를 당했다. 처음 육사에 입교한 인원은 244명이었지만 졸업은 177명만이 했다.

# 제 2 부
# 조국의 간성

제 1 장   위관시절

제 2 장   영관시절

제 3 장   장군시절

# 제1장  위관시절

1. 보병학교 초등군사반
2. 제17연대로 간 3총사
3. 동빙고 베트남어 교육대
4. 월남 전선으로
5. 연합사의 전신 한미연합기획참모단
6. 공개청혼과 결혼
7. 중대장과 신혼생활
8. 눈물바다가 된 중대장 이임식장
9. 상무대 고등군사반으로

## 1. 보병학교 초등군사반

육군사관학교를 졸업함과 동시에 소위로 임관된 생도들은 자기에게 부여된 병과학교로 향했다. 병과는 최초 5개 전투병과로 분류되었다. 각 병과학교에서 해당 특기에 맞는 초등군사반(OBC : Officer's Basic Course) 교육을 받기 위해 광주, 대전, 김해 등지로 가게 되는데 보병인 나는 광주에 있는 보병학교로 갔다.

23기 최초 병과분류 현황

| 구분 | 보병 | 포병 | 기갑 | 공병 | 통신 |
| --- | --- | --- | --- | --- | --- |
| 인원 | 92 | 42 | 3 | 25 | 15 |

자료 : 육군사관학교 동기약사, 1997, p.25

광주 상무대에 위치한 보병학교는 포병 및 기갑학교와 함께 위치하면서 전투병과의 요람지로서 널리 알려져 있었다. 미혼자들인 초급장교들이 교육을 받기 때문에 자연스럽게 광주 처녀들과 교제를 하는 경우가 많았다. 장교가족 중에는 광주사람들이 많은 것도 광주에 초급장교 병과학교가 있었기 때문이다.

보병 초등군사반 과정에서 잊을 수 없는 것이 구례, 곡성 지역에 있는 동북 유격장에서 실시되는 유격훈련이었다. 지옥과 같은 유격훈련은 도피 및 탈출, 생존학 등이 포함되었는데 며칠간 굶긴 후 밤낮을 가리지 않고 목표를 찾아가야 하는 강인한 훈련이었다. 목표까지 가는데 쉬운 길에는 적들이 매복을 하고 있기 때문에 험난한 산악지역을 따라서 뱀과 개구리를 잡아먹으면서 생존을 했다. 이러한 어려운 과정을 통과하고 나서는 야전에서 어떠한 상황에 당면하더라도 이겨낼 수 있는 자신감을 가지게 되었다.

초등군사반의 마지막 과정은 야외종합훈련이었다. 그 동안 배운 각개전투, 분대전투, 소대전투를 종합한 야외훈련인 것이었다. 수일간 개인천막 속에서 생활하는 야외종합훈련을 마치고 차량으로 귀대를 하는데 우리가 탄 차 앞에 가던 트럭이 커브길에서 사고를 냈다. 소위들을 가득 실은 2번째 2.5톤 차량이 길가 보리밭에 180도로 엎어진 것이었다. 자동차 바퀴가 하늘을 향하여 공회전을 하고 있었고 차에 탔던 소위들은 모두가 차량 밑으로 들어간 상태에서 보리밭은 완전히 피바다로 변했다. 가까운 광주 통합병원으로 부상자를 후송했지만 많은 사람들이 의식을 잃은 상태였다. 이들은 나중에 의식을 회복했지만 정신상태가 정상은 아니었다. 정래혁 전투병과교육사령관이 병원을 방문하여 환자들에게 질문을 했다.

『무엇이 가장 먹고 싶으냐?』

『원숭이 골을 먹고 싶습니다.』

『너의 사령관이 누구인지 아느냐?』

『지가 기면서 왜 물어?』

정래혁 장군은 우리가 사관생도 때 교장을 한 사람인데도 환자들은 그를 알아보지 못하고 동문서답을 하고 있었던 것이다. 육군전체가 부상자들에 대한 관심을 가지고 환자 정신상태 회복에 최선을 다했다. 전군에서 가장 권위있는 군의관들이 총집결하여 환자들을 극진히 돌본 결과 모두 정상적인 군복무를 할 수 있을 정도로 회복되었다. 한 사람의 낙오자도 없이 모두 전방으로 배치를 받았다.

초등군사반 교육을 마치고 전방부대로 입소하기 전까지 며칠간의 휴가가 주어졌다. 이 휴가기간 동안 나는 이종규 소위와 함께 전국 명산대천을 순례했다. 동기생 중에 이종규라는 동명 2인이 있었기 때문에 키의 크기에 따라 큰 이종규, 작은 이종규이라고 불렀다. 나와 함께 여행한 사람은 작은 이종규였다. 여행 중 김천 직지사 암자에서 하루 밤을 보낸 것이 오랫동안 기억에 남았다. 산기슭 소나무에는 황새들이 하얗게 내려 앉아 온 천지가 흰색으로 변했다. 새벽 골짜기에 울려 퍼지는 풍경소리는 무릉도원에 온 것 같은 느낌이었다. 하동 이종규 소위네 집에서 하루 밤을 보내고 진주로 해서 남해안 일대를 순례했다. 이종규 소위 어머니는 나를 친아들같이 생각하면서 온갖 정성을 다하여 대우해 주었다.

합천 해인사에 와서는 우리 집에서 묵었다. 아버지와 어머니 그리고 모든 가족들이 우리들을 반갑게 맞이해 주었다. 그는 휴가가 끝난 후

제11사단으로 가고 나는 제2사단으로 배치가 되었다. 육사출신 소대장들은 모두 최전방 사단으로 배치가 되었던 것이다.

## 2. 제17연대로 간 3총사

전방 임지로 향한 신임 소위들은 난생처음으로 실 병력을 지휘하는 소대장으로 보직을 받았다. 각 부대 지휘관들이 육사출신 장교들을 서로 많이 보내달라고 아우성이었지만 제한된 숫자이기 때문에 부대별로 골고루 할당되었다. 연대당 3명씩 배당하여 대대에 1명씩 보직이 되었던 것이다.

나는 김명세, 김문소 소위와 함께 인제에 위치한 제2사단 제17연대로 배치되었다. 전주고등학교를 나온 김명세 소위는 육사생도생활에서도 타의 모범을 보여준 훌륭한 장교이었다. 장교로 임관한 후에도 동기들에게 존경을 받고 있었던 사려 깊은 동기생이었다. 김문소 소위는 서울 고등학교를 우수한 성적으로 졸업하고, 육사생도 때 럭비선수를 한 장교였다. 생도시절에는 함께 지낼 시간이 많지 않았지만 임관 후 가장 친한 동기생 중의 한 사람이 되었다. 유머감각이 풍부하고 깊이 사귈수록 구수한 맛을 풍기는 친구이었다. 이러한 우리 3명의 소대장들을 제17연대에서는 삼총사라고 불렀다.

우리 신임 소위들이 제2사단에 배치를 받고 양구에 있는 사단사령부에 도착했을 때 모든 것이 낯설어 지나가는 장병들을 바라보면서 어리둥절하게 주위를 살피고 있었다. 연대로 가기 위하여 기다리는데 다른 부대로 갈 장교들은 모두 떠나고 제17연대로 갈 우리 3총사만 남아 있었다. 조금 있으니 지프차를 타고 온 소령이 무뚝뚝한 목소리로 우리를 차에 오르라고 했다. 차를 타고 가는 동안 그 소령은 아무 말이 없이 뒷자리에 앉아 있는 우리 3총사의 태도만 살피고 있었다. 우리도 처음 만난 상관이라 무어라 말을 걸 수도 없어 긴장된 침묵만 흐르고 있었다. 나중에 알고 보니 그 소령은 제17연대 인사과장이었다.

사단에서 인제 방향으로 약 1시간 정도 가더니 저녁 늦은 시간이었기 때문에 인사과장은 인제 시내에 우리 3명을 내려놓고 내일 아침에 연대로 들어오라는 것이었다. 생소한 인제 땅에 떨어진 우리는 아는 곳이 없었다. 우선 잠잘 곳을 찾아서 여인숙에 숙소를 정한 다음 시내를 정찰했다. 임관 후 첫 부임지로 인연을 맺게 되는 인제가 어떻게 생겼나 하고 관찰하고 싶었던 것이다.

"인제 가면 언제 오나, 원통해서 못살겠다."라는 말이 유행할 때였다. 인제와 그 옆에 위치한 원통이라는 곳은 위도상으로 38도선 이북에 위치한 곳으로 병사들은 한번 가면 전역할 때까지 나오기가 어렵다고 하여 모두들 근무하기를 기피하는 최전방지역이었다. 인제 시내를 한 바퀴 돌고 난 후 사관생도시절에 3금 제도에 묶여 출입을 해보지 못했던 술집에 들어갔다. 시골 냄새가 물씬 풍기는 허름한 집이었다. 진한 분칠을 한 아가씨들이 "어서 오세요" 하면서 반갑게 맞이했다. 3총사는 첫 부임지에서 신고를 잘 해야 한다고 하면서 아가씨들이 부르는 뽕짝 장단에 맞춰 젓가락으로 술상을 두드리면서 막걸리를 취하도록 마셨다. "아무리 취하여도 군화끈은 바로 매야야 한다"라는 가르침대로 이튿날 아침에는 예정된 시간에 맞추어 제17연대 본부로 들어갔다.

연대 인사과장은 우리들을 연대장 정헌국 대령(육사10기)에게 신고를 시켰다. 연대장은 훈시를 통해 "우리 보병 제17연대는 6·25 한국전쟁 시에 인천 상륙작전에 참가하고, 서울을 제일 먼저 탈환한 역사와 전통에 빛나는 부대"라고 하면서 자긍심을 가지고 근무에 임하라고 당부했다. 큰 형님 같은 자상한 인상을 우리들 초임장교들에게 심어준 정헌국 연대장에게 신고를 마친 후 우리는 각 대대로 배치되었다. 김문소 소위가 제1대대 1중대, 내가 제2대대 7중대, 김명세 소위가 제3대대 9중대였다.

내가 배치된 7중대는 전기가 들어오지 않아 호야불로 생활관을 밝히고 있었다. 밤에 잠을 자고 나면 호야불 그을음에 콧구멍이 새카맣게 변했다. 소대장실이 별도로 없었기 때문에 생활관 한쪽을 판자로 칸막이를 해서 쓰고 있었다. 페치카에 석탄가루를 넣어 불을 지펴서 난방을 했다. 불을 붙이기 위한 불쏘시개를 마련하기 위하여 훈련이 끝나면 모든 병사들이 나무를 한아름씩 짊어지고 부대로 복귀했다.

삼총사가 연대에 보직이 되고 나니 부대에 활기가 돌았다. 각 대대에 배치된 신임 육사소대장들이 원칙적인 부대관리를 해 나가니 다른 소대장들도 따라오게 되고 이것이 연대분위기를 바꾸어 놓았던 것이다. 무엇보다도 식당에 나오는 쌀과 부식이 외부로 누출되지 않으니까 병사들에게 정량급식이 되어 모두들 좋아했다. 우리가 부임하기 전까지만해도 주부식을 간부들이 가져갔기 때문에 병사들에게는 쇠고기국이 나와도 "소 무사도강 탕"이 되어 고기를 찾아볼 수 없었다. 항상 쌀이 모자라 병사들은 배가 고프다고 했지만 삼총사가 연대에 부임하고 당직장교를 하면서 철저하게 식당감독을 했기 때문에 밖으로 쌀과 부식이 누출되는 일이 없는 부대가 되었다.

우리 2대대장은 육사11기 최연식 중령이었다. 최중령은 나를 잘 보아서 대대장 숙소에 있는 방 하나를 나에게 쓰라고 하면서 친동생같이 돌보아 주었다. 대대장 부인도 당번병으로 하여금 나의 방에 따뜻하게 불을 지피도록 함과 동시에 비단이불까지 가져다주면서 친절을 베풀어 주었다.

우리 7중대가 관대리에 위치하고 있는 제3군단사령부 경비를 하도록 명령이 떨어졌다. 당시에는 무장간첩이 많이 나타나는 시기라 사령부 경계를 예하부대가 교대로 맡고 있었다. 군단사령부 옆에는 미 군사고문단(KMAG : Korean Military Advisory Group)이 주둔하고 있었는데 우리 소대가 미군사고문단 경비도 함께 맡았다. 미 군사고문단장은 소대장인 나를 부르더니 자기 부대에 경계를 해주어 감사하다고 하면서 미군 장교식당에서 함께 식사를 하자고 했다. 그 때부터 양식을 하면서 미군들의 생활문화를 이해할 수 있는 기회를 가졌다.

한번은 군단사령부 위병소가 난로 과열로 완전히 불타버리는 사고가 발생했다. 난로분무기가 고장이 나서 기름이 한꺼번에 새어나왔고, 새로 전입 온 신병이 당황한 나머지 사후 처리를 잘못하여 큰 화재로 번졌던 것이다. 이 화재사고로 소대장인 나는 지휘책임을 지고 군단 범죄수사대(CID : Criminal Investigation Department)에 불려가서 사고조사를 받은 후 바로 형무소로 가야 하는 신세가 되었다. 이제는 나의 군생활이 끝나는구나 하고 체념을 하고 있는데 군단 범죄수사대장이 나를 찾는다고 했다. 군단 범죄수사대장실로 들어가니 근엄하게 앉아있는 한 소령이 나를 위아래로 쳐다보면서 몇 가지를 질문했다.

『자네가 육사 23기로 임관한 차기문 소위인가?』

『예! 그렇습니다.』

『왜 위병소를 태워 먹었는가?』

『고장난 난로 분무기에서 기름이 새어 나온 것을 신병이 처리를 잘못하여 사고가 났지만 이것은 전적으로 소대장인 저의 책임이라고 생각합니다. 죄송합니다.』

나의 개인신상을 자세하게 물어본 그는 수사조서를 난롯불에 집어넣고는 돌아가서 근무를 잘 하라고 했다. 주말에 자기 숙소로 와서 저녁을 함께 하자는 말까지 했다. 나중에 알고 보니 그 범죄수사대장은 육사12기로 임관한 안종하 소령이었다. 바로 형무소로 가게 되고 군생활이 끝나는가 했더니 안소령이 모든 것을 없었던 것으로 해주었던 것이다. 저녁식사까지 함께 하자고 하니 얼마나 감사한지 눈물이 날 지경이었다.

주말에 범죄수사대장 숙소로 가니 사모님이 저녁을 잘 차려놓고 아름다운 모습을 한 여동생과 함께 나를 맞이했다. 미인인 사모님을 닮은 그 처녀는 수줍은 얼굴로 자기 형부의 눈치를 살피면서 나에게 친근한 눈길을 보내고 있었다. 안종하 소령은 나를 자기 처제한테 소개시키려고 저녁식사까지 준비했던 것이다.

그러나 우리 중대는 곧 설악산으로 이동하여 대간첩작전을 하도록 명령이 떨어져 있었다. 아쉬운 마음을 가슴에 안고 설악산으로 이동할 수밖에 없었다. 밤에 잠을 잘 때에도 그 미인 처녀가 눈에 삼삼했다. 미시령과 신흥사 일대에서 작전을 하느라고 소대장을 마칠 때까지 산속에서 나올 수 없었기 때문에 그 후로는 범죄수사대장의 처제는 영원히 만나지를 못했다.

이 시기에는 북한에서 내려 보낸 무장간첩들이 극성을 부렸다. 가장 큰 사건이 1·21 청와대 습격사건이었다. 1968년 1월 21일 북한의 124군 특수부대에 소속된 무장간첩 31명이 박정희 대통령을 암살하기 위하여 청와대를 습격한 것이었다. 한국군 복장과 수류탄 및 기관단총으로 무장하여 휴전선을 넘어 수도권까지 잠입했던 것이다.

이들은 세검정고개의 자하문을 통과하려다 비상근무 중이던 경찰의 불심검문을 받았다. 그들의 정체가 드러나자 검문경찰들에게 수류탄을 던지고 기관단총으로 무차별 난사했다. 그곳을 지나던 시내버스에도 수류탄을 던져 귀가하던 많은 시민들이 살상당했다.

군은 즉시 비상경계태세를 내림과 동시에 현장으로 출동하여 29명을 사살하고 1명을 생포했으며 1명은 북으로 도망했다. 이 사건으로 많은 시민들이 인명피해를 입었으며, 그날 밤 현장에서 비상근무를 지휘하던 종로경찰서장 최규식 총경이 무장공비의 총탄에 맞아 순직했다.[1] 그날 유일하게 생포된 김신조는 그 동안 김일성의 허위선전에 속아 살아왔음을 깨닫고 전향하여 목사가 되었다. 북으로 넘어간 박재경은 북한에서 영웅적인 대우를 받고 차수가 되어 인민무력부 부부장까지 된 것으로 알려졌다.

1968년 10월 30일에는 120명의 북한 무장공비들이 울진·삼척지구에 침투했다. 많은 선량한 민간인들이 이들에 의하여 살해되었다. 강원도 평창군 용평면 노동리 계방산 기슭의 외딴집인 이석우(37세)씨 집에 무장공비 7~8명이 침입했다. 이씨의 부인 주대하(34세)씨, 2남 승복(9세)군, 3남 승수(7세)군, 장녀 승자(4세)양 등 일가족 4명을 무참히 죽였다.[2]

---

[1] 손정목, "1.21사태와 영향", 『도시문제』, 37권, 409호. p.94.
[2] 『조선일보』, 1968년 12월 11일.

이때 나는 소대원들을 이끌고 미시령과 신흥사 일대에서 태백산맥을 타고 북으로 도주하는 무장공비를 차단하는 작전을 했다. 엄동설한에 참호를 파고 온돌을 급조해서 만들었다. 온돌은 보온대책을 수립하는 데 최상의 장치였다. 눈이 많이 와서 보급로가 두절되었다. 소대원들은 보급이 끊긴 상태에서 현지에서 생존하는 법을 배워야 했다. 눈 속을 헤치고 칡뿌리를 캐어먹고 눈 속에 남아있는 빨간 산열매를 따먹으면서 보급이 될 때까지 허기를 모면했다.

나의 전령은 작전을 나갔다가 오면 반합에 밥을 해서 자기 가슴 속에 품고 있다가 나에게 따뜻한 밥을 먹으라고 내어 놓았다. 그러나 소대장이라고 혼자서 먹을 수 없었다. 전령이 정성들여 만든 밥을 혼자 먹어도 모자랐지만 이 밥을 소대원들과 한 숟가락씩 나누어 먹으면서 적을 잡는데 최선을 다하자고 다짐을 했다.

미시령을 넘어가는 모든 차량은 우리들의 교통통제를 받았다. 적이 차량을 탈취하여 지나가지 못하게 하기 위해서 반드시 검문을 받도록 한 것이다. 야간에 검문을 해보면 나무를 채취해서 서울로 실어 나르고, 참나무 숯을 구워서 운반하는 불법 차량들이 많이 있었다. 이들은 대간첩작전을 하는 병사들이 고생을 많이 한다고 하면서 속초에서 가져온 오징어와 갈치 등을 몇 상자씩 위문품 형식으로 내려 놓고 갔다. 그러나 순수한 위문이 아닌 잘 봐달라고 주는 대가성 생선상자는 일체 거부했다.

이러한 작전을 하는 가운데 눈 속을 헤치고 북상하는 모든 무장공비들을 일망타진했다. 겨울에는 작전을 하는데 아군이 대단히 유리했다. 눈 속의 발자국을 따라가면 틀림없이 무장간첩들이 바위 밑에 모여있었다. 토끼몰이와 올가미작전으로 포위해 들어가니까 오랫동안 굶주린 무장공비들은 완전히 소탕될 수밖에 없었다.

대간첩작전을 성공적으로 마친 우리 소대는 인제 주둔지로 복귀했다. 소대장 1년을 마친 후에는 다른 병과로 전과할 수 있는 기회가 주어졌다. 일부 동기들이 헌병, 경리, 부관, 법무 등 지원병과로 전과를 했다. 나도 가까운 사람들로부터 헌병으로 전과를 하라는 권유를 받은 일이 있었다. 그러나 청운의 꿈을 펼치기 위해서는 전투병과에서 계속 전진해야 한다는 의지를 가지고 전투병과 중의 전투병과인 보병에 계속 남았다.

육사 23기 전과 현황

| | | |
|---|---|---|
| 부관 | 1 | 김정호 |
| 헌병 | 2 | 이재환, 박호길 |
| 법무 | 1 | 이상도 |
| 정훈 | 3 | 심기섭, 박영택, 이영길 |
| 경리 | 2 | 김우열, 윤용섭 |
| 반공 | 1 | 김동윤 |
| 육사 교수 | 16 | 임영환, 이재, 온창일, 정기호, 안성청, 나기산, 홍성원, 곽윤근, 조효남, 송영준, 이상도, 정지용, 김문소, 민성기, 송수섭, 신형강 |

| 정보 | 9 | 김문기, 서세호, 신현수, 박승일, 우종일, 박방웅, 신운철, 노시덕, 최재림 |
| 국정원 | 6 | 김선태, 허진영, 이금생, 김상덕, 조영신, 장근식 |

자료 : 육군사관학교 동기약사, 1997, p.8

## 3. 동빙고 베트남어 교육대

보병 제2사단 제17연대에서 소대장 근무를 마치고 연대 작전과 교육장교로 부임하라는 명령을 받았다. 소대장은 발로서 부대를 지휘하면 되지만 참모는 머리로 창의적인 기획능력을 보여주어야 하는 보직이다. 작전과 교육장교로 보직을 받고 보니 전언통신문 하나도 작성할 줄 몰랐다. 작전과장의 지침을 받으면서 착실하게 업무를 배워나갔다. 내가 맡은 업무에 대해서는 무엇이든지 밤을 새우면서까지 최선을 다했다. 빠른 속도로 업무를 파악하는 나를 연대장과 참모들이 지켜보면서 유능한 장교로 인정했다.

작전과 교육장교 임무를 수행하는 중에 공수훈련을 받을 희망자를 모집한다는 공문이 내려왔다. 당시에는 사관학교 생도때 공수훈련을 받지 못하고 임관을 했다. 군인으로서 하늘에서 낙하산을 타고 내리는 공수훈련을 꼭 한번 받아보고 싶었던 것이다. 바로 지원서를 내고 원주에 위치한 제1군사령부에서 체력검정을 받은 후 특전사령부 공수교육대로 가려고 하는데 월남으로 가라는 육군본부명령이 내려왔다.

월남전쟁이 치열한 시기라 초급장교들이 전투에서 많이 필요한 때였다. 초급장교로서 월남에 가게 되면 모두 죽는 줄 알았다. 실제로 많은 사상자가 월남에서 한국으로 비행기에 실려오고 있었다. 당시 유행하는 말이 "배로 가서 배로 와야지 배로 갔다가 비행기로 오지 말라"고 했다. 대부분의 파월병력은 배로서 수송되고 비행기로는 전사자나 부상자를 싣고 오기 때문에 나온 말이었다.

이러한 상황에서 육군사관학교를 졸업한 장교들은 본인이 원하던 원하지 않든 당사자의 의사와는 관계없이 무조건 육군본부에서 일방적으로 파월명령이 내려왔다. 군인은 전쟁터로 가야 한다는 것을 당연하게 생각하고 있었기 때문에 이러한 제도에 대하여 기꺼이 받아들이고 있었다. 육군사관학교 23기로 졸업한 177명의 동기생 중에 육사교관으로 파견된 장교를 제외하고 144명이 월남전에 참전을 했다.

육사 23기 월남파병 현황

| 연도 | 인원 | 명단 |
| --- | --- | --- |
| 1967 | 8 | 임영환, 김길삼, 이영식, 장판용, 박방웅, 김용경, 정병태, 김권후 |
| 1968 | 84 | 차기문, 이정균, 장길남, 이영언, 남기헌, 신현수, 손수태, 정정택, 박영일, 김명세, 정화언, 이종완, 권영효, 강종필, 인성경, 문일섭, 문동명, 손문성, 김석재, 박영익, 안성용, 정영진, 노부륭, 이남신, 정기호, 배의웅, 설영길, 박주용, 박승일, 노남섭, 조태형, 김강황, 박창수, 권대포, 양영부, 양영기, 이종선, 이부직, 구일철, 김정원, 김용구, 박노철, 전상열, 심기섭, 박노양, 한정주, |

|  |  |  |
|---|---|---|
|  |  | 장동욱, 양길용, 최재림, 강승길, 정완채, 차영섭, 정명화, 최기창, 양상진, 김동문, 이금생, 박성일, 김영원, 정복섭, 김상덕, 박정석, 조영신, 이건부, 김선규, 조의웅, 박혜철, 김요웅, 반원중, 하정곤, 박승부, 신운철, 송오섭, 이성우, 최수목, 정진원, 조영휘, 유제현, 정지용, 송영준, 김재익, 박희복, 이종규(대) 이종규(소) |
| 1969 | 26 | 김학영, 이영일, 문종윤, 김문기, 길영철, 이원락, 김동윤, 송수섭, 김태언, 이성희, 구자열, 유한주, 주선만, 김구웅, 최영부, 김은겸, 오주의, 김영리, 이제원, 권정행, 박종규, 권철호, 한광소, 이영길, 양창열, 최기옥 |
| 1970 | 10 | 오영관, 김현수, 노동준, 허 열, 김중서, 문창훈, 장우균, 박호길, 김호권, 김성용 |
| 1971 | 6 | 전 관, 김대훈, 유승우, 박정철, 박현규, 이재환 |
| 1972 | 10 | 홍정헌, 정정택, 김우열, 이문원, 장광남, 우영무, 김영걸, 이춘웅, 정정상, 노시덕 |
| 계 | 144 |  |

자료 : 육군사관학교 동기약사, 1997, p.23

내가 월남으로 가기 위해서 육군본부로 가니 인사운영 장교가 나에게 서울 동빙고에 있는 베트남어 교육대에 입교하라고 했다. 동빙고에는 정보학교 어학교육대가 있었는데 그곳에서 베트남어를 가르치고 있었다. 베트남어 교육대에는 베트남 원어민들이 교관으로 베트남어를 가르치고 있었다. 그 중에서 월남여자와 한국남자 사이에 태어난 조옥숙이라는 선생이 있었다. 조옥숙은 월남에서 태어나 월남에서 자라고 교육을 받은 미인이었기 때문에 학생들에게 대단히 인기가 있었다. 그녀의 고모가 서울에 살고 있었고, 조만용이라는 남동생도 누나를 따라 서울에 와서 고모집에서 공부를 하고 있었다.

나의 베트남어 실력은 다른 학생들에 비하여 우수했기 때문에 휴일이면 이들과 함께 많은 시간을 보낼 수 있었다. 주말이 되면 아직 미혼인 조옥숙과 그녀의 남동생 조만용을 데리고 민속촌과 고궁을 답사하면서 한국문화와 역사를 가르쳐주고 서울 시내를 다니면서 생활베트남어를 숙달할 수 있는 기회를 가질 수 있었다.

조만용과 수영장 등에서 생활베트남어를 익히는 필자

정보학교 어학교육대 옆 보광동 42번 버스 종점 부근에서 하숙을 하면서 베트남어 교육대에 다녔다. 하숙집에서 교육대까지는 걸어서 다닐 수 있는 거리였다. 한번은 책가방을 끼고 단어를 외우면서 걸어가고 있는데 군용 지프차 한대가 내 앞에 끼익하면서 멈추는 것이 아닌가. 지프차 앞 범퍼에는 5160부대 1호라는 글씨가 선명하게 보였다. 차 안에는 진한 선글라스를 낀 대령이 타고 있었다.

『그 장교 어디로 가는가?』

『네! 정보학교 베트남어 교육대까지 갑니다.』

『그러면 타!』

『이름이 뭐야?』

『차기문 소위입니다.』

『고향이 어디야?』

『합천입니다.』

그 대령은 나를 베트남어 교육대 정문 앞에 내려주면서 주말에 갈 때 없으면 자기 집에 놀러 오라고 하면서 집까지 가르쳐 주었다. 나중에 알고 보니 5160부대는 수도경비사령부 제30단이었으며, 지프차에 타고 있던 사람은 합천 같은 동향 사람이면서 훗날 제5공화국 대통령이 된 전두환 대령이었다. 전두환 대령의 집은 나의 보광동 하숙집에서 가까이 있었다. 주말이 되면 종종 찾아가서 밥을 얻어먹기도 했다. 내가 월남으로 떠난 후로는 전두환 대령에게 접근하기가 쉽지 않았다. 그 후 점점 소위와 대령 사이는 머나먼 남이 되었고 가까이할 기회도 주어지지 않았다. 더구나 하나회가 아닌 나로서는 높은 인적 장벽을 넘어서 그분에게 접근하기란 불가능한 일이었다.

월남군 베트남어학교 고급반 졸업기념 (뒷줄 왼쪽에서 다섯 번째가 필자)

한국에서 베트남어 교육을 받고 월남으로 가서 근무를 하던 중 월남군 어학학교에서 베트남어 고급과정을 또 배울 수 있는 기회가 주어졌다. 이렇게 배운 나의 베트남어 수준은 상당하였지만 그 동안 사용을 하지 않으니 다 잊어버렸다.

한국군 정보학교 베트남어 교육대를 수석으로 졸업하고 월남파병을 위해 춘천 오음리로 갔다. 오음리는 월남파병을 위해 모든 부대에서 차출된 장병들이 모이는 곳이었다. 처음 전쟁터로 가는 장병들을 위하여 기초적인 월남문화와 현지사정을 교육시키는 곳이 오음리였다.

## 4. 월남 전선으로

춘천 오음리에 도착하니 주월 민사심리전대 소대장으로 명령이 나있었다. 1968년 12월 9일부로 되어있는 국방부 명령 제836호였다. 월남어를 공부했기 때문에 월남전에서 중요한 비중을 차지하고 있었던 민사심리전 부대로 가게 되었던 것이다. 소정의 절차를 밝은 후 오음리 교육대에서 춘천으로 나와 기차를 타고 부산으로 향했다. 부산항에는 파월장병들을 환송하기 위한 가족들의 행렬이 줄을 이었다. 군악대의 연주 속에 파월부대 군가가 소리높이 울려퍼지고, "무운장군 파월장병"이라는 애드벌룬이 하늘을 뒤덮고 있었다.

자유통일 위해서 조국을 지키시다
조국의 이름으로 임들은 뽑혔으니
그 이름 명호부대 맹호부대 용사들아
가시는 곳 월남 땅 하늘은 멀더라도
한결 같은 겨레마음 님의 뒤를 따르리라

자유통일 위해서 길러온 힘이기에
조국의 이름으로 어딘들 못 가리까
그 이름 맹호부대 맹호부대 용사들아
남북으로 갈리인 땅 월남의 하늘아래
화랑도의 높은 기상 우리들이 보여주자

교체되는 맹호부대와 백마부대 장병들의 사기를 올리기 위한 군가이었다. 우리나라 역사상 2개 전투사단병력 이상이 해외에 나가는 것은 처음 있는 일이었다. 수도사단인 맹호부대가 먼저 파병이 되었고 그 뒤를 이어 제9사단인 백마부대가 월남으로 갔다. 맹호부대의 군가가 끝나자마자 나도 질소냐 하면서 백마부대의 군가가 푸른 파도를 갈랐다.

아느냐 그 이름 무적의 사나이
세운공도 찬란한 백마고지 용사들
정의의 십자군 깃발을 높이 들고
백마가 가는 곳엔 정의가 있다.
달려간다 백마는 월남 땅으로
이기고 돌아오라 대한의 용사

아느냐 그 이름 역전의 사나이
그 이름도 찬란한 백마고지 용사들
자유의 십자군 깃발을 높이 들고
백마가 가는 곳엔 자유가 있다.
달려간다 백마는 월남 땅으로
이기고 돌아오라 대한의 용사

선창가에서 이별이 아쉬워 부둥켜안고 떨어질 줄 모르는 연인들! 엄마의 등에 업혀 잘 다녀오라고 아빠를 부르며 흔드는 고사리손! 아들이 무사히 돌아오라고 두손 모아 빌고 있는 어머니의 기도! 아무도 마중 나올 사람이 없는 나는 쓸쓸히 이러한 이별의 장면을 바라보고 있는데 저 멀리서 손을 흔들며 나를 보고 달려오고 있는 사람이 있었다. 가까이 나타난 사람은 고등학교 동기인 정일웅 소위였다. 학군 5기로 임관한 정 소위는 부산 미군 군사고문단에서 통역장교로 근무하고 있었다. 그가 고문단에 배포된 파월장병명단에서 내 이름을 보고 달려온 것이었다. 외로웠던 나에게 정소위가 나와 주어 얼마나 위로가 되었는지 몰랐다. 정일웅 소위는 전역을 하고 교육계로 나가서 고등학교 교장으로 정년퇴임을 한 잊을 수 없는 친구가 되었다.

월남으로 떠나는 수송선은 엄청나게 큰 함정이었다. 난생처음으로 이렇게 큰 배를 타보았다. 5박 6일간 뜨거운 태양아래 남지나해를 지나 월남으로 가는 선박 속에서는 많은 장병들이 뱃멀미를 했다. 장교들은 배 중앙부분에 있는 호텔 같은 장교숙소를 배당받았지만 뱃멀미를 하지 않는 사람이 없었다. 항상 배를 타야 하는 해군장병들의 고충이 얼마나 할 것인가를 이해할 수 있었다.

선상에서의 식사는 대단히 좋았다. 처음으로 맛보는 열대 과일은 식욕이 떨어진 우리들의 입맛을 돋우어 주었다. 식당에서 일하는 종업원은 주로 필리핀사람들이었는데 우리들에게 친절하고 극진한 봉사를 해주었다. 부산항을 출발한지 5일째가 되니까 더 이상 견디기가 어려웠다. 마라톤선수가 골인 지점에 와서 쓰러지는 것과 같은 느낌이었다. 만약 하루라도 더 항해를 한다면 모든 것을 포기하고픈 생각이었다. 오직 육지로 빨리 내려가고 싶은 마음뿐이었다. 6일째 아침이 되니까 저 멀리서 아침 햇살과 함께 푸른 산이 아물거리며 눈앞에 나타났다. 우리가 내릴 베트남 '나트랑' 항이 가까이 다가오고 있었던 것이다. 이 때 보이는 푸른 숲과 땅이 얼마나 반가운지 그 느낌을 표현할 길이 없었다.

배에서 하선하니 현지부대에서 나온 차량이 대기하고 있었다. 곳곳에 베트콩이 매복을 하고 있었기 때문에 무장한 병력의 호위를 받으면서 비포장도로를 달려 주월 민사심리전부대로 향했다. 월남전은 정규전이 아니라 비정규전이었기 때문에 대부분의 작전은 민사심리전이었다. 민사심리전 부대는 확성기를 이용해서 산간지역에 있는 적에게 귀순권고를 하고, 전단을 제작해서 베트콩이 은거하고 있는 지역에 살포하는 것이었다. 동굴 속에 은거하고 있는 베트콩에게 화염방사기 작전을 한 후 휴대용 확성기로 동굴 밖으로 나오도록 설득했다.

주월 민사심리전부대 전초기지 (민사심리전부대장과 필자)

정글 속에서 귀순을 거부하고 도망가는 베트콩과 직접 전투를 할 때도 허다했다. 후방에서 발사하는 아군의 포병과 박격포 사격이 우리 머리 위에서 작열했다. 총알과 포탄이 머리 위를 지나가면서 내는 쇳소리는 심장을 멈추게 하는 듯 했다. 베트콩이 우리를 향해 발사하는 AK소총소리는 내 이마에 총알이 박히는 듯했다.

닌호아 동하이 베트콩마을 어린이들과 필자

베트콩은 게릴라전을 수행하기 때문에 주민들의 도움 없이는 작전이 불가능했다. 그렇기 때문에 베트콩을 일반 주민들로부터 분리시키는 민사작전이 월남전에서 가장 중요했다. 마을에는 베트콩이 가정집 지하에 은거하고 있었다. 이러한 곳에 직접 뛰어들어 주민들을 선무하는 작전이야 말로 생명을 걸어놓고 하는 것이었다. 한국군의 민사심리전 작전이 성공을 거둠으로써 한국군이 주둔하고 있는 지역에는 월남사람들이 대단히 우호적이었다.

1년간의 소대장근무가 끝난 후 귀국을 하려고 했다. 그런데 내가 베트남어를 잘한다는 소식을 들은 야전군사령부 참모장 강영식 장군이 나를 전속부관으로 발탁한 것이었다. 군대는 명령이 생명이다. 고대하던 귀국을 포기하고 1년간 월남전선에서 연장근무를 할 수밖에 없었다.

민사심리전중대 본부요원들과 함께 (오른쪽에서 첫 번째가 필자)

새로운 보직을 받기 전에 한국으로 2주간 휴가를 얻었다. 오래간만에 고국 땅을 밟게 되니 감개무량했다. 어머니는 전쟁터에서 무사히 살아 돌아온 아들에게 먹이려고 씨암탉을 잡는 등 반가움을 금치 못했다. 집에 와서 보니 사랑하는 여동생 정숙이가 덕곡초등학교에서 교편생활을 하고 있던 조창래 선생과 결혼을 했다. 어머니는 동생이 오빠를 두고 먼저 시집을 가기 때문에 나에게 알리지 않았다고 했다. 내가 가장 아끼던 정숙이가 결혼하는데 오빠가 참석하지를 못해서 아쉽기도 했지만 동생부부가 행복하게 살기를 기원해 주었다. 매부 조창래 선생도 첫 인상이 좋아서 앞으로 정숙이를 행복하게 해 줄 것이라고 믿으면서 마음이 놓였다.

휴가기간은 빠르게 지나갔다. 어느덧 황금 같은 휴가기간이 끝나고 월남으로 다시 가야 했다. 휴가장병에게는 월남으로 가는 비행기표가 나왔다. 김포비행장으로 가서 사이공(호지민시티)행 비행기를 타는데 어머니가 비행장까지 마중을 하겠다고 하면서 따라 왔다. 어머니의 아들에 대한 깊은 사랑을 가슴에 안고 월남으로 향했다.

2년차는 전속부관으로 야전군사령부에서 근무하게 되니 비교적 환경도 좋았고 많은 사람들을 아는 기회도 되었다. 민사심리전부대에 근무할 때에는 미군이 보급해 주는 C레이숀이 입맛에 맞지를 않아 고생을 했다. 그러나 야전군사령부에 근무를 하면서 K레이숀을 먹을 수 있어서 좋았다. K레이숀은 김치, 쇠고기, 장조림 등이 포함된 한국형 전투식량인데 우리 입맛에 맞았다.

나트랑에는 "바짬동"이라는 거리가 있었다. 바짬동(바:삼, 짬:백, 동:원)

은 우리말로 삼백원이란 뜻이다. 월남돈 3백원(한국돈 3천원에 해당)만 주면은 우리 병사들이 월남여성들과 성욕을 해결할 수 있는 곳이었다. 전쟁터이기 때문에 젊은 병사들의 성적욕구를 충족시켜주는 필요악으로 생긴 거리였다. 주말이 되면 병사들이 "바짬동"에 줄을 서있었다. 방안에는 모기장을 친 침대가 줄줄이 놓여있었다. 여성들은 껌을 씹으면서 천정을 쳐다보고 날라가는 모기를 두 손바닥으로 잡는 사이에 남자는 볼일을 다보고 다음 차례에게 넘겼다.

월남전투에서 한때의 휴식 (오른쪽에서 첫 번째가 필자)

이러한 전쟁비극 속에서도 월남전은 한국에게 경제발전을 촉진시켰고, 한국군으로 하여금 전쟁경험을 쌓을 수 있는 좋은 기회가 되었다. 제2차 세계대전에서 잿더미가 되었던 일본이 다시 일어서게 된 것은 한국전쟁 덕분이었다. 일본은 한국전쟁에 필요한 유엔군의 군수물자를 보급하면서 경제가 불꽃같이 일어났던 것이다. 이와 같은 맥락에서 한국군의 월남파병도 우리나라가 경제적으로 발전하는데 크게 기여를 했다. 건설업체를 비롯하여 수송업체 등 많은 기업들이 월남에 진출하여 외화를 벌어들였다. 대한항공의 모체인 한진은 월남전을 통하여 수송분야에서 많은 돈을 벌 수 있었다. 현대건설 등은 캄란 비행장 건설을 통해 한 단계 도약하는 계기가 되었다.

월남전에 파견되었던 한국군은 그 당시 한국에서 받은 자기 기본봉급 외에 미국으로부터 전투수당이라는 명목으로 수당을 받아 송금한 것이 우리의 외화획득에 큰 기여를 했다. 무엇보다 중요한 것은 우리나라 근대화의 견인차 역할을 한 포항제철 등을 키우는데 월남전이 큰 역할을 했다. 월남전에서 나오는 탄피를 수집하여 해군LST선박에 싣고 포항으로 실어 날랐다. 우리들은 월남에서 전투를 할 때 탄피를 모아서 한국으로 실어 보내는 일이 큰일 중의 하나였다. 장병들이 임기를 마치고 귀국 할 때는 큰 박스 3개씩을 받아 거기에 탄피를 가득 담아서 포항제철공장으로 보냈다. 이러한 결과로 월남전은 한국경제를 선진국 수준으로 올리는데 결정적인 역할을 했던 것이다.

또 한국군으로 하여금 전쟁경험을 가지게 함으로써, 한국군의 전력에도 큰 보탬이 되었다. 군인은 전쟁에서 실전 경험을 해야만 진정한 군인이 될 수 있다. 한국군의 장교와 부사관들은 월남전에 참전하여 전투력을 향상시킬 수 있었다. 병사들은 의무연한이 끝나면 전역을 하지만 직업군인은 오랫동안 군복무를 하면서 실전경험을 전투력으로 보전할 수 있었다.

그러나 부작용도 없지는 않았다. 월남전에 참전했던 우리 병사들은 고엽제 문제로 고생하는 사람들이 많았다. 베트남은 기온이 평균 섭씨 34도나 되며, 강우량이 연간 1,800mm나 되는 밀림지역으로 되어 있다. 적을 관측하기 위하여 나뭇잎과 풀을 말라 죽게 하는 제초제가 필요했는데 이 제초제가 바로 고엽제이다. 고엽제를 밀림지역과 베트콩 근거지에 비행기로서 살포했다. 이러한 과정에서 우리 장병들도 피해를 보았고 그 후유증이 오랜 시간이 지난 후에야 나타났던 것이다

미국은 고엽제를 제조한 회사가 1억 8천만 달러를 고엽제 환자 치료를 위한 기금으로 내어 놓았다. 미국 정부도 월남전에 참전한 군인들에게 고엽제 환자로 판명이 되면 무상치료를 해주며 충분한 보상을 해주었다. 한국도 고엽제 환자들 때문에 사회적인 문제로 대두되다가 내가 청와대 국방비서관을 하면서 미국처럼 고엽제 환자에 대한 보상법을 만들어 국회를 통과시켰다. 약 1만 명에 이르는 고엽제 환자가 무상치료와 보상을 국가로부터 받았다. 우리나라가 역사상 최초로 참전했던

월남전은 고엽제 등으로 인한 참전 장병들의 고통은 따랐지만 대한민국을 근대화 시키는데 큰 기여를 했다고 볼 수 있다.

## 5. 연합사의 전신 한미연합기획참모단

2년간의 월남근무를 마치고 귀국하여 중대장에 나가기 전까지 서울 용산에 있는 한미연합군사령부 전신인 한미연합기획단에 보직되어 한미연합작전과 인연을 맺게 되었다. 미8군사령부 영내에 위치한 한미연합기획참모단에서의 근무는 비교적 여유 있는 시간이었다. 일과가 끝나고 여가시간을 활용해서 고려대학교 대학원 석사과정을 다닐 수 있었다.

한미연합기획참모단은 1968년 10월 8일 서울 용산에서 창설되었다. 작전통제권을 가지고 있는 유엔군사령부와 한국합참 간에 업무를 유기적으로 협조하기 위한 기구이었다. 창설초기에는 연합기획참모단장에 미군 장성(Kemp 미공군 준장)이 보직되었지만 1974년 7월부터 한국군이 한미연합기획참모단장을 맡았다.

전방과 월남에서만 근무를 했던 나에게 미8군사령부 환경이 어리둥절하기만 했다. 정시에 출퇴근을 하는 민간인 분위기 속에서 정신적 및 육체적인 나태함이 몰려오는 것 같았다. 퇴근 후 불필요한 시간낭비보다 공부를 해야겠다는 생각이 들었다. 옆자리에 있는 숙명여대를 나온 국영주 씨가 일과 후 대학원 석사과정에 다니고 있었다. 그녀로부터 소개를 받아 고려대학교 대학원 석사과정에 입학을 했다. 입학을 하고 보니 중앙정보부에 다니고 있는 김선태 육사동기도 있었다. 사관생도시절에는 그와 가까이 할 기회가 많지 않았지만 대학원에 다니면서 서로 의지하면서 아주 친한 사이가 되었다.

일과가 끝나면 저녁식사를 할 시간도 없이 고려대학교가 있는 안암동행 버스를 타고 학교로 갔다. 저녁은 휴식시간에 라면과 빵으로 때우는 경우가 많았다. 경영대학원 최고경영자과정과는 판이하게 다른 석사과정이었기 때문에 출석과 시험이 대단히 까다로웠다. 특히 나의 논문지도를 맡았던 김행권 교수는 호랑이로 이름나 있었다. 시험을 보다가 부정행위가 있을 경우에는 시험지를 그 자리에서 빼앗고 밖으로 쫓아내면서 그 과목은 F학점을 주었다. 육사 교수부보다 더 엄한 규율을 적용했다. 이러한 환경에서 나는 전과정 A+를 받고 무역사 자격증까지 획득했다.

석사학위 논문을 써야 하는 마지막 학기에 전방으로 명령이 났다. 결국 마지막 논문학기는 중대장을 마치고 한미야전군사령부에 근무하면서 김행권 교수의 지도로 통과되었다. 논문 제목은 FMS제도에 대한 고찰(육군의 외자조달면을 중심으로)이었다. 어렵게 석사학위를 받은 것은 나중에 진급을 하는데도 유리한 영향을 미쳤다. 또 계속 공부를 해서 박사학위를 받고 교수까지 되는데 주춧돌이 되었던 것이다.

고려대학교 대학원 석사학위 수여식에서 (왼쪽부터 김진, 차수진, 필자, 아내)

## 6. 공개청혼과 결혼

서울에 근무하면서 선을 보는 기회가 많았다. 한미연합기획참모단장 김재명 장군 부인도 나를 중매하려고 여러 규수들을 소개해 주었다. 결혼 적기가 되었기 때문에 고향에 있는 부모도 결혼독촉을 했다. 그러나 나에게 마음이 끌리는 당사자가 나타나지 않았다.

어느 날 육군본부 작전참모부 포병과에 근무하는 천용택 중령(후에 국방부장관 및 국회의원)한테서 전화가 왔다. 당시 육군본부는 전쟁기념관 자리인 용산에 있었다. 천중령이 말하기를 삼각지에 나가면 어떤 처녀와 그녀의 어머니가 기다리고 있을 터이니 한번 만나보라는 것이었다.

육사16기인 천중령이 나에게 전화를 한 배경은 이러했다. 장인인 김선규 장군(육사 2기)이 현역시절부터 잘 알고 지내던 김봉천 중령에게 군인 중에 사윗감이 될 만한 사람을 공개적으로 추천해 달라고 부탁했던 것이다. 김중령은 같은 사무실에 근무하는 천중령에게 육사출신 위관장교로서 장래가 촉망되는 사람을 부탁했다. 천중령은 헌병으로 근무하는 나의 육사동기인 이재환 대위로부터 나를 소개받아 내가 추천이 되었던 것이다. 동기생 이대위는 천중령과 완도 동향이었기 때문에 평소 잘 아는 사이였다.

천용택 중령의 이야기를 듣고 근무복 차림으로 선을 보기 위하여 삼각지에 있는 동심다방으로 나가니 인자한 중년부인과 아름다운 처녀가 창가에 앉아있었다. 그 처녀와 눈빛이 마주치면서 전기가 통하는 느낌을 받았다. 나는 상대를 잘 몰랐지만 상대방은 이미 김봉천 중령을 통해서 잘 알고 있는 터이라 차를 마시면서 자연스러운 이야기가 오가게 되었다. 그녀의 이름은 김경아이며 중앙대학교 보육과를 다니고 있었다.

장인이 될 김선규 장군은 육군사관학교 제2기로서 육본부 통신감과 제37사단장 등을 역임한 분이었다. 6·25 한국전쟁 시에는 제21사단 백두산부대에서 역전의 용사로 많은 전공을 세운 용장이었다. 특히 설악산 전투에서는 적 1개 대대를 격퇴시키고 을지무공훈장까지 수여받은 명장이었다.

한국전쟁 시 전선을 시찰하는 장인 김선규 장군

처 고모부인 이성가 장군은 한국전쟁 시 영천전투에서 보병 제8사단을 이끌고 혁혁한 공을 세운 전쟁영웅이었다. 영천전투에서 인민군이 부산을 함락시키지 못하도록 하는 데 절대적인 역할을 한 역전의 용사였던 것이다. 처 이모부도 해군사관학교를 나왔고, 처4촌 오빠도 육군사관학교 28기 김진황이었다. 처가가 모두 군인들로 구성된 전통적인 무인집안이었다. 이러한 집안에서 김경아는 군인이 아니면 시집을 가지 않겠다고 할 정도로 군인 팬이었기 때문에 장인은 군인 사윗감을 찾고 있었던 것이다.

　삼각지 동심다방에서 맞선을 보는데 싫지 않은 상대이었지만 결혼이라는 인생의 대사를 쉽게 결정할 수가 없었기 때문에 시간을 좀 달라고 했다. 그 후 수차례에 걸쳐 김경아와 만나 데이트를 하면서 함께하는 가운데 서로를 이해하게 되었고 대구에 있는 부모와 가족들에게도 알리게 되었다.

　차기환 큰형이 청파동 처갓집에 와서 장인 김선규 장군을 만나면서 결혼절차는 급속히 진행되었다. 1971년 6월 6일 양가 가족이 모인 자리에서 약혼식을 올리고, 워커힐 호텔주위로 산책을 하면서 결혼날짜까지 1971년 9월 11일로 잡았다. 모든 것이 일사천리로 진행되었다.

　약혼식 사회는 김용구 대위가 보았다. 약혼식이 끝나고 이재 대위와 장우균 대위 등 동기생들은 나의 예비신부와 함께 드라이브를 하면서 즐거운 시간을 보내기도 했다. 약혼시절 동기생들은 장군의 딸과 결혼하는 차기문 대위를 축하하면서 어디를 가나 김경아의 인기는 하늘을 찌를 듯했다.

　약혼을 한 상태에서 홍천에 위치한 육군 제11사단 수색중대장으로 명령이 내려왔다. 약혼자와 함께 지나고 싶은 마음이 간절했지만 아쉬운 정을 뒤로하고 육군의 명령에 따를 수밖에 없었다. 서울에서 홍천으로 떠나는 발걸음은 천금같이 무거웠다.

약혼식 (왼쪽부터 아버지, 어머니, 필자, 아내, 장인)

사단수색중대는 일반 보병중대보다 부대규모도 크고 장비도 중대장 개인 지프차와 5분대기조 트럭 등이 항상 대기하고 있었다. 중대 내에 PX가 있었고 자체취사를 하는 완전 독립중대였다. 중대장으로 보직이 되어 업무파악을 하는 등 바쁜 일과가 계속되는 가운데 결혼날짜가 점점 가까워지고 있었다.

결혼식 하루 전인 9월 10일 전투복에서 예식복으로 갈아입고 새카맣게 탄 얼굴로 세종호텔에서 개최되는 결혼식에 참석을 하기 위하여 서울로 향했다. 결혼식 전날 저녁에 함이 운반되었는데 많은 육사동기생들이 와서 처갓집이 있는 청파동 골목이 떠들썩했다. 길을 인도하는 온창일과 김용구 동기가 앞장서서 청사초롱을 들고 나팔을 불었다. 결혼을 일찍 해서 이미 아들까지 둔 김광수 동기가 함을 지고 들어가니 동네는 온통 축제분위기가 되었다.

청첩장

함 들어오는 날(청사초롱을 들고 길을 안내하는 김용구, 온창일 동기)

결혼식 당일인 1971년 9월 11일, 대구에서 부모 형제와 함께 온 가족 친척들이 버스를 대절해서 올라왔다. 당시에 호텔에서 결혼식을 한다는 것은 흔하지 않았다. 검소한 혼례를 가지려고 했던 나의 의사와는 관계없이 개혼이었던 처가는 결혼식에 대하여 많은 신경을 쓰고 있었던 것이다. 엄숙하고 호화로운 세종호텔분위기 속에서 많은 사람들의 축복을 받으면서 결혼식을 올렸다.

주례는 합참의장으로 있던 심흥선 장군이 하고 사회는 서울대학교 국문학과에 다니는 이재 육사동기생이 맡았다. 이재 동기의 유머스러운 사회와 심흥선 장군의 노련한 주례사는 결혼식장을 엄숙하면서도 화기애애한 분위기로 만들었다.

세종호텔 결혼식

결혼식이 끝난 후 가족들의 환송을 받으면서 제주도로 신혼여행을 갔다. 당시에는 대부분의 사람들이 제주도로 신혼여행을 갔다. 외국으로 나가는 사람들은 거의 없었던 시대이었다. 생도시절에 김문기 동기와 한번 가본 제주도였지만 신혼여행을 가서 본 제주도는 또 다른 느낌을 주었다.

제주공항에 내려 차를 대절해서 해안관광을 하면서 서귀포로 갔다. 서귀포에 있는 허니문하우스에서 첫날밤을 보내고 남국의 분위기가 넘치는 제주도를 관광하면서 부대일을 잊어버리고 둘만의 시간을 보냈다. 신혼여행 프로그램에 따라 시간가는 줄 모르고 행복한 시간을 가질 수 있었던 것이다.

제주도 신혼여행

우리나라에 전래되는 풍속에 따라 신혼여행에서 돌아오면 시댁으로 가서 신행잔치를 해야만 했다. 제주도에서 돌아온 우리 부부는 처가 집에서 하루 밤을 보내고 고향인 합천 덕실골로 신행을 갔다. 대구를 거쳐 고향으로 가는데 장인과 장모 그리고 처남 김진도 함께 동행을 했다.

신행상을 받고 기뻐하는 아버지, 어머니

서울에서 대구까지 4시간, 대구에서 덕실골까지 2시간이 걸렸다. 낙동강 나루터에서 차를 배에 싣고 강을 건너 한참 동안 시골길 비포장 도로를 가야만 덕실골이 나왔다. 두메산골에 도착한 처갓집 식구들은 크게 실망을 하는 모습이었다. 문화시설은 찾아볼 수 없고, 재래식 화장실에 고추를 말리는 초가지붕, 자동차가 들어왔다고 코흘리개 아이들이 모여드는 동네가 바로 딸의 시집이었기 때문이다. 그러나 서울에서 보지 못한 따뜻한 정과 사랑이 넘치는 순박한 사람들의 인사를 받으면서 조금은 위로가 되는 듯했다.

아버지와 어머니는 소와 돼지를 잡아서 큰 잔칫상을 차려놓고 우리를 기다리고 있었다. 막내가 서울에서 아름다운 며느리를 데리고 와서 신행잔치를 하게 되니 대단히 흡족한 모습이었다. 시골에서 이러한 경사는 좀처럼 보기 드문 일이라 10리 밖에 있는 장돌뱅이들까지 찾아왔다. 동네사람들은 사물놀이를 하면서 하루 종일 먹고 마시면서 마음껏 즐기고 있었다. 시골에서 오랫동안 머물 시간이 없었다. 왜냐하면 중대장 보직을 맡은 지 얼마 되지 않았기 때문에 부대에 빨리 들어가 봐야 했기 때문이었다.

아버지와 어머니는 좀 더 함께 있고 싶어하는 눈치였다. 그러나 군무에 매인 몸이라 고향에서 하루 밤만 자고 바로 홍천에 위치한 중대로 복귀를 했다. 홍천으로 돌아온 우리 신혼부부는 들판에 외따로 서있는 허름한 독립가옥을 얻어 신혼생활을 시작했다. 마침 주위에 육사 20기 선배인 신정 대위와 홍유경 대위 가족이 살고 있었기 때문에 조금은 위로가 되었다.

덕실골 신행잔치 (뒷줄 왼쪽부터 큰형 부부, 3자매, 아내, 필자) 아버지, 어머니는 앞에 앉아 있음

## 7. 중대장과 신혼생활

사단수색중대장으로 보직이 된 후 중대를 사단에서 최고의 부대로 만들기 위해 최선을 다했다. 신혼생활인데도 불구하고 집에서 보내는 시간보다 부대에서 생활하는 시간이 더 많았다. 야전군 유일의 기동사단으로써 화랑부대라는 별명이 붙은 제11사단은 야전군 전역에 대한 역습임무를 수행해야 하기 때문에 평소 훈련이 강한 부대이었다. 기동사단은 불자동차로 비유된다. 유사시 위급한 지역에는 어디에든지 투

입되어야 하기 때문이다. 제11사단이 교통망이 발달된 홍천에 위치한 것도 그 때문이었다.

즉각적인 기동임무를 수행하기 위하여 제11사단은 행군을 많이 했다. 병사들은 제11사단에 보직이 되면 지구를 3바퀴나 도는 거리를 걸어야만 전역 할 수 있다고 하여 배치되기를 기피했다. 그러나 한번 보직이 되면 훈련을 통한 끈끈한 전우애가 부대에 대한 애정으로 바뀌어 울고 갔다가 웃으면서 나오는 부대로 알려졌다. 오랜 전통과 역사를 지닌 화랑부대장병들은 우렁찬 군악대의 연주에 맞추어 사단가를 목이 터져라 부르면서 사기가 하늘을 찌르고 있었다.

나는 사단가에 혼이 심어있는 부대의 전통을 더욱 빛내기 위해 수색중대장으로 보직이 되자마자 주야간 전환훈련으로 들어갔다. 밤과 낮이 바뀌는 훈련에 들어간 것이었다. 밤을 세워 훈련을 하고 낮에는 잠을 자는 것을 연속해서 1개월 동안 했다. 장병들을 야간전투의 전문가로 만들기 위해 올빼미 훈련을 실시한 것이었다. 중대원들은 이러한 훈련에도 잘 견디어 냈다. 처음에는 적응이 잘 되지 않아 어려움이 있었지만 점점 숙달이 되면서 야간전투에 자신감을 가지는 올빼미부대가 되었다.

새댁인 아내는 시골생활에 익숙하지 못했기 때문에 산골집에서 밤에 혼자 지내기가 무섭다고 했다. 바람부는 허허벌판에 위치한 나의 집은 아궁이에 장작불로 밥을 짓는 재래식 집이었다. 밤에는 적막강산이 되어 산짐승 울음소리만 들릴 뿐 인기척 하나 없는 북방이라는 산골마을 이었다.

수색중대장 숙소와 아내

이러한 산골집에 어린 신부를 밤에 혼자 있게 한 나의 마음도 편하지가 않았다. 그러나 중대장은 180명 병사들의 생사를 책임지고 있는 지휘관으로서 가정보다는 부대가 먼저였다. 가정을 생각하기 전에 먼저 부대병사들을 생각하면서 부대훈련에 나의 모든 시간과 정력을 바칠 수밖에 없었다.

아내가 임신을 한 상태에서 부엌 아궁이에 불을 지피는데 아궁이 속에서 쥐가 튀어나왔다. 깜짝 놀란 아내는 실신을 해서 병원에 실려가 응급조치를 받아야 했고 뱃속에 있던 아기는 유산이 되고 말았다. 이 사건 이후 하혈이 심하여 유산을 자주하는 습관이 되어버렸다. 장녀인 수진이가 늦게 태어난 것도 이러한 이유에 기인한 것이었다.

땔감이 모자랄 때는 산에 가서 썩은 나무둥치와 솔잎갈비를 모아와서 난방을 했다. 추운 겨울에는 장작불을 너무 많이 때어 방 아랫목이 과열되어 화재가 날 뻔도 했다. 방온장치가 잘 되어있지 않은 집이라 온돌방은 쉽게 식어버리고 새벽이 되면 윗목에 둔 물그릇이 꽁꽁 얼어붙어 있었다. 방안 천정에서는 쥐가 싸움을 하다가 떨어지기도 했다. 이러한 어려운 환경에서도 불평하나 없이 중대장인 남편을 위하여 내조를 아끼지 않은 아내가 고마웠다.

한번은 중대원 중에 사귀던 애인이 변심을 했다고 하면서 휴가를 보내달라고 했다. 이 병사에게 휴가를 주면 변심한 애인에게 사고를 저지를 것이 분명했다. 이와 같은 경우 후방으로 나가 수류탄으로 불특정 다수에게 피해를 주고 인질극을 벌이는 사례가 많았기 때문이다. 휴가를 보내지 않으니까 중대장 숙소에 찾아와서 날카로운 칼을 휘두르며 소란을 피웠다. 결국 그 병사의 애인에게 연락을 취하고 그 병사를 잘 타일러서 이해를 시킨 다음 휴가를 보내게 되니 문제병사가 모범적인 사람으로 변했다.

스케이트장의 처갓집 가족들 (왼쪽부터 김경희 처제, 장모, 아내, 김진 처남)

겨울이 되면 홍천강변에서 스케이트 대회가 열렸다. 장병들은 스케이트를 탈 수 있는 겨울을 기다리고 있었다. 늦가을에 홍천강물을 막아놓으면 겨울 동안 좋은 체력단련장이 되었다. 부대대항 스케이트 경기가 있을 때에는 우리 중대가 항상 우승을 했다. 돼지를 상품으로 타서 중대회식을 하게 되면 병사들의 사기가 충천했다. 처남과 처제들이 스케이트를 좋아해서 주말에는 서울에서 처갓집 식구들이 단체로 위문을 왔다. 아내는 이러한 주말을 손꼽아 기다리면서 전방생활을 잘 견디고 있었다.

아내의 친구들이 외롭게 살고 있는 경아를 위하여 가끔 전방 신혼집에 와주었다. 아내의 대학동창 중에 신정자라는 예쁜 친구가 있었다. 아직 미혼인 그녀는 아내를 위하여 시골집에 자주 찾아왔다. 나와 같이 옆 부대에서 중대장을 하고 있는 육사동기 김용경 대위가 우리 집에 놀러 와서 그녀를 보았다. 두 사람은 한눈에 전기가 통했다. 김용경 대위는 육사에서 럭비를 한 건장한 체구를 가진 친구로 마음이 순수하고 인정이 많은 사람이다. 아내의 적극적인 중매로 두 사람은 결혼을 했고 우리 두 가정은 일생을 통하여 친가족 같은 관계를 유지하게 되었다.

홍천 시골집 옆에 육사20기 선배 신정 대위와 홍유경 대위 가족이 함께 살고 있었다. 신정 대위 부인은 고려대학교를 나왔고, 홍유경 대위 부인은 이화여대를 졸업해서 모두들 이야기가 통하는 사이였다. 함께 테니스를 하고 여름에는 홍천강변에 나가 빨래를 하면서 서로 간에 산골생활의 외로움을 달래고 있었다.

신정, 홍유경 대위 가족과 함께 홍천에서의 생활 (왼쪽부터 필자, 신정, 홍유경 가족)

우리 사단수색중대가 제13연대 전투단훈련(Regimental Combat Team)에 참가했다. 육사11기 안재석 대령이 지휘하는 제13연대가 야전군에서 가장 우수한 연대라고 이름이 나있었다. 과연 정확히 평가가 되었는지를 확인하기 위하여 야전군사령관 한신 장군이 직접 헬기를 타고 와서 불시에 연대전투단훈련 시험을 한 것이었다. 여기에 우리 수색중대가 배속이 되어 함께 시험을 받았다.

홍천에서 인제로 이어지는 44번 도로상에서 훈련을 했다. 행군을 하다가 강력한 적과 조우를 하는 상황이 즉흥적으로 부여되면서 지휘관의 조치상태를 확인했던 것이다. 적 전차가 집중적으로 돌파를 하게 되니 연대가 완전히 와해되는 상황에 직면했다. 부대 장병들은 자기 모체 부대를 찾지 못하여 우왕좌왕하고, 지휘관은 지휘관대로 자기 부대를 수습하느라고 분주한 모습이었다.

도로는 이미 적 전차부대가 점령을 하고 있기 때문에 우리 중대는 산길을 따라서 목표지역까지 침투해야만 했다. 침투 중 매복하고 있는 적에게 희생을 많이 당하여 최종 목표에 도착하니 절반의 병력밖에 남지 않았다.

이러한 악조건 하에서 대부분의 부대들은 전멸한 상태이었다. 그러나 우리 중대는 절반의 병력이었지만 재편성을 하여 적의 후방 지휘소를 타격했다. 이 덕분에 제13연대는 최종목표를 쉽게 점령하게 되었고 연대전투단훈련은 성공적인 평가를 받았다. 강평 시에는 한신 야전군사령관까지 우리 중대를 칭찬했다. 우리 수색중대는 전군 최고의 부대라는 판정을 받고 부대표창을 받았다. 이 훈련결과 안재석 제13연대장도 우리 중대를 높이 평가하게 되었고 나는 개인적으로 안대령과 깊은 인연을 맺게 되었다.

## 8. 눈물바다가 된 중대장 이임식장

중대장이란 부하들과 직접 몸으로 접하는 지휘관으로서 부하들의 정과 사랑을 가장 많이 느끼게 되는 보직이다. 소대장도 몸으로 직접 부하들을 접하게 되지만 소대장은 지휘자(Leader)이지 지휘관(Commander)은 아니다. 대대장도 지휘관이라고 하지만 참모들의 조언과 중대장이라는 하급 지휘관을 통해서 부대를 지휘 통제하기 때문에 중대장과 같이 부하들과 직접 호흡을 함께하는 기회는 적은 것이다.

중대장은 작전권과 행정권을 가진 단위부대 지휘관으로서 막강한 권한과 책임을 가지고 있다. 병사들을 움직이고, 먹이고, 입히고, 재우는 모든 권한과 책임을 중대장이 가지고 있다. 나는 180명 중대원 모두의 이름을 다 외우고 있었다. 걸어가는 뒷모습만 보아도 누구인지를 알 수 있을 정도로 병사들의 신상을 파악하고 있었다. 길을 가다가 뒤에서 병사의 이름을 불러주면 그 병사는 자기를 알아주는 중대장에게 깜짝 놀라면서 스스로 우러나는 존경심을 보내주었다. 평소 개인별 신상파악이 철저히 되어 있기 때문에 병사들의 집안사정에 대하여 안부까지 물어보면 더욱 충성을 다하는 것이었다.

수색중대 전경

그러나 병사들을 무조건 친절하게만 다루어도 아니 되었다. 규정을 위반한 사람에 대하여는 확실하게 책임을 묻고 그에 상응한 벌을 눈물이 날 정도로 엄격하게 주었다. 처벌을 한 후에 진정으로 반성의 기미가 보이면 개인적으로 불러 따뜻하게 격려를 해주는 사후처리도 잊지 않았다. 뒤풀이를 해 주었던 것이다. 그래야만 진정한 반성을 하면서 중대장에게 존경심을 가지게 되는 것이다.

법규를 잘 따르고 선행을 한 사람에게 응분의 상을 내림으로써 다른 사람들도 따라 할 수 있도록 했다. 상을 줄 때에는 중대원들을 모두 연병장에 모아 놓고 거대한 행사와 함께 포상을 했다. 모범적인 병사는 많은 사람들에게 알릴 필요가 있다. 포상을 받는 당사자도 긍지와 자부심을 가질 수 있기 때문에 많은 사람 앞에서 표창을 하는 것이 그 효과가 배가되었다.

수색중대 간부들(앞줄 왼쪽에서 세 번째가 필자)

처벌을 할 때에는 개인적으로 조용히 했다. 처벌은 부하에게 수치심을 줄 수 있기 때문에 조용히 하는 것이 좋다. 사람은 감정의 동물이기 때문에 감정을 고조시키면 자기가 잘못한 것도 인식하지 못하고 오히려 반발을 일으켜 더 큰 문제가 발생될 수도 있다. 따라서 상은 공개적으로 하고, 벌은 개별적으로 하는 것이 효과를 더 많이 거둘 수 있는 것이다.

중대 병사들은 전국에서 모여든 가지각색의 사람들로 구성된 집단이었다. 그들은 성격과 취미, 생각과 행동이 모두 다른 특징을 가지고 있었다. 이러한 혼합된 성격의 무리를 전투에서 승리할 수 있도록 하나의 융화된 집단으로 응집시키는 것은 쉬운 일이 아니었다.

인접부대에서는 탈영을 하는 병사들이 있는가 하면 심지어는 자살까지 하는 사람도 있었다. 이러한 환경하에서 안전손실이 없이 부대를 관리하고 전투에서 적과 싸워 이길 수 있는 집단으로 육성시키는 중대장의 역할이야 말로 참으로 막중한 것이다. 중대장은 하나의 관리자로서 또 지도자로서의 지혜와 의지 그리고 강력한 실천력이 동시에 요구된다. 이러한 지혜와 실천을 위해서는 평소부터 꾸준한 수양과 전술전기 연마 그리고 강인한 체력이 요구되는 것이다.

부대를 지휘하는 데는 사랑과 애정이 무엇보다도 중요하다. 사심을 버리고 오직 부대를 위해서 그리고 병사들을 위해서 모든 것을 바친다는 각오가 필요한 것이다. 중대장 재임기간 우리 부대에서는 한 사람의 자살자나 무장탈영병이 없었다는 것은 이러한 나의 신념에서 비롯된 것이라고 생각하면서 긍지감을 가질 수 있었다.

빙상경기대회에서 수색중대 우승(우승 골인하는 필자)

이러한 성공적인 부대관리와 실전과 같은 훈련을 통한 사기 앙양으로 우리 수색중대는 사단 선봉중대로 발탁이 되었다. 모든 중대원들은 내일 아침 당장 전쟁이 일어나더라도 적과 싸워 이길 수 있는 자신감에 넘쳐 있었다. 이러한 자신감은 사단에서 전투력측정이나 각종 시합이 있었을 때 나타났다. 전술전기 경쟁이나 스포츠 경쟁에서 항상 표창을 받고 우승을 했다.

2년간의 중대장 임기가 끝나고 이임을 할 때에는 모든 부대원이 이별의 아쉬움을 금치 못했다. 중대장이임식장은 눈물바다가 되었다. 나는 이임사를 하는 중에 목이 메어 더 이상 말을 못하고 울음을 터뜨리고 말았다. 중대원들도 너나 할 것 없이 모두 울음바다가 되었다. 이러한 경험은 중대장 시절만이 느낄 수 있는 분위기라고 할 수 있다.

## 9. 상무대 고등군사반으로

중대장을 마치고 광주에 있는 보병 고등군사반(OAC : Officer's Advance Course)에 입교했다. 군에서는 보수교육을 계급마다 시킨다. 소대장으로 나갈 때는 초등군사반, 중대장을 나갈 때는 고등군사반, 대대장을 나갈 때는 육군대학, 연대장을 나갈 때는 국방대학원 등의 교육이 있다. 당시에는 아직 교육체계가 잡히지 않았기 때문에 나는 중대장을 마치고 고등군사반 교육에 들어갔던 것이다.

나에게 광주는 육군사관학교 3학년시절 병과교육과 소위로 임관한 후 초등군사반 교육에 이어 고등군사반 교육을 받기 위해서 세 번째 가는 곳이었다. 초등군사반 교육을 마치고 전방으로 들어갔던 동기들이 고등군사반 교육을 받기 위하여 광주에서 다시 만날 수 있어 반갑기도 했다. 육군사관학교 동기생들은 생도생활도 24시간 함께 하면서 형제의 정을 나누게 되지만 학교를 졸업한 후에도 교육 보직 등을 통하여 항상 만날 수 있다. 일생을 통하여 함께하는 기회가 많기 때문에 다른 어느 동기생 보다 가까운 관계가 유지되는 평생동지라고 할 수 있다.

고등군사반 교육은 진급과 보직에 영향을 주기 때문에 밤을 세워가면서 공부를 했다. 휴식시간도 아까울 정도로 모두가 공부에 미치고 있었다. 아마도 고등군사반에서 공부하는 정도로 법률공부를 한다면 사법고시에도 합격하고 남았을 것이다.

결혼을 하고 제19기 고등군사반에 입교를 했기 때문에 광주시내에 방을 얻어야 했다. 그런데 방을 얻기가 쉽지 않았다. 방을 얻을 동안 아내를 서울 처가에 맡겨두고 혼자 광주로 내려가서 광주가 고향인 육사동기생 한광소 집에서 하숙을 했다. 한광소 동기의 부모는 우리 동기생들에 대한 애정이 많았기 때문에 광주에 간 우리들을 헌신적으로 돌봐 주었다.

하숙을 하겠다는 동기생들이 너무 많아 모두 수용을 할 수 없었다. 나머지 동기생들은 옆에 있는 딸부잣집에서 하숙을 했다. 광주 딸부자 집이라고 하면 고등군사반에 입교한 장교들은 모르는 사람이 없을 정도로 유명한 집이었다. 딸이 많은 이 집에는 전통적으로 내려오는 고등군사반 정감록도 있었다. 정감록이란 선배들이 공부하면서 대물림으로 내려오고 있는 시험문제지였다. 결국 이 문제지 속에서 상당수가 출제되었기 때문에 고등군사반 시험공부를 하는데 큰 도움이 되는 자료였다.

나는 한 달간 한광소 부모집에서 하숙을 하다가 광주 황금동에 월세방을 얻어 서울에 있는 처를 내려오도록 했다. 광주 황금동은 술집이 밀집된 지역이라 공부를 할 수 있는 여건이 되지 않았지만 방을 구하기가 쉽지 않아 부득이 술집골목에 방을 얻었다. 자정을 넘기면서까지 공부를 하다 보면 술 취한 사람들이 주위로 돌아다니면서 소란을 피우는 소리가 귀에 거슬렸다. 우리 옆방에는 술집 여자가 살고 있었는데 늦은 밤에 남자들을 끌고 들어와서 2차 술을 마시는 경우가 많았다. 벽에는 방음장치가 되지 않아 옆방 여자가 오강에 오줌을 누는 소리까지 들려서 더욱 신경이 쓰였다. 서산대사의 수도과정을 상기하면서 이러한 환경이 나의 공부에 대한 집념을 방해하지는 못했고 오히려 더 열심히 공부에만 집중을 했다.

고등군사반에는 후배들도 많이 있었다. 나를 따르는 후배들이 우리 집에 와서 아내가 지어주는 저녁을 먹으면서 함께 공부를 하는 기회가 많았다. 그 중에는 육사25기 이한억 대위가 있었다. 아내는 이대위를 처 이종 4촌 여동생에게 중매를 했다. 고등군사반을 졸업하고 그들은 점점 사랑이 깊어졌고 결혼까지 하여 행복한 부부가 되었다.

고등군사반 교육기간 동안 잠은 하루에 2~3시간 이상 자지를 않았다. 휴일도 없이 복습과 예습을 하느라고 신혼생활의 즐거움은 생각도 할 수 없었다. 심지어는 화장실에 가거나, 식사를 하면서도 책을 놓지 않고 오직 공부에만 집중했다. 그 결과 고등군사반에서 전체 1등이라는 성적으로 졸업을 했다. 군대생활을 하면서 영향을 미치는 육군참모총장 상을 받으면서 많은 사람들로부터 축하를 받았다.

이와 같은 좋은 성적을 내게 된 결과는 아내의 내조가 많았기 때문이었다. 항상 부족한 영양을 보충시키기 위하여 멀리 떨어져 있는 재래시장까지 가서 고단백 생선을 사왔다. 학습환경을 조성하기 위해 창호지로 문틈 사이를 발라 방음장치까지 해주면서 나의 뒷바라지를 한 덕분이었다.

제19기 고등군사반(OAC) 졸업기념 (앞줄 왼쪽에서 세 번째 앉아있는 사람이 필자)

보병학교 고등군사반을 수료하고 나니 당장 사단장을 맡겨주어도 할 수 있을 것 같은 자신감이 생겼다. 무엇이든지 임무만 주어지면 100% 목표를 달성할 수 있을 것 같았고 천하가 내 손안에 있는 듯한 느낌이 들었다. 전술분야에 대해서는 누구보다 자신이 있었을 뿐만 아니라 나의 기록카드에 수석이라는 성적이 일생 동안 따라 다녔다. 부대에 전입을 할 때마다 서로 자기부대로 데려가려고 지휘관들이 경쟁을 했다. 내가 군대생활을 순조롭게 할 수 있었던 배경도 고등군사반 교육을 수석으로 졸업한 영향이 컸다고 할 수 있다.

고등군사반을 졸업 후 재경부대에 보직을 받았다. 전방과 월남에서 주로 근무를 해왔기 때문에 순환근무 계획에 따라 재경부대에서 근무할 기회가 주어졌던 것이다. 군인아파트가 부족해서 입주를 하려면 전입명령이 난 후 오랫동안 기다려야 했기 때문에 장모와 아내가 용산 서빙고에 2층짜리 연립주택을 구했다.

부대 출근을 해서 바쁜 시간을 보내고 있는데 집에 혼자 있던 아내로부터 도둑이 집에 들었다고 연락이 왔다. 이 때 아내는 차수진이를 임신한 상태였다. 전방 중대장을 하면서 어려운 환경이었기 때문에 자주 유산을 하고 수진이를 가졌는데 또 유산을 하면 어떻게 하나하고 걱정이 앞섰다. 집에 도착하니 경찰이 도둑을 잡아놓고 있었다. 수진이를 유산시킬 수 있었다는 생각 때문에 앉아있는 도둑을 군화발로 걷어차 버렸다. 그 자리에서 도둑은 실신을 했다. 오히려 내가 폭행죄로 경찰에 가서 심문을 받아야만 했다.

나중에 알고 보니 도둑을 잡은 사람은 아내였다. 시장에 갔다 온 아내가 집에 들어가는 순간 도둑과 거실에서 마주쳤다. 아내가 들고 있던 장바구니로 도둑을 내려치니 급한 도둑은 2층 창문 밖으로 뛰어내렸다. 옆에 있는 판자집 지붕을 뚫고 떨어졌던 것이다. 밖으로 따라 나간 아내와 동네사람들이 합심해서 도둑을 잡아 경찰에 인계했다. 용감한 그 때의 행동이 태아에게 전달되었는지 수진이는 자갈밭에 내어놓아도 살아갈 강인한 생활력을 가지고 태어났다.

# 제 2 장  영관시절

1. 군사교육의 요람지 육군대학
2. 한미1군단 작전장교와 8·18도끼 만행사건
3. 미국 육군지휘참모대학 유학
4. 워계임장교와 중령진급
5. 대대장 임명과 공수훈련
6. 제9사단 창설대대장으로
7. 군 사조직 파동
8. 삼청교육대로 지정되다
9. RCT 최우수연대
10. 팀스피리트 선봉연대로
11. 6군단 작전참모로 발탁

## 1. 군사교육의 요람지 육군대학

소령진급을 하고 육군대학에 가서 고급장교로서 갖추어야 할 교육을 받았다. 당시 육군대학은 진해 천자산 자락에 위치하고 있었다. 진해는 군항도시이면서 봄에는 벚꽃이 만발하여 관광객들이 모여드는 아름다운 곳이다. 천자산과 바다가 어우러진 살기 좋은 진해가 군인가족들에게는 천국과 같은 곳이었다. 가족들은 공기 좋고 물 맑은 아름다운 항구도시에서 테니스, 배드민턴, 낚시, 등산 등을 즐겼다. 그러나 밤낮을 가리지 않고 공부에 전념해야 하는 장교들에게는 지옥과 같은 곳이기도 했다.

전략 전술의 요람지인 육군대학은 공부를 많이 시키기로 유명했다. 학교 성적은 바로 진급 및 보직과 관련이 있기 때문에 모두가 최선을 다하여 좋은 성적을 내려고 혼신의 노력을 다하고 있었다. 육군대학은 입교하기도 쉽지 않았다. 당시에는 정규과정과 단기과정이 있었는데, 정규과정은 1년이었고, 단기과정은 6개월 코스였다. 1년 과정인 정규코스는 30대 1의 높은 경쟁률을 보였다.

시험을 주관하는 육군본부 주위에는 정규과정에 들어가기 위하여 합숙을 하면서 공부를 하는 사람들도 있었다. 육군대학에 들어갈 무렵 나는 서울용산 해방촌 군인아파트에 살고 있었다. 거실도 없는 9평짜리

아파트이었지만 우리나라에서 최초로 군원자재로 지은 튼튼한 집이었다. 비록 연탄보일러이었지만 난방이 잘 되고, 통풍이 잘되어 살기에 편리했다. 이 아파트에 입주하기 위해서 보직을 받고도 몇 달씩 줄을 서서 기다려야만 했다.

나는 운이 좋아 비교적 빨리 해방촌 군인아파트에 입주하였는데 이때 수진이는 젖먹이였다. 육군대학에 들어가기 위해 이 좁은 아파트에서 최선을 다하여 공부를 한 결과 최연소나이에 수석으로 합격을 했다. 모두가 소령, 중령들이었는데 대위로서 육군대학에 합격한 사람은 4명뿐이었다. 그들은 모두 육군사관학교 23기 동기생으로서 나를 비롯하여 노남섭, 유재현, 정화언 대위였다.

1975년 육군대학 제19기로 들어가서 1976년에 졸업을 했다. 육군사관학교 23기 동기생 중에 육군대학을 가장 먼저 들어간 우리 4명은 학생들 중에 서열이 가장 낮았기 때문에 제일 낙후된 C관사를 배당 받았다. C관사는 천자산 기슭에 위치한 연립관사로서 연탄가스가 새어 나와 방안에는 항상 가스 냄새가 나고 있었다. 문을 열고 나가면 바로 맨땅이라 비가 올 때면 진흙투성이였다. 다행히 집 앞에는 텃밭을 만들 수 있는 공터가 있었다. 봄이 되면 씨앗을 뿌려 야채를 가꾸는 즐거움을 이웃 장교들과 함께 나누면서 좋은 인간관계를 유지할 수 있었다. 어려운 환경에서 함께 생활하게 되면 동지로서의 정이 더욱 깊어지는 것이다. 육군대학에서 어려운 과정을 함께 겪었던 4명의 동기는 군생활을 하는 동안 가장 가까운 가족과 같은 관계가 되었다.

각반에서 막둥이인 우리 4명은 모두가 교반총무라는 심부름꾼이 되어야 했다. 계급이 낮으니 교관들과 접촉할 수 있는 기회도 없었다. 교관들은 모두 선배들이기 때문에 선배기수들은 교관들과 접촉을 하면서 시험경향도 들을 수 있었다. 그러나 우리 막둥이 4명은 오직 공부를 열심히 하는 것 밖에는 도리가 없었다.

밤을 새우면서 공부를 하고 휴일에도 도서관에서 주로 시간을 보냈다. 시험은 8시간 연속해서 보았다. 지도를 내어주고 사단 및 군단 작전계획을 만들어 내라는 문제가 부여되었다. 적정을 분석하고 적과 싸워 이기기 위해서 아군이 작전을 어떻게 할 것인가를 도상계획으로 풀어내는 문제였다. 화장실에도 가지 못하고 8시간 동안 시험을 보고 나면 거의 실신할 정도가 되었다.

당시 육군대학에서 공부를 하다가 목숨까지 잃는 학생들도 있었다. 옆집에 살고 있는 장교가 시험공부를 하다가 책상에 엎드린 채 싸늘한 시체로 변했다. 감기가 든 상태인데도 다음날 시험공부를 하느라고 건강조절을 못했던 것이었다. 약을 과도하게 복용한 채로 무리하게 밤을 새우다가 생명을 잃은 것으로 진단이 나왔다

남편들이 공부하는데 아내의 내조는 대단히 중요한 요소 중의 하나였다. 공부를 하다 보면 밥맛이 떨어지고 소화가 잘 되지 않았다. 스트레스를 받게 되니 건강이 나빠질 수밖에 없었던 것이다. 그래서 군인가

족들은 진해시장에 나가 장어, 메기 등 고단백 생선을 사다가 남편에게 먹였다. 공부를 하는데 도움이 될 만한 것이라면 산 넘어 마산까지 나가서 사가지고 오는 극성을 보였다.

천자봉 아래 도불장이라는 약수터가 있었다. 나는 매일 아침 거기에 올라가서 생수를 마시고 등산을 하는 것으로 건강관리를 했다. 산을 오르는 것 자체가 운동이 되고 아침 일찍 맑은 공기를 마시게 되니 정신까지 맑아지면서 공부에 많은 도움이 되었다. 약수터로 이어지는 이슬 젖은 오솔길은 낭만적이었다. 길가에는 개구리들이 도열을 하고 있다가 사람이 지나가면 일제히 길옆으로 흩어졌다.

새벽 등산으로 건강관리를 하면서 전략 전술 공부에 열중하게 되니 나의 학교 성적은 항상 좋은 결과가 나왔다. 우등으로 육군대학을 수료했던 것이다. 내가 입학할 때 수석으로 들어왔기 때문에 졸업할 때에도 좋은 성적을 내야 하겠다는 책임감이 우등이라는 영예를 가질 수 있게 했다. 우리 4명의 동기생에 이어 다음해부터는 많은 동기생들이 뒤를 따랐다.

1976년 7월 19일 육군대학을 졸업한 나는 의정부에 있는 한미1군단으로 배치를 받았다. 이때부터는 고급장교로서 전략 전술에 대한 자신감이 충만해 있었다. 당장 국방장관, 참모총장을 맡겨 주어도 해 낼 수 있을 것 같은 느낌이 들었다. 육군대학에서의 좋은 성적은 나중에 미국 지휘참모대학에 가는데도 도움이 되었다는 것은 말할 필요도 없다.

## 2. 한미1군단 작전장교와 8·18도끼 만행사건

한미1군단 작전장교로 보직을 받은 나는 작전계획 5027에 대한 서부전선방어계획을 작성하는 주무장교가 되었다. 이때 있었던 것이 8·18도끼만행사건이었다. 1976년 8월 18일 오전 10시 30분경 판문점 공동경비구역에서 15명의 경비병과 노무자들이 남측초소의 시야를 가리는 미루나무가지를 자르고 있었다. 북한군 장교 박철이 부하들을 데리고 오더니 가지치기를 중단하라고 했다. 미군장교 아서 보니파스 대위는 이를 묵살하고 작업을 계속하라고 지시했다. 그는 웨스트포인트 미육사 출신으로 1년 기한의 한국근무를 3일 남겨두고 있었다.

박철이 북한병력을 불렀다. 30여 명의 북한군이 트럭을 타고 왔다. 손에는 쇠몽둥이와 도끼를 들고 있었다. 이들은 가지치기를 하던 노무자들을 에워쌌다. 박철은 다시 작업 중단을 요구했다. 보니파스 대위가 이를 무시하고 등을 돌리는 순간 박철은 손목시계를 풀어 손수건으로 싸서 호주머니에 넣었다. 그는 "죽여!"라고 고함치면서 보니파스 대위의 목을 손으로 쳐 쓰러뜨렸다.

동시에 북한군 병사들은 유엔군 경비병과 노무자들을 덮쳤다. 보니파스 대위는 몽둥이와 도끼에 맞아 현장에서 즉사했다. 옆에 있던 미군장교 마크 바렛 중위도 현장을 수습하는 과정에 도끼에 맞아 죽었다.

한국군 장교 1명과 병사 4명, 미군병사 4명이 부상을 입었다. 유엔군 기동타격대가 도착했을 때는 북한군이 군사분계선을 넘어간 후였다.

이 뉴스가 워싱턴으로 전해졌을 때 제럴드 포드 대통령은 캔사스시티에서 대통령 후보를 뽑는 공화당 전당대회에 참석하고 있었다. 그는 로널드 레이건으로부터 공산당에 대해 너무 무르다는 비판을 받고 있었다. 워싱턴에서 국가안전보장회의가 열렸다. 긴급 안전보장회의에서는 먼저 한국으로 추가적인 병력을 집결시키기로 했다. 오키나와 기지로부터 팬텀 편대를 한국으로 이동시키고, 아이다호주에 있던 F-111 전폭기를 한국으로 보내기로 했다. 괌에 있는 B-52 전략폭격기를 휴전선 상공까지 보내는 한편 일본에 있던 미드웨이 항공모함 전대를 동해로 이동시키기로 했다.

북한은 자신들이 저지른 무모한 짓의 심각성에 놀라 먼저 전투준비태세에 들어갔다. 평양에선 등화관제가 실시되고 요인들은 지하 방공호로 들어갔다. 전 전선에서 북한군은 임전태세를 갖추었다. 한국군과 주한미군은 경계태세를 데프콘3(Defcon III)으로 높이고 비상태세에 돌입했다.

1976년 8월 20일, 스틸웰 유엔군사령관이 청와대로 와서 11:00시부터 45분간 박정희대통령에게 보복계획을 보고했다. "아군이 공동경비구역으로 들어가서 문제의 미루나무를 잘라 버린다. 만약 이때 북한군이 대응공격을 한다면 우리도 즉각 무력으로 대응하여 휴전선을 넘어 개성을 탈환하고 연백평야 깊숙이 진격하여 수도 서울에 대한 서부전선의 근접성을 해결한다."고 보고했다.

이와 같은 보고를 받은 박정희 대통령은 "군사작전은 미루나무 절단에 한정하고 북한이 확전할 때만 우리도 확전해야 한다. 그리고 공동경비구역이 미군 관할이라고 해서 우리가 가만있을 수 없다. 미군 지휘관을 제외하고 절단작업, 경호, 근접지원 등 제1선 임무는 한국군이 맡고 미군은 제2선을 맡도록 해야 한다."라고 했다.3

이와 같은 전략지침에 따라 한미1군단 작전기획업무를 맡는 나는 구체적인 작전계획작성에 들어갔다. 한국군 제1공수여단을 투입해서 미루나무를 절단한다는 세부계획을 수립했다. 작전이 시행되는 동안 제1사단을 전진배치해서 만약의 사태에 대비하도록 했다. 공군전투기와 폭격기는 공중에 대기하도록 했다. 미7함대도 서해상에서 사격태세를 갖추도록 했다.

1976년 8월 21일 04:00시경 미2사단 내 체육관에 한국 공수부대원으로 구성된 특공대원 64명이 출동을 기다리고 있었다. 특공병력은 제1공수여단에서 선발된 최정예 병사들이었다. 이들에게 무기를 숨겨 가라고 지시했다. 방탄조끼를 입고 계급장이 없는 철모를 쓴 특공대원들은 몽둥이(곡괭이 자루)만을 든 채 트럭 3대에 나누어 탔다. 호신용으로 방탄조끼 안에는 권총과 수류탄이 숨겨져 있었다. 무장을 하는 것은 공동경비구역 내의 규정에 위반되는 것이기 때문이었다.

---

3 박희도, 『돌아오지않는 다리에 서다』(서울:샘터, 1988), pp.103~105.

특공대 병력이 공동경비구역으로 가는 전진 기지인 키티호크 캠프(후에 8·18 도끼만행 사건으로 사망한 미군 대위의 이름을 따 보니파스 캠프로 바뀜)에 도착했다. 이날 07:00시 호송 차량 23대가 북한 측에 사전 통보없이 공동경비구역으로 진입했다. 공병대원 16명은 전기톱과 도끼로 미루나무를 베어내기 시작했다. 공동경비구역 안에 북한이 멋대로 설치한 두 개의 바리케이드도 철거했다. 한국 특공대가 이 작업을 엄호했다. 하늘에는 20대의 UH1H헬기와 7대의 코브라 공격용 헬기가 굉음을 내면서 선회 중이었다. 상공에서는 폭탄을 가득 실은 B-52전폭기 편대가 전투기의 엄호를 받으며 선회하고 있었다. 오산에서는 중무장한 F-111편대가 대기 중이었다. 해상엔 미드웨이 항공모함 전대가, 휴전선에서는 모든 병사들이 방아쇠를 만지고 있었다.[4]

이러한 작전을 총괄하기 위한 지휘본부가 내가 위치한 한미1군단 지하벙커 작전상황실에 설치되었다. 나는 이러한 시나리오에 따라 모든 전투요소들을 관장하면서 미루나무가 성공적으로 절단되기를 기원하고 있었다. 07:22분 미루나무를 한창 전기톱으로 자르고 있는데 북한군 장병 200여 명이 돌아오지 않은 다리 방향으로 오고 있었다. 그러나 그들은 다리를 넘어오지 않고 사진만 찍으면서 07:42분 미루나무가 다 잘려 넘어질 때까지 바라보고만 있었다.

이때 북한 측 정전위원회 수석대표 한주경 소장이 김일성의 친서를

---

[4] 김상웅, 『한 권으로 보는 해방 후 정치사』(서울: 가람기획, 1999), pp.85~90.

전달하고자 유엔 측 수석대표에게 비밀회담을 요청했다. 김일성이 유엔군사령부에 편지를 쓴 것은 처음이었다. 그 내용은 유감표명이었다. 유엔군 측은 이를 사과로 받아들였다.

8·18도끼만행사건에 대한 마무리작전이 성공적으로 이루어진 것은 완벽한 한미연합작전 덕분이었다. 특히 한미1군단이 작성한 한미작전요소의 효율적인 통합은 어떠한 도발에도 성공적인 작전을 할 수 있다는 교훈을 남겼다. 이 작전이 끝난 뒤 한미공동작전을 위한 지휘체제의 필요성이 제기되었다. 이때부터 한미연합사령부 설치를 위한 협의가 본격적으로 진행되어 1978년 11월 7일에 한미연합군사령부가 용산에 창설되었던 것이다.

## 3. 미국 육군지휘참모대학 유학

한미1군단에서 미군들과 함께 근무하면서 익힌 영어와 육군대학을 우등으로 졸업한 경력은 내가 미국 지휘참모대학에 들어갈 수 있는 바탕이 되었다. 미국지휘참모대학은 미국의 육군대학이다. 여기를 졸업하면 군생활을 하는데 유리한 고지에 설수 있기 때문에 경쟁이 치열했다. 많은 경쟁자를 물리치고 합격한 나는 1977년 6월 27일 생전 처음으로 미국을 가게 되었다. 김포공항에서 아내와 수진이 그리고 장모의 환송을 받으면서 미국행 유학길에 올랐다. 나와 함께 간 장교들은 육사 동기생인 강승길 소령, 노동준 소령, 육사 24기인 김만택 소령 그리고 해병대 신중철 중령이었다.

미국 캔사스(Kansas)주 Fort Leavenworth에 있는 육군 지휘참모대학(U.S. Army Command and General Staff College)은 미국 육군과 함께 오랜 전통과 역사를 가진 명성 있는 학교로 이름이 나 있다. 이 학교는 미국에서도 선발된 장교들만이 입교를 할 수 있기 때문에 이 교육에 선발된 미군장교들은 "The Best Year of my life"라고 한다.

미국 지휘참모대학에서의 워게임 실습 (왼쪽부터 Ron Green, Emanuel Sakal, 필자)

세계 각국의 지도자들이 이 학교를 거쳐 나왔다. 우리나라도 군 주요지휘관들은 이 학교를 졸업하였기 때문에 직업군인이라면 누구나 한

번 다녀보고 싶은 학교로 알려져 있다.

우리가 들어간 1977년도에는 세계 각국에서 선발된 100여 명의 외국 장교들과 1,000명이 넘는 미군장교들이 함께 공부를 했다. 1개 반 (Section)에 56명으로 편성되어 모두 22개 반 1,232명의 장교들이 수업을 받았다. 나는 14반(Section)이었는데, Emanuel Sakal 이스라엘 대령, Alberto Moreno 니카라과 중령, Bjarne Hesselberg 덴마크 소령, Jaouadi Abdelaziz 튜니시아 소령 등이 미군장교들 속에 함께 편성이 되었다.

스폰서 가족들과 피크닉을 하고 있는 필자

외국장교들에게는 미군장교들과 민간인으로 구성된 스폰서가 배당되었다. 나의 스폰서는 R.C Ragland라는 미군 항공중령과 캔사스 시티에 살고 있는 기업가이었다. Ragland 중령의 부인은 한국사람이었으며, 딸만 6명을 둔 금실 좋은 부부였다. 여러 해에 걸쳐 한국장교들을 스폰서하고 있었던 그는 나를 자기 집에 데리고 가서 가족들을 소개시켜 주었다. 한국부인 사이에 태어난 6명의 딸들은 모두 한국에 관심이 많았으며 화목한 분위기 속에서 행복한 생활을 하고 있었다.

폭스바겐 옆에 서있는 필자와 강승길 소령

스폰서의 도움을 받아 제일먼저 차량을 구입했다. 미국에서는 우리나라와 달리 차가 없으면 꼼짝도 할 수 없다. 학교 안에서도 차량으로 움직여야 하는 넓은 교정이었기 때문에 학과출장을 할 때에도 차를 타고 가야 했다. 돈이 없었기 때문에 새 차를 사지 못하고 독일제 중고 폭스바겐을 구입했다. 강승길 소령도 나와 함께 차를 사용하자고 제안하여 우리들은 딱정벌레 모양을 한 노랑색의 폭스바겐을 사서 교육이 끝날 때까지 잘 이용했다.

학교 내에는 18홀 규모의 정규골프장이 있었다. 오랜 전통을 가진

학교이기 때문에 큰 나무들로 둘러싸인 골프코스는 필드만 바라보아도 가슴이 확 트였다. 여기서 Ragland 부인은 나에게 골프를 가르쳐 주었다. 한국에서 육군대학을 이미 졸업하고 갔기 때문에 비슷한 과목으로 짜여 있는 미국지휘참모대학에서의 공부는 나에게 부담이 되지 않았다. 공부를 하면서도 취

미국 지휘참모대학 골프장

미생활을 할 수 있는 여유가 있었다. 중고 골프채를 구입해서 학과가 끝나면 골프장에 나가 처음으로 골프를 배웠다. 친절한 스폰서 부인 덕분에 다른 사람들보다 일찍 골프를 시작할 수 있었던 것이다. 그러나 프로한테 정식으로 레슨을 받지 못하고 필드에서 운동을 하면서 교정을 받았기 때문에 현지임관 격인 골프 폼을 다시 바로 잡는데 오랜 시간이 걸렸다.

당시에는 한국이 너무나 가난하여 외국에 유학을 보내면 돌아오지 않고 그 나라에 눌러앉아 버리는 경우가 많았다. 이러한 문제를 방지하기 위해 국방부에서 가족을 인질로 잡아놓고 외국에는 혼자 가도록 했다. 미 지휘참모대학에서 모든 외국장교들이 가족을 데리고 오는데 우

리들만 고국에 가족을 떼어 놓고 오게 되어 아쉬움이 많았다.

무엇보다 어려운 것은 식사문제였다. BOQ생활을 하게 되니 식사는 항상 아래층에 있는 장교식당에서 양식으로 했다. 한식이 먹고 싶어 슈퍼에 가서 쌀, 고기, 야채 등을 구입해서 BOQ에서 밥을 해먹었다. 옆방의 중국장교 수아이(Hua Ming Shuai) 중령이 요리방법을 가르쳐주었다. 중국에는 남성들이 요리를 하는 경우가 많기 때문에 중국장교의 요리솜씨가 보통이 아니었다. 미국사람들이 잘 먹지 않아 비교적 가격이 싼 소뼈를 구입해서 사골국물을 만든 후 야채와 고기를 넣어 만드는 요리였다. 나도 최고의 요리사가 된 기분이었다.

미 지휘참모대학 BOQ 생활

요리를 해먹는데 김치생각이 많이 났다. 한국에 있는 아내에게 편지를 해서 김치 만드는 방법을 배웠다. 편지에 적힌 설명대로 배추를 소금에 절여두고 학과출장을 했다. 수업이 끝나고 돌아와서 절여져 있는 배추에 양념을 넣고 김치를 만들었는데 결과는 배추가 삶은 것 같이 되어 짜고 써서 먹을 수가 없었다. 너무 오랫동안 배추를 소금에 절여 배추가 녹아버렸던 것이다. 요리 중에 김치 담그는 것이 가장 어렵구나 생각하고 먹고 싶었던 김치는 포기할 수밖에 없었다.

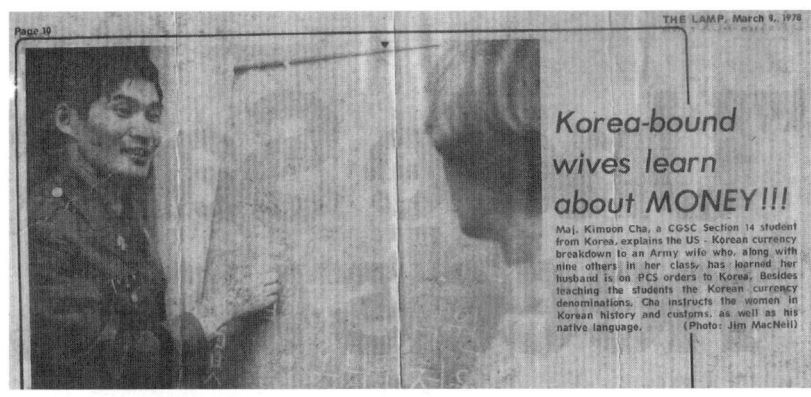

필자의 한국학 강의내용이 미국현지 신문에 보도됨

비교적 학교 수업에 여유가 생긴 나는 한국의 발전상을 미국사람들에게 소개하는 시간을 가질 수 있었다. 캔사스시티에 있는 로타리클럽 등에 가서 한국과 관련된 강연을 하였다. 미군 및 동맹국 장교 그리고 그 가족들에게 한국어 강좌를 비롯하여 한국학 강의를 개설하여 큰 인기를 얻기도 했다.

같은 반에 있었던 이스라엘 기갑대령 에마누엘 사갈(Emanuel Sakal)로 부터 "항재전장"의 군인정신을 인상 깊게 받았다. 그들은 근무복, 예복, 정복 등의 개념이 없고 오직 전투복 하나뿐이었다. 수업시간에도 전투복, 파티에 나갈 때도 전투복, 휴일에도 전투복이었다. 모든 사고와 행동은 오직 전투와 직결되는 행동이었다. 그는 수업시간에 중동전에서 경험한 전술을 전체학생들 앞에서 소개했는데 실전적인 계획 작성과 시행에 우리 모두는 큰 박수를 보냈다.

일본 Kuroyanagi 중령과 필자

나와 특히 친했던 외국장교로는 구로야나끼(Kuroyanagi Teruhisa) 일본 중령이었다. 가족과 함께 온 그는 외롭게 BOQ생활을 하는 나를 그의 집에 자주 초대했다. 캔사스와 미조리시티에 나갈 때도 차를 함께 타고 동북아 정세에 대한 토론을 하면서 친분을 두텁게 쌓았다. 졸업 후에도 일본과 한국을 상호 방문하면서 우리들은 깊은 우정을 지속했다. 일본은 국가차원보다 개인적이고 인간적으로 더욱 친근감을 느낄 수 있는 상대라고 생각이 되었다.

어린이들과 할로인 축제에 참가하고 있는 필자

미국은 할로인 행사로 시작하여 연말 축제분위기에 들어가고 있다. 할로인은 빈 호박 속에 촛불을 넣어서 집 앞에 놓아두면 하얀 귀신복장을 한 사람들이 캔디를 들고 집집마다 다니면서 어린아이들에게 나누어 주는 풍습이다.

할로인 축제가 끝나면 곧 추수감사절이 연결된다. 11월 넷째주 목요일부터 추수감사절 연휴가 계속되기 때문에 많은 사람들이 휴가분위기에 들떠 있다. 추수감사절에 이어 크리스마스, 새해 등 일련의 축제분위기 속에서 미국사람들은 생활의 활기를 찾고 있다. 연휴기간 동안 많은 사람들은 친지를 만나고 여행을 하면서 멀리 떨어져 있는 사람들을 만나 정담을 나눈다. 이러한 연휴기간 동안 나도 여행을 할 수 있는 기회를 가졌다. Washington DC, Miami, Denver, Las Vegas 등 미 국내는 물론이고, Mexico, Canada 등지를 여행하면서 새로운 세계를 접할 수 있었다.

1977년 11월 4일부터 11월 13일까지 노동준 소령, 인도네시아에서 온 샤리프 중령과 함께 Mexico를 여행했다. Mexico 사람들은 우리를 친절하게 대해주었다. 물가도 싸고 역사적인 고적지도 둘러볼 수 있어 Mexico 여행은 오랫동안 기억에 남았다. 특히 Mexico 무관 허중일 대령의 안내를 받아 Mexico를 자세하게 두루 관광할 수 있었다.

크리스마스 연휴기간에는 St. Louis, Atlanta, Florida Orlando 지역을 여행했다. 한겨울인데도 Miami비치에서 수영을 할 수 있었다. 미국은 여름에는 Alaska지역에서 눈을 볼 수 있고, 겨울에는 Miami에서 바다수영을 할 수 있는 큰 나라라는 것을 실감했다. Orlando에서 디즈니월드를 보고, John F. Kennedy 우주센터를 방문하여 미국의 거대한 우주개발 장면을 눈으로 체험했다. New Orleans, Houston, Dallas, Oklahoma를 거쳐 남부지역을 두루 여행하면서 미국의 저력을 다시 한 번 확인할 수 있었다.

1978년 5월에는 Washington DC와 뉴욕을 거쳐 캐나다까지 돌아보았다. Washington DC에서 스미소니안, 백악관, 미의회 등을 시찰하고 미국 무관으로 있는 박노영장군의 초대를 받아 한미관계에 대한 현안에 대해서 브리핑을 받았다. 이어서 북부로 이동하여 거대한 나이아가라 폭포의 장관을 보고 Chicago, Pittsburgh까지 둘러보면서 미국문화를 피부로 이해하는 기회를 가졌다.

나이아가라 폭포

미국 지휘참모대학 졸업식

    교육을 마치고 귀국하는 길에 마지막 남은 미국서부지역을 둘러보았다. 콜로라도 스프링필드에서 미국 공군사관학교를 방문했다. 학교 소개를 받은 후 주위에 있는 인디언 유적지를 답사하면서 서부개척시대의 Frontier정신을 체험할 수 있었다. Las Vegas를 거쳐 Los Angeles에 도착한 후 허리우드와 유니버셜 스트디오(Universal Studio)를 방문했다. 어릴 때 좋아했던 서부영화 제작 장면을 보면서 동심으로 돌아가기도 했다. 여행을 할 때는 미군기지 내에 있는 Guest House를 이용할 수 있어서 비교적 저렴한 비용으로 미국 전역을 둘러보았다.
    한국에 돌아와서 귀국보고를 육군참모총장이 참석하는 전체 장군참모회의에서 내가 했다. 미 육군의 신교리를 우리 한국 환경에 맞게 적용한 전술계획을 설명하니 육군본부 전 장군들이 박수를 보냈다. 회의가 끝나고 참모총장이 자기방으로 나를 불렀다. 내가 보고한 내용을 전 한국군부대에 순회를 하면서 직접 교육을 시키라는 것이었다. 교육용 슬라이드로 보강하여 군단급 부대를 다니면서 1개월간 육군 전장병들을 대상으로 교육을 하니 엄청난 반응을 보였다. 앞으로의 전쟁양상은 고정된 전선에서 싸우는 것이 아니라 기동성 있는 예비전력을 최대로 활용하여 신속하게 위험지역으로 투입해야 한다는 개념을 강조했다. 새로운 개념의 전술을 전군에 소개함으로써 나의 명성이 널리 알려지게 되었다. 내가 발표한 새로운 교리는 즉각 예하부대의 작전계획 5027 작성에 반영되어 한국군의 방어력 증강에 큰 공헌을 했던 것이다.

## 4. 워게임장교와 중령진급

미국 육군지휘참모대학을 졸업한 후에 받은 보직은 의정부에 위치하고 있었던 한미야전사령부이었다. 원래 외국지휘참모대학을 졸업하면 새로운 교리를 전파하기 위하여 육군대학 교관으로 보직이 되는 것이 원칙이다. 그러나 한미야전사령부에서 영어를 할 수 있는 연합작전요원이 필요하다는 강력한 요청에 의하여 한미야전사령부로 가게 된 것이었다.

한미야전사령부는 월남전이 끝나고 한국군이 철수하면서 제3야전군 사령부가 창설되면서 탄생된 부대이었다. 한미1군단을 모체로 하여 한국군 제1·5·6군단과 미2사단 등을 작전통제하기 위하여 창설되었다. 사령부는 한국군과 미군으로 구성된 연합부대로서 시설관리는 미군이 맡고 있었다. 식사는 미군이 운영하는 식당에서 양식을 했고 국방부에서 한국군 장교들이 먹은 식사대를 결산해 주었다. 양식을 먹게 되니까 김치생각이 많이 났다. 어떤 사람은 식사를 한 후에는 바로 BOQ로 달려가 냉장고에 따로 보관하고 있는 김치를 한입 먹고 나오는 장면도 볼 수 있었다.

미군이 사령관을 하고 있었지만 밑에 있는 참모들은 한국군이 더 많이 구성되었다. 한미야전사령부에서는 First Battle이라는 워게임 모델을 가지고 과학적인 방법으로 작전계획을 수립하고 있었다. First Battle은 미국 육군지휘참모대학에서 개발한 모델이었다. 미국 지휘참모대학을 졸업한 나를 워게임 실장으로 임명하여 한국군에게 워게임을 보급하도록 했던 것이다.

전군에 있는 주요 지휘관 및 참모들을 모아놓고 실전과 같은 워게임 시범을 보이면서 한국군 전 부대에 신교리를 보급했다. 한국의 주방어지역은 서부전선에 몰려있다. 개성-문산축선과 철원축선은 6·25 한국전쟁 시에도 북한군의 주력부대가 공격을 했기 때문에 이 축선이 가장 위협적인 공격루트로 예상되었다. 한미야전사령부에서는 이 축선에 대한 대비를 워게임을 통하여 구체적으로 수립했다.

  소령에서 중령으로 진급할 시기가 되었다. 진급대상자들은 모두 긴장을 하고 있었다. 아무리 경력이 좋다 하더라도 부대 진급추천서열이 좋아야 하기 때문에 치열한 진급경쟁에서 누가 부대서열을 잘 받느냐가 주요 관심사였다. 부대 내에서는 경력으로 보나 업무능력으로 보나 내가 1번을 받아야 한다는 여론이 지배적이었다. 그러나 한국군 지휘관이었던 부사령관은 곧 전역이 임박한 고참소령인 그의 비서실장을 1번으로 주었다. 너무나 비합리적인 조치였기 때문에 인사참모가 항의를 하면서 문제를 제기하기에 이르렀다. 이러한 문제가 여러 사람들에게까지 알려지게 되니 당시 제1사단장을 하고 있던 전두환 소장과 인사운영감을 하고 있던 박준병 준장이 해결책을 내어놓았다. 한국군의 교리를 선진국 수준으로 올리고 워게임으로 한국방어계획을 실전성있게 작성하게 한 차기문 소령을 진급에서 누락시켜서는 아니 된다는 것이었다.

  이러한 사실은 참모총장을 비롯하여 전 장군들이 알고 있는 바였기 때문에 특별케이스로 진급심사위원들에게 가산점을 부여하도록 하여 진급자 명단에 오르게 했던 것이다. 결국 한미야전사령부 비서실장과 나를 모두 진급시킨 것이었다. 이러한 상황을 나중에 간접적으로 전해 들으면서 우리 육군의 진급제도가 살아있구나 하는 생각을 했다. 소신과 믿음에 따라 일을 하면 결과는 하나님이 내려주는 것이라고 믿게 되었다.

　그 후 김재명 장군이 새로운 한미야전사령부 한국군지휘관으로 부임해 왔다. 김장군과는 한미연합기획참모단에서 함께 근무한 경험이 있기 때문에 그와 나는 코드가 잘 맞는 관계였다. 그는 국가관이 투철하고 한국방위는 한국군이 주도적으로 역할을 해야 한다는 확고한 신념을 가지고 있었다. 작전계획 5027를 작성하는 주무장교인 나는 소령계급이었지만 미군 고급장교들과 토론하면서 한국 측의 의도가 모든 작전계획에 반영되도록 총대를 메었다. 이러한 소문은 한국군 전체에까지 퍼지게 되어 많은 사람들의 지원을 받으면서 한국군이 의도하는 데로 한강이북에서 북한군의 공격을 저지하는 전방방어개념을 관철시켰던 것이다.

## 5. 대대장 임명과 공수훈련

　성공적인 한미야전사령부 워게임 및 작전계획과장 임무를 마치고 대대장으로 나가게 되었다. 마침 나의 후임으로 육사21기 김동신 중령(후에 국방장관이 됨)이 보직되었기 때문에 나에게는 대대장을 나가기 전에 1개월간이라는 여유기간이 있었다.
　우리들 세대에서는 공수훈련을 받을 기회가 쉽지 않았다. 앞에서 언

급한 바 있지만 소위 때 공수훈련을 자진해서 받기 위해 소대장을 하고 있던 제2사단 제17연대에서 공수훈련을 지원했다. 원주에 있는 제1군사령부 연병장까지 가서 체력검정에 통과되어 특전사 공수교육대 명령을 받고 입교일자만 기다리고 있는데 파월명령이 나서 공수훈련을 받을 기회를 노치고 말았던 것이다.

항상 기회만 있으면 공수훈련을 꼭 받아야겠다고 마음먹고 있었지만 좀처럼 기회가 주어지지 않았다. 월남전 이후 공수훈련은 특전사령부에 근무하는 장병들에게만 기회가 주어지고 일반 장병들에게는 공수교육대에 입교할 수 있는 기회가 없었다.

한미야전사령부 부사령관 김재명 장군의 허락을 받아 대대장으로 부임하기 전까지 휴가를 내어 공수훈련을 받기로 했다. 서울 거여동에 있는 특전사령부 교육단을 찾아가서 단장실로 무조건 들어갔다. 당시 교육단장이 누구인지도 모르면서 찾아갔던 것이다. 교육단장은 육사18기 조남풍 대령이었는데 처음 보는 얼굴이었지만 인자하고 근엄한 모습이었다.

『단장님! 제가 휴가를 받아서 공수훈련을 받으려고 하는데 좀 받아주십시오.』

『모두가 고생스러운 훈련을 기피하는데 고급장교가 어떻게 휴가를 내어서 힘든 훈련을 받으려고 하느냐?』

『오래 전부터 훈련을 받고 싶었지만 기회가 주어지지 않아 공수훈련을 못 받았습니다. 군인이라면 공수훈련은 꼭 받아야 된다고 생각되어 이렇게 직접 찾아왔습니다. 꼭 기회를 좀 주십시오.』

『공수훈련은 육군본부의 명령이 있어야 하기 때문에 육본에 가서 허락을 받아오면 받도록 해주겠다.』라고 했다.

육군본부로 가서 작전참모부 교육훈련처를 찾았다. 교육훈련처 훈련담당 장교를 만나니 그 사람은 육사19기 김형선 중령이었다. 육군대학에서 같이 공부를 했던 김중령이 특별케이스로 훈련을 받을 수 있게 해주었다. 모두들 힘든 공수훈련을 받지 않겠다고 하는데 고급장교가 늦게 공수훈련을 받겠다고 하니 이상하게 생각하면서도 공문처리를 해주었다. 그러나 시간이 없기 때문에 장교들이 훈련을 받는 기수에 편성을 할 수 없고 특전사에 배치되는 병사들과 같이 편성을 해 주겠다고 하면서 공수훈련 제192기로 들어가라고 했다.

논산훈련소에서 선발되어온 건장한 신병들과 함께 입교를 하여 4주간의 고된 훈련이 계속되는데 훈련기간 중 몇 번이나 포기하고 싶은 충동을 받기도 했다. 접지훈련을 받을 시 허벅지에는 멍이 시퍼렇게 들고, 송풍훈련과정에서는 온몸에 멍투성이였다. 중령까지 된 나이에 이러한 강한 육체적인 공수훈련을 받는 것이 무리임에 틀림없었다. 계급장도 띤 채 이등병들과 함께 땀내음을 맡으면서 내무생활을 같이 하고 매일 구보를 하는 동안 그들과도 깊은 전우애를 느끼게 되었다.

조교들은 나를 더욱 가혹하게 훈련을 반복해서 시켰다. 나이가 많을 수록 지상기초훈련을 튼튼히 해야 실제 강하 시 뼈가 부러지지 않는다는 논리였다. 땀이 온몸을 적시고 휴식시간에 수도꼭지에 입을 대고 있으면 한없이 물이 몸속으로 들어갔다.

당시 공수훈련 교육대에 동기생 김명세 소령과 처4촌 오빠 김진황 대위(육사28기)가 보직되어 있었다. 그들이 위에 있었지만 하사들로 구성된 조교들은 인정사정 보지 않았다. 김소령과 김대위가 한번씩 나를 찾아오면 그 면회시간이 유일한 훈련제외 시간이었다. 구세주 같았던 그들이 면회 올 시간만 기다리고 있었다. 3주간의 지상훈련이 끝나고 4주차에는 비행기를 타고 낙하산 강하시간이 되었다. 미사리 모래사장에서 낙하를 하는 1979년 6월 1일이 온 것이었다.

1번 올빼미로서 첫 번째 낙하를 하는 순간 집에서 차정석이가 이 세상에 태어났다는 소식이 왔다. 그래서 정석이는 군을 누구보다도 천직으로 생각하고 있는지도 모른다. 아들을 낳으면 가문의 돌림자를 넣어 이름을 지어야 하는 규율 때문에 태어난 아이의 이름도 집안의 족보에 따라 지어야 했다. 차씨 집안의 정석이 항렬에는 석(錫)자를 넣어야 했다. 같은 항렬 간에 중복되는 이름이 되어서도 아니 되므로 대구 종갓집에 부탁을 해서 보내온 것이 정석(政錫)이었다. 나도 마음에 들고 하여 아들의 이름을 정석으로 지었다. 아들이 태어났다는 소식을 듣고도 훈련 중이었기 때문에 산부인과병원에 가보지도 못하여 아내에게 미안했다. 전화로만 치하인사를 하고 다시 훈련에 임하니 하늘을 나는 듯이 기쁘고 피로가 싹 가시면서 더욱 힘이 솟았다.

모두 4회의 낙하산 강하를 성공적으로 해야만 공수휘장을 수여했다. 3번째 강하를 하는 날에 비가 억수로 쏟아졌다. 한강물이 모래사장을 뒤덮고 미사리 낙하훈련장은 황톳물로 가득했다. 불가피하게 예비훈련장인 남성대(그 후 골프장으로 변함)에서 강하를 했다. 훈련하는 사람들 중에 내가 가장 높은 계급이었기 때문에 제일 먼저 비행기에서 뛰어내렸다. 낙하를 하는데 바람이 강하게 불어 종합행정학교 정자나무에 나의 낙하산이 걸려버렸다. 오랫동안 나무에 매달려있으니 조교가 와서 칼로 낙하산 줄을 끊고 나를 무사히 땅에 내려주었다. 실전에서 교회 십자가에도 떨어지고 돼지우리에도 공수병들이 떨어지는 장면이 생각났다. 4회에 걸친 강하훈련이 끝나고 공수훈련 휘장을 달았다. 훈련 중에는 몇 번이나 공수훈련에 들어온 것을 후회하였지만 훈련이 끝나게 되니 하늘을 나는 듯한 기쁨을 감출 수 없었다.

훈련이 끝나고 대대장으로 명령이 났다. 최초에는 제1사단 보병대대장으로 분류되었지만 제9사단 수색대대장으로 수정되어 명령이 내려왔다. 공수훈련까지 스스로 받은 나였기 때문에 새로 창설되는 제9사단 수색대대장으로 변경이 되었던 것이다. 당시 제1사단장은 전두환 장군(후에 제5공화국 대통령)이었고 제9사단장은 노태우 장군(후에 제6공화국대통령)이었는데 두 사람이 상의해서 나를 제9사단 수색대대장으로 명령을 내었던 것이다.

## 6. 제9사단 창설대대장으로

1979년 11월 28일 제9보병사단 수색대대장으로 부임을 했다. 노태우 사단장 주관 하에 성대한 대대 창설식과 대대장 취임식이 일산 대대연병장에서 거행되었다. 대륜 동창들을 비롯하여 육사동기 선배 후배들이 단체로 참가하였고, 장인 김선규 장군을 비롯한 많은 가족들이 축하를 해주었다.

제9사단 수색대대 창설식 (왼쪽부터 행사지휘자, 노태우 장군, 필자)

새로 창설되는 수색대대는 일산 벌판에 건물을 짓고 각 부대에서 병사들을 차출하여 대대를 구성했다. 창설되는 부대는 신병들로만 편성되는 것이 아니라 각 부대에서 기성병사들을 차출해서 구성한다. 신병들만으로 편성하면 동시에 병사들이 제대를 할 뿐만 아니라 부대 전투력의 균형이 유지되지 못하기 때문이다. 그래서 각 부대에서 계급별로 골고루 차출하여 새로운 부대를 편성했던 것이다.

그런데 각 부대에서는 좋은 병사를 차출해 주는 것이 아니라 그 부대에서 가장 골치 아픈 문제병사들만 보내주었다. 그렇기 때문에 우리 수색대대는 병사들의 질이 좋지 않았다. 또 대대 생활관 건물을 짓는 장소가 공동묘지였기 때문에 굴삭기로 땅을 파면 주인 없는 유골이 하얗게 드러났다. 건물이 완성되고 병사들이 잠을 자면서 귀신이 침상 밑에서 나타난다고 하면서 밖으로 뛰어나가는 심약한 병사들까지 있었다.

연병장은 성토를 한 지역이라 비만 오면 발이 푹푹 빠졌다. 봄이 되어 땅이 녹으면 더욱 오랫동안 질퍽거렸다. 병사들의 안마당인 연병장부터 정상화해야겠다고 생각했다. 배수시설을 다시 하고 자갈을 가져다가 연병장에 묻은 다음 그 위에 마사토를 덮었다. 그렇게 해서야 연병장다운 연병장이 만들어졌다.

이러한 어려움 속에서 최고의 전투력을 갖춘 부대로 만들기 위하여 대원들의 긍지와 자부심을 심어주는 것이 중요했다. 도끼를 배경으로 한 백마 마크를 만들어 가슴에 부착하도록 했다. 백마부대 수색대원으로서의 특색 있는 혹독한 훈련을 통하여 부대의 단결을 도모했다.

수색대대 간부들 (왼쪽에서 세 번째가 필자)

중대배치는 한강하구 박살선에 제1중대, 정발산에 제2중대, 제3중대는 대대와 함께 위치시켰다. 한강하구에 위치한 제방을 박살선이라고 불렀다. 대대장은 최전방에 나가 있는 제1중대 박살선 진지에서 주로 시간을 보내면서 대간첩작전을 진두지휘했다. 제1중대에서는 밀물을 따라 침투하는 적의 무장간첩을 사살하는 등 많은 전과를 올렸다.

문산쪽으로 접근하는 길이 1번도로 하나뿐이었다. 전술토의를 할 때면 한강하구를 따라 박살선 상에 고속도로를 만들면 한강하구 방어에도 도움이 되고 교통소통에도 많은 기여를 할 수 있을 것이라는 의견이 많이 나왔다. 이러한 의견에 따라 나중에 노태우 사단장은 대통령이 되어서 일산 신도시개발과 함께 한강하구를 통해 판문점까지 연결되는 자유로를 건설하게 된 것이다.

  강인한 훈련과 가족 같은 장병들의 부대사랑정신이 조기에 정착되어 부대창설 1년 만에 군단 선봉대대로 선발되었다. 1980년 6월 20일 전투준비태세 최우수대대, 1980년 8월 14일 전투검열 최우수부대, 1980년 9월 20일 부대지휘우수부대, 1980년 10월 21일 훈련최우수부대, 1980년 11월 20일 대대ATT 최우수대대로 표창을 받았다. 드디어 1980년 12월 28일에는 제1군단 선봉대대로 발탁되는 영광을 가지게 되었다.

사단 빙상경기대회에서 수색대대가 우승 (가운데 가죽잠바를 입고 선글라스를 쓴 사람이 필자)

  대대를 창설한지 1년 만에 군단 최고의 부대로 육성한 공적을 인정받아 위문과 사기앙양 대책이 줄을 잇고 있었다. 이러한 분위기 속에서 대대장은 장병들의 사기를 올리기 위하여 겨울에는 빙상대회, 여름에는 체육대회 등을 개최했다. 장병들의 체력단련과 사기양양에 노력한 결과 사단 및 군단 각종대회에서 1등을 함으로써 대대장병들의 사기는 하늘을 찌를 듯했다.

대대장 근무기간 아들 차정석은 돌을 맞이한 어린아이였다. 휴일이면 병사들이 정석이를 생활관과 식당으로 데리고 다니면서 군대밥을 먹이면서 함께 놀아주었다. 이러한 환경에서 자라난 정석이는 군인생활이 몸에 배어 군대관련 책을 읽으면서 군인의 길을 걷겠다고 다짐하고 있었다.

주일만 되면 신문구 사단군목이 전화를 했다. "대대장님! 오늘 교회에 꼭 나와야 합니다." 대대장취임 환영예배를 해주면서 성경책을 보내 준 이후 주일마다 전화를 하고 심방을 하면서 교회에 나오라고 끈질기게 독촉했다. 우리 집안과 처가는 오랫동안 불교를 믿어온 가문이었다. 나는 고등학교시절에 선교사로부터 영어를 배우기 위하여, 또 육사생도 때는 간식을 얻어먹기 위하여 교회에 나가본 일은 있었지만 신앙심이 없었다. 이러한 우리 부부를 사단군목은 타깃으로 삼은 것이었다. 새로 창설되는 부대였기 때문에 지휘관에 대한 선교가 황금어장을 얻는 것과 같다고 생각했던 것이다. 주일마다 들려오는 신문구 목사의 전화벨소리 때문에 아내와 나는 함께 교회에 나갔다. "나중에 된 자가 먼저 된다"라는 성경말씀대로 중령 때 시작한 늦은 신앙이 하나님에게로 더욱 가까이 가게 된 것이다.

교회에 다니면서 아내는 대대병사들에게 자상하고 친절한 어머니로 알려져 있었다. 추운 밤이면 커피를 끓여서 보초들에게 돌리고, 큰 훈련이 끝나고 나면 떡과 과일을 준비해서 병사들에게 나누어 주었다. 이를 본 심승종 군종병이 함께 따라다니며 보조를 해 주었다. 심승종 군종병은 전역을 한 후 목사가 되어 미국으로 가서 목회활동을 하고 있는데 지금까지도 우리 가족과 깊은 인연을 맺고 있다.

3중대에 근무하던 조용덕 소위가 결혼을 한다고 주례를 서달라고 했다. 처음에는 37세의 나이에 생전 처음으로 주례를 서게 되어 당황스럽기도 했다. 그러나 사랑하는 부하의 요청을 거절하지 못하고 정성스럽게 준비를 해서 훌륭한 주례를 섰다. 최초의 주례를 섰기 때문에 조용덕 소위와는 오랫동안 가족 간에 교류를 하면서 깊은 인간관계를 유지하고 있다.

## 7. 군 사조직 파동

내가 현역에 있을 때 군 내부에 하나회라는 사조직이 있었다. 육군사관학교 11기부터 36기까지 각 기에서 10명 내외의 엘리트장교들이 하나회라는 사조직을 만들었던 것이다. 이 조직에 가입된 장교들은 상호간에 형님 동생으로 호칭하면서 위에서 끌어주고 뒤에서 밀어주는 강력한 인간관계를 형성하고 있었다.

하나회의 뿌리를 보면 박정희 대통령으로 거슬러 올라간다. 육사11기 엘리트들이 박정희 대통령의 특별한 관심과 보호를 받게 되었고 이들을 중심으로 하나회가 싹트기 시작했다. 이 조직에 선발되는 사람들은 초급장교시절 주로 수도경비사령부(후에 수도방위사령부)에 근무하던 장교들이었다. 수도경비사령부 근무장교들이 주축이었기 때문에 주로 보병위주가 되었지만 포병도 1~2명 포함되었다. 헌병과 기무사는 장군 진출의 문이 좁기 때문에 대령 이후에는 동기 선후배간에 갈등이 우려됨으로 3개기에 1~2명 정도 편성이 되었다.

조직구성은 전체대표나 총 회장은 별도로 지정하지 않았고, 군에 실질적으로 영향력을 미칠 수 있는 최선임자 또는 핵심 보직자 즉 기무사령관 및 수경사령관을 주축으로 하여 적당한 간격으로 중간보스를 두어 조직을 관리했다. 각 기별회원은 이른바 성골이라 할 수 있는 핵심주류 3~4명과 진골이라고 할 수 있는 일반회원으로 편성되어 핵심주류는 수시로 의견교환이 가능한 수도권에 보직을 계속 받았고, 나머지는 변방에 보직이 되기도 했다.

조직을 운영하기 위해서는 자금이 필요한데 하나회는 회원으로부터 회비나 경조사 비용을 갹출하기보다는 각 기별로 친목모임을 할 때 스폰서를 끌어들이는 방법으로 운영했다. 이 기금은 회원의 진급, 영전, 지휘관 취임 등에 격려금 형식으로 쓰여졌다.

각 기별로 구성되어 있는 핵심주류 위주로 상하관계가 은밀히 이루어지면서 대선배로부터 말단 36기까지 통성명을 하고 지냈다. 비주류는 기수 차이가 많이 나는 선후배는 특별한 사안이 있어 접촉하기 전에는 서로 모르는 경우도 있었다.

보직과 진급은 핵심주류가 인사권을 쥐고 있는 육군본부 인사참모부장, 인사관리처장, 인사통제실장, 통제계장, 진급계장, 장군인사실장, 3군보임과장 등에 후배 하나회를 보직시켜 후배들에 대한 인사관리를 해주었다. 이러한 보직관리를 한 결과 중령에서 대령진급 시 29기까지는 전원이 1차 진급을 할 수 있었다. 하나회는 다른 선배들을 우습게 보는 경향이 있었다. 자기들 선배에게는 깍듯이 형님으로 모시지만 비하나회 선배한테는 안하무인격으로 대하는 경우도 있었다. 그래서 비하나회 선배들에게 하나회 후배는 부담이 되는 경우가 없지 않았다.[5]

하나회의 배타적 인사로 주요보직과 진급을 독점하여 자기들끼리만 단결하고 전체적인 군의 단결을 저해하며 위화감을 조성하는 부작용이 있다는 여론이 확산되었다. 이러한 부작용을 척결하기 위하여 김영삼 정부가 들어서고 나서 군의 사조직 척결에 칼날을 세웠던 것이다. 먼저 하나회는 은밀하게 조직된 집단이기 때문에 그 실체가 공식적으로 나타나지 않았다. 그러나 1993년 4월 2일 서울 동빙고 군인아파트에서 "하나회 명단 유포"사건이 일어나면서 이에 대한 공식적인 조사가 시작

---

5 조왕호, 『청소년을 위한 한국근대사』, 두리 미디어, 2006, pp.129~135.

되었다. 하나회 명단을 살포한 당사자인 백승도 대령이 1993년 4월 16일 육군본부 헌병감실에 자수를 함으로써 하나회에 대한 수사는 더욱 활기를 띠게 되었다.

육군본부 참모차장을 위원장으로 한 하나회 진상조사위원회가 군법무관 6명을 포함하여 구성되었다. 군 조사기관의 법률상 한계로 조사대상은 현역에 국한되었으며, 전역장성들의 진술청취 곤란으로 초기형성 배경규명이 곤란한 부분도 있었다. 그러나 입체적인 조사과정을 통하여 하나회의 실체를 확인한 문민정부는 군 사조직 척결을 위하여 군 통수권확립차원에서 대대적인 군인사를 단행하면서 하나회 조직은 완전히 와해되었다.

하나회 멤버들은 우수한 장교집단이었음에 틀림없다. 그러나 하나회에 가입하지 못했다고 해서 우수한 장교가 아니라는 논리는 맞지 않다. 비하나회 장교들 중에도 하나회 장교들보다 우수한 사람들이 있었다. 이들은 하나회 장교들보다 몇 배의 노력이 필요했고 뼈를 깎는 인내와 오뚝이 같은 불굴의 의지가 필요했다.

나는 수도경비사령부에 근무할 기회가 없었기 때문에 하나회와는 거리가 멀었다. 비 하나회인 내가 장군까지 1차로 올라갔다는 것은 참으로 어려운 일이었다. OAC, 육군대학, 미국지휘참모대학 등 각 보수교육에서 수석을 하고 근무평정이 전 계급에 걸쳐 "상"으로 되어있었던 덕분이었으며 하나님의 가호가 있었기 때문이었다.

## 8. 삼청교육대로 지정되다

　제5공화국이 출범되면서 사회정화를 명목으로 조직폭력배, 부랑아 등에게 교화를 시키기 위하여 삼청교육이 실시되었다. 우리 대대에게도 삼청교육을 시키라는 명령이 떨어졌다. 부대에 철조망이 들어오고 천막과 식기, 매트리스 등 교육실시를 위한 장비들이 속속 보급되었다.
　군의 특성상 예하부대는 상부의 지시에 따라 움직여야 한다. 만약 상급지시에 불응하게 되면 항명죄에 해당되는 것이다. 대대장으로서는 이 제도가 옳고 그름을 판단할 수 있는 위치가 아니다. 무조건 상부지시에만 따를 수밖에 없는 것이다.
　삼청교육을 위한 계엄사령관의 포고령이 내려왔다. 포고령이 선포되면서 1981년 1월까지 전국적으로 총 6만 755명이 체포되었다. 보안사령부, 중앙정보부, 헌병, 검찰, 경찰, 지역정화위원으로 구성된 심사위원회에서 이들을 A, B, C, D의 4등급으로 분류했다. A급은 조직 폭력배 수괴 및 중간간부, 상습폭력, 실형2범 이상, 흉기소지 강도, 절도, 밀수, 마약현행범 등이었다. B급은 조직 폭력배 행동대원, 상습도박, 사기꾼, 폭력우범자, 강도, 절도, 밀수, 마약재범 위험이 있는 전과자 등이었다. C급은 폭력사실이 경미하고 B급 중 정상이 참작된 자이었다. D급은 초범, 사안이 경미한 정상적인 학생 및 소년, 직업과 주소지가 일정해 개선 가능성이 뚜렷한 자들이었다.

A급 3,252명은 군법회의에 회부되었다. B, C급 39,786명은 4주 교육 후 6개월 동안 복역하게 한 다음 2주간 교육하여 훈계방면하였다. D급 17,717명은 경찰에서 훈계방면하였다. B급과 C급 판정이 내려진 사람들은 경찰서에서 무장 군경의 감시를 받으며 전, 후방의 26개 부대로 옮겨졌다.6 이 때 제9사단에 할당된 B, C급들을 우리 수색대대가 순화교육을 시켰다.

부대로 들어온 사람들에게 목욕을 시킨 후 훈련복으로 갈아입히는데 대부분 몸에 문신이 새겨져 있었다. 뱀, 여자나체, 흉기 등 가지각색의 문신이 혐오감을 더해주었다. 생식기에는 남성수술을 해서 이상한 물건을 부착한 사람도 있었다. 그러나 이들 중에는 사랑하는 가족을 두고 억울하게 입소한 사람도 있었다.

일단 엄격한 규율은 적용하되 인도적인 차원에서 이들을 대하기로 했다. 대대장이 직접 한 사람씩 면담을 실시하고 가족들에게 걱정을 하지 않도록 가정통신문을 보냈다. 군목, 신부, 군승으로 하여금 정신순화를 한 결과 종교에 귀의한 사람들도 많았다. 교육상태가 좋은 사람들은 특별면회도 시켰다. 면회객 중에는 이름 있는 탤런트, 영화배우, 코미디언, 정치가들도 있었는데 이를 보고 이들의 사회적인 영향력이 어느 정도였던가를 알 수 있었다.

---

6 서영수, 『삼청교육대』(서울:하이북스. 2004), pp.98~105.

다른 부대에서는 순화교육을 하는 동안 불상사도 발생하였다. 육체적 고통을 가하는 가혹한 방법의 훈련을 강행함으로써 1988년 국방부 국정감사 때 사망자가 54명이 발생하였음이 보고되었다. 경찰에서 인계된 피교육자 중에는 억울하게 들어온 사람도 있었다. 고발에 의하여 체포된 사람들도 있었는데 이들 중에는 원한관계로 인한 케이스도 있었다.

삼청교육대에 대한 평가는 후세 역사가들이 하게 되겠지만 긍정적인 면과 부정적인 면이 동시에 존재한다고 볼 수 있다. 당시의 설치목적은 좋았지만 대상자 선정과정에서 억울하게 비합리적으로 들어온 사람이 있었다면 이는 비판을 받아야 할 것이다. 특히 민주세력탄압과 인권유린 사례가 있었다면 이러한 불합리한 역사가 다시 되풀이 되어서는 아니 될 것이다.

수색대대를 창설하여 12·12사태를 맞이하였고 이어서 삼청교육대를 맡으면서 격동하는 역사의 소용돌이 속에서 대대장을 마쳤다. 대대장을 마친 후 합참근무에 이어 국방대학원 교육을 받았다. 국방대학원을 졸업한 후 육군본부 인사운영감실 전투1과장을 성공적으로 역임하고 연대장으로 나갔다.

## 9. RCT 최우수연대

1985년 5월 30일!

제26사단 제76연대장으로 취임했다. 경기도 양주군 덕정에 위치한 연대는 전군에서 가장 전통이 있고 우수한 부대 중의 하나로 소문이 나 있었다. 연대장실에 들어가니 역대지휘관의 사진에 모두 별 표시를 해놓았다. 제76연대장 출신은 모두 장군이 되었다는 의미였다.

제76연대장 이·취임식

육사17기인 제26사단장 이병태 장군(후에 국방부장관)은 군에서 영어를 잘 하고 인품과 덕망을 두루 갖춘 후배들에게 존경을 받고 있는 지장이다. 사단장은 연대장 이, 취임식을 성대하게 해주었다. 육사 23기 중에서 항상 1차로 진급을 하고, 전술, 전략면에서 남다른 자질을 갖춘 차기문 대령에게 기대를 많이 하고 있었던 것이다. 인접 제73연대와 제75연대에는 육사22기 선배인 이연우, 허장도 대령이 보직되어 있었다.

연대장으로 보직되면 재임기간 동안 한번씩 연대전투단 시험(RCT: Regimental Combat Team)을 받게 되어있다. 우리 제76연대는 한탄강 지역에서 제5사단 제36연대와 쌍방훈련으로 전투단 시험을 받았다. 나는 RCT훈련 분위기를 고조시키기 위하여 생활관과 식당 등 병사들이 모이는 곳에는 현수막을 부착하여 전투의지를 고양시켰다. 장병들의 가슴에 리본을 달게 하여 훈련에 참가하는 자긍심을 심어주고, 자유토론을 통해서 병사들 각자가 훈련의 중요성을 인식하게끔 했다.

필승의 결전장으로

부대의 훈련목표를 명확히 함으로써 연대장이 의도하는 대로 부대가 움직일 수 있도록 하는데 주안을 두었다. 전투의 승패는 지원배속부대를 얼마나 확실하게 장악해서 모체부대인 연대에 통합시키느냐에 달려 있다. 특히 아군이 적보다 우세한 육군항공력을 이용해서 적의 취약점을 공격하도록 하는 것이 승리의 관건이 될 것이라고 믿었다.

마침 군단에서 육군항공과 보병부대와의 통합작전인 Fire Eagle을 우리 연대가 시범을 하라는 지시가 떨어졌다. RCT훈련에 적용할 수 있는 좋은 찬스가 온 것이었다. Fire Eagle은 육군항공, 포병, 전차, Tow, 106미리 무반동총 등 모든 지상군 화력수단을 통합한 육군화력통합근접전투이다. 공격헬기, 곡사화기 및 지상대전차화기를 통합하기 위한 공중화력협조팀을 구성하여 근접전투지역에 나타난 적 기계화 및 기갑부대에 신속하고 적시성 있게 대응토록 하는 전술작전이다.

Fire Eagle 시범을 주관하고 있는 필자

완벽한 작전보안을 강조했다. 적을 알지 못하고 싸우는 것은 권투선수가 눈을 감고 링 위에 오른 것과 같은 것이다. 적도 아군에 대한 첩보를 수집하려고 최선을 다할 것이기 때문에 우리의 작전기도를 적으로부터 보호하는 것이 대단히 중요하다. 통신전자운용지시(CEOI)변경 주기는 4일에 한 번씩 바꾸던 것을 매일 변경시켰다. 약호표시와 확인점을 사용하게 함으로써 모든 통화는 평문으로 하는 일이 절대 없도록 했다. 야전급조지향성 안테나를 모든 무전기에 의무적으로 사용하도록 했다.

안전사고 예방에 관한 준비는 장거리이동과 생소한 지형에서 기동장비를 다루는 운전병들에게 필수적이다. 대부분의 행군이 야간에 이루어지기 때문에 운전병들의 졸음을 방지시키는 대책은 주요 관심사항이 아닐 수 없다. 졸음을 오지 않게 하기 위하여 잠 안 오는 약을 구입해서 운전병들에게 먹이고, 껌과 사탕 등을 나누어 주었다. 주간에는 취침할 수 있는 분위기를 조성해서 운행을 하지 않을 시에는 충분한 휴식을 취도록 보장해 주었다.

RCT 준비를 철저히 한 우리 연대는 한탄강으로 이동해서 실전에 임했다. 군단장 박명철 장군이 작전참모 여명현(육사21기) 대령 등 참모들을 대동하고 5박 6일간 직접 훈련통제를 현장에서 했다. 한탄강을 사이에 두고 연대가 가지고 있는 능력으로 스스로 적에 대한 첩보를 획득하면서 작전계획을 수립해야 하는 상황이었다. 상급부대에서 부여되는 적정은 극히 제한되었다.

박명철 군단장은 예고 없이 연대지휘소를 수시로 방문하여 연대장이 조치하고 있는 상황을 현지에서 평가하고 있었다. 5박 6일간 긴장된 가운데 하루 1시간도 잠을 제대로 잘 수 없는 상황이었다. 반드시 승리하겠다는 신념을 가지고 적을 기만한 후 적이 가장 적게 배치된 곳으로 주공을 지향하여 적을 포위, 격멸시키기로 결심했다.

불시 방문 후 필자의 브리핑을 청취하는 박명철 군단장

한탄강 하류에서 도하를 하는 척하는 징후를 적에게 노출시켰다. 이러한 기만첩보가 적에게 전해지자 상대방 제35연대장은 자기 주력을 한탄강 하류로 집중시키고 있었다. 이러한 상황에서 우리 연대는 주력을 한탄강 상류로 이동시켜 성공적으로 도하를 한 후 적의 퇴로를 차단했다. 적을 완전히 포위한 상태하에서 큰 승리를 거두었던 것이다.

연대장이 솔선해서 옷을 입은 채로 허리까지 물이 차는 한탄강을 직접 건넜다. 겨울날씨라 하체가 꽁꽁 얼어붙는 것 같은 느낌이었다. 강바닥이 미끄러워 조금만 중심을 잃어도 넘어져 물에 빠지게 되는 위험한 상황이었다. 그러나 연대장이 직접 물에 들어가니 참모들과 대대장들도 연대장을 따르고 이어서 전 병사들이 물속으로 들어가 한 사람의 낙오자도 없이 무사히 도하를 했다. 적의 헛점을 찌르는 기습을 완전히 달성할 수 있었던 것이다.

일단 기습에 성공한 후에는 아군의 의도대로 적을 유도할 수 있었다. 기습공격을 받은 적은 중심을 잃고 우왕좌왕하는 가운데 전투는 우리 연대의 일방적인 승리로 종결되었다.

이 장면을 직접 보고 있던 박명철 군단장은 강평 시에 전 군단예하 연대 중에서 우리 제76연대가 RCT훈련을 가장 잘 하였다고 즉석에서 최우수 연대로 평가를 했다. 반드시 승리할 수 있다는 굳은 신념과 장병들 앞에서 솔선수범하는 자세야 말로 지휘통솔의 요체라는 것을 체험을 통해 얻게 되었다.

RCT에서 승리를 하고 돌아온 연대는 정비기간을 이용해서 충분한 휴식을 보장해 주었다. 그 동안 미루어놓았던 휴가, 외출, 외박을 과감하게 실시했다. 병사들이 가장 좋아하는 것은 무엇보다 휴가와 외출이다. RCT훈련에 공로가 많은 병사들을 위주로 포상휴가를 대폭적으로 실시했다. 병사들뿐만 아니라 간부들의 사기도 중요했다. 설날이 다가왔기 때문에 간부들을 대상으로 윷놀이를 비롯한 명절놀이를 했다. 모든 간부회식은 부부동반으로 해서 건전한 가정문화를 창조하는데 일조를 하도록 했다.

휴식도 전투력, 참모가족들과 윷놀이 (필자의 왼쪽으로 딸 차수진이가 보인다)

## 10. 팀스피리트 선봉연대로

RCT시험을 마치고 부대정비가 끝난 후 연대장 집무실 전화벨이 요란스럽게 울렸다. 팀스피리트86 연습에 우리 제76연대가 참가하게 되었다는 이병태 사단장의 목소리였다. 얼마나 기대를 하고 있었던 소식인가! 세계 최대규모인 팀스피리트연습에 참가한다는 것은 부대의 영광이자 연대장의 영광이기 때문에 전화를 받고 한동안 흥분을 가라앉히지 못했다.

우리 연대는 RCT를 성공적으로 마쳤기 때문에 승리의 여세를 몰아 세계적인 팀스피리트연습에 참가하고픈 것이 부대 전 장병들의 일치된 꿈이었다. 더구나 사단전체가 참가를 한다니 내일 당장 적과 싸워도 이길 수 있는 잠재력을 국민 앞에 보여 줄 수 있는 절호의 기회가 되는 것이었다. 팀스피리트연습은 미 본토와 해외기지에 배치되어 있는 미 육·해·공군 및 해병대가 한반도에 투입되어 한국군과 연합작전을 하는 세계 최대규모의 기동훈련이었다.

나의 훈련중점은 부대 전 장병의 사기를 진작시켜 부대의 단결과 신뢰를 도모하는데 있었다. 평소 각각 분리되어 있던 지원부대를 함께 묶어 제병협동작전 요소를 완전히 장악할 수 있도록 하는 것이었다. 완벽한 작전보안으로 적이 아무리 우리의 상황을 파악하려고 해도 정보가 새어나가지 않도록 했다. 또한 안전사고에 의한 전투력 손실이 발생하지 않도록 군기를 확립하고 대민피해가 일체 없도록 하는데 중점을 두었다. 이러한 연대장의 훈련중점과 지침을 연대 작전과장인 김현우 소령에게 내려 연합연습준비에 만전을 기하도록 했다.

3개월간의 준비기간을 거쳐 남한강이 있는 충주지역으로 부대가 기동하기 시작했다. 우리는 이 작전명칭을 "충주대첩"이라고 불렀다. 부대에서 충주까지 이동하는 장거리 행군은 많은 난관이 따랐다.

지역주민들의 환영을 받으며 작전지역에 도착

교통량이 많은 3번 도로를 따라 교통통제를 받지 않고 이동하는 것이 문제였다. 헌병을 교차로마다 배치하고 심야를 이용하여 100여 대의 차량에 유류재보급을 하면서 성공적으로 이동할 수 있었다. 평소 운용하지 않았던 치장장비와 인원은 철로를 통하여 작전지역으로 이동시켰다.

연대는 사단의 선봉으로서 남한강을 도하하여 박달재를 탈취하는데 주도적인 역할을 했다. 도하작전은 쉬운 일이 아니었다. 참모들을 대동하고 남한강 도하지점을 면밀히 정찰한 다음 도하를 실시했다.

연대참모들과 남한강 도하지역에서 (왼쪽에서 세 번째가 필자)

"충주대첩"에서 연대는 "적을 내 손바닥에 올려놓고 싸운다."라는 개념을 가지고 적정파악에 주력을 했다. 지연전을 실시할 시에는 수색소대를 적진에 잔류시켜 주요고지마다 연대의 눈을 박아놓았다. 연대상황실에는 적의 무전교신을 감청할 수 있도록 적 무전 감청반을 별도로 편성했다. 적의 주파수를 알아내는 데는 우리 연대통신병들의 능력으로 20분이면 충분했다.

"공격이 최선의 방어다"라는 교훈은 전투에서 잘 통하는 상식이다. 방어는 공격의 일부분에 불과한 것이다. 전투에서는 항상 공격만이 있을 뿐 그 이외의 전투형태는 공격을 위한 보조수단일 뿐이다. 모든 작전은 공격개념이 적용된 부대운용이 되도록 했다. 따라서 우리 연대는 방어단계에서도 파쇄공격, 역습, 소부대공세활동에 주안을 두었기 때문에 적과 싸움에서 큰 성과를 거둘 수 있었다.

파쇄공격의 목표는 적이 공격대형을 갖추기 전에 적 부대의 균형을 와해시키기 위하여 하는 것이다. 예비대대인 3대대장 김창수 중령에게 전차중대를 배속시켜 국사봉을 공격하게 했다. 연대 예비인 다른 전차 1개 소대는 공격개시 30분전에 문남을 공격하여 양공작전을 펴도록 했다. 공격을 하다 보니 적은 저녁식사를 하는 중인지라 김창수 대대가 전차를 앞세워 공격해 들어가니 적 병사들은 혼비백산이 되고 말았다.

적 대대장은 다급하여 트럭들을 길에 집결시켜서 장애물로 해놓고 도망을 갔다. 그러나 전차 앞에 트럭은 종이조각에 불과했다. 공격속도가 빠르니 적 후방에 집결되어 있던 적 전차는 아직 시동도 걸지 못한 상황이었다. 파쇄공격과 동시에 Fire Eagle을 병행하여 적을 공격했기 때문에 그 효과는 배가 되었다.

적 주력은 38번도로를 중심으로 배치되었기 때문에 평동은 적의 유일한 퇴로가 되었다. "울고넘는 박달재" 노래에도 나오는 천둥산은 적 주력부대를 포위할 수 있는 전형적인 지형이었다. 우리 연대가 조기에 평동만 탈취한다면 2일간 소요되는 작전을 한나절 만에 종결시킬 수 있다고 판단했다.

우리가 담당한 전투지역은 대부분 험난한 산악으로 형성되어 있었다. 산길을 이용하여 대대단위 침투식 기동을 실시하면서 전진했다. 적 후방에 있는 목표를 차단한 후 보, 전, 포 협동작전으로 포위된 적을 압박하니까 적을 격멸하는 것은 식은 죽 먹기였다.

평동을 차단한 후 퇴각하는 적을 심리적으로 마비시키기 위하여 꽹과리, 징, 북 및 나팔을 사용하였다. 적은 공황상태가 되었고 우리 병사들의 사기는 하늘을 찌를 듯 했다. 이 전투를 통하여 정면공격이나 돌파보다도 침투식 포위기동이 더욱 효과적이라는 것을 확인할 수 있었다.

팀스피리트 연합연습은 대단히 값진 훈련이었다. 특히 미2사단과 연합작전을 통하여 언어 및 교리상의 문제점 등 장애요소를 해소하고 이해하는데 큰 도움이 되었다. 군단급 이상의 대규모 연습을 한미연합으로 실시하는 것 자체가 의미 있을 뿐 아니라 이러한 연습은 전쟁을 사전에 억제할 수 있는 주요수단이며 핵심적이 방책이었다.

충주대첩으로부터 개선 (앞줄 왼쪽부터 인사참모 오준섭 소령, 필자)

그러나 1991년 남북기본합의서에 따른 남북관계의 진전을 배경으로 아측은 1992년 실시예정이던 팀스피리트연습을 중지시켰다. 그 후 북한 핵문제로 남북관계가 악화되자 한·미측은 1992년 10월 훈련재개를 결정하고 1993년 규모와 기간을 축소한 훈련을 실시하였으나 1994년 북·미 제네바 협약에 따라 팀스피리트 연합연습은 완전히 중단되고 말았다.

## 11. 6군단 작전참모로 발탁

군단 내에서 연대장 임무를 가장 성공적으로 완수한 사람 중에서 장래성이 밝은 대령을 군단작전참모로 발탁하는 것이 관례이다. 왜냐하면 군단작전참모는 장군진급이 거의 보장되기 때문에 누구나 작전참모를 하고 싶어 하고, 군단장도 가장 중요한 직책에 가장 유능한 장교를 쓸려고 하기 때문이다.

1986년 12월 어느 날! 사단장 이병태 장군이 나에게 제6군단 작전참모로 내정이 되었다고 귀뜸해 주었다. 당시 제6군단장이었던 나병선(육사 14기)장군은 함께 근무한 인연도 없고, 평소 가까이 할 기회도 없었던 사람이었다. 잘 알지도 못했던 나병선 장군이 나를 그의 핵심참모로 발탁한 것은 군단발전을 위해서는 내가 작전참모가 되어야 한다는 많은 사람들의 조언이 있었기 때문이었다. 전임작전참모 여명현 대령(육사21기)은 동기생 중에서도 우수한 장교로 알려져 있었으며 작전참모 직책을 성공적으로 완수하고 장군진급이 되어 다른 곳으로 영전을 하게 된 것이었다.

제6군단은 전곡접근로를 담당하고 있는 서부전선의 핵심군단이었다. 한미야전군사령부의 작전통제를 받아왔기 때문에 작전참모는 영어에도 상당한 수준이 되어야 했다. 미군들과 연합작전을 많이 하는 군단이기도 했지만 팀스피리트 연습에 주력부대로 참가하여 미2사단 등을 예하에 두고 통제하는 경우가 많았기 때문이었다. 이러한 임무를 맡은 제6군단이었기 때문에 영어를 할 줄 알고 한미야전군사령부에서 작전과장을 했던 내가 군단작전참모로서 가장 적임자로 판단되었던 것이다.

연합사령관 Lipsy 대장과 필자

제6군단작전참모로 보직을 받아 그 동안 쌓은 경험과 교육을 바탕으로 군단과 육군발전을 위해 혼신의 노력을 다했다. 이 때 내 나이 43세였다. 인생에서 가장 능률이 극대화되는 시기가 40대이다. 며칠간씩 밤을 새워도 건강에 자신이 있고 정신적으로도 최고의 능력을 발휘할 수 있는 시기이기 때문이다. 군단작전참모로서 나의 잠재역량을 마음껏 발휘할 수 있었고, 능률면에서 내 인생의 황금기가 바로 이 때였다.

　군단 주무참모로서 성공적으로 임무를 수행하고 있는데 군단장 나병선 장군이 영전해 가고 육사17기 임인조 장군이 후임 군단장으로 부임해 왔다. 임인조 군단장과 전선지역을 시찰하고 돌아오는데 악천후를 만나 함께 타고 오던 헬리콥터가 불시착을 했다.

전방 GP 순시 (앞줄 왼쪽에서 첫 번째가 필자)

　눈보라가 갑자기 휘날리면서 시야가 가려 헬리콥터가 더 이상 비행을 할 수 없었다. 날이 점점 어두워오는 가운데 강풍에 헬리콥터가 좌우로 기울면서 방향을 잡을 수가 없었다. 이렇게 죽는구나 하는 생각이 들었다. 헬리콥터는 사고가 나면 고철과 같이 곧바로 땅에 떨어지기 때문에 대부분 사망을 하게 되어 있다.

그러나 숙달된 조종사는 이러한 위기를 잘 극복하고 뒤쪽날개가 나무에 부딪쳤지만 기우뚱하면서 야지에 불시착을 했다. 안전띠를 착용하지 않았더라면 모두 저승행이 되었을 것이다. 밤이 되어 사방이 깜깜한 가운데 연락을 받고 온 인접부대 장병들에 의하여 무사히 구출되었던 것이다.

야전근무를 하면서 가장 어려운 문제 중의 하나가 자식들의 교육문제였다. 딸 수진이는 처갓집에서 학교를 다니고 있었다. 우리는 본의 아니게 이산가족이 되었던 것이다 자식들을 모두 출가시킨 장인과 장모가 수진이를 귀하게 여기면서 친딸이상으로 돌봐주어서 마음이 놓였다. 수진이도 외할머니와 외할아버지를 부모로 생각하면서 잘 따르고 밝게 자라면서 공부도 잘 했다.

장인, 장모에게 맡겨진 딸 차수진

아들 차정석은 아직 어리기 때문에 군단이 주둔하고 있는 포천에서 초등학교를 다니고 있었다. 차정석은 포천초등학교를 다니면서 친구들과 어울리면서 새로운 환경에 잘 적응해 주었다. 개구쟁이 차정석이가 친구들과 함께 군단관사 잔디밭에 불을 놓다가 바람이 불어 관사가 온통 불바다가 되었다. 급기야 불길은 바람을 타고 군단장 공관으로 옮겨가고 있었다. 소방차가 출동하고 군 장병들이 총동원 되었는데 정석이는 겁도 먹지 않고 불을 끄는데 앞장서고 있었다.

개구장이 차정석과 친구들 (오른쪽에서 첫 번째가 차정석)

『여기 끄세요!』

『저기도 불이 붙었어요.』

사람들은 이 모습을 보고 화가 나면서도 웃음을 참지 못하고 있었다.

다행이 군단장 공관까지 불길이 가기 전에 소방차에 의해 불을 끌 수 있었다. 군단장 임인조 장군은 차정석만 보면 그 때의 장면을 이야기하면서 머리를 쓰다듬어 주곤 하였다.

2년간 군단작전참모를 하면서 몸무게가 50Kg로 줄어들었다. 88올림픽을 앞두고 더욱 안보에 신경을 써야 하는 시기였다. KAL기 폭파사건이 일어나고 후방지역에서 북한 무장괴한이 자주 출현하던 시기였다. 완전한 평화가 정착되지 않은 분단국가에서 올림픽을 개최한다고 하니까 안보상의 이유로 걱정을 하는 사람들이 많았다.

88올림픽 직전 6군단을 방문한 노태우 대통령과 필자

작전참모실에는 항상 야전침대가 준비되어 있었다. 집에서 자는 날보다 사무실에서 밤을 보내는 시간이 더 많았다. 식사는 라면으로 때우고, 머리를 많이 써야 하니까 담배를 많이 피웠다. 이때에 내가 담배를 가장 많이 피웠다. 그러나 이러한 어려운 조건하에서도 나에게는 불가능이 없다는 생각이 들 정도로 무엇이든지 자신이 있었다.

열심히 일을 한 보람이 있어 육사23기 동기생 중에서 가장 먼저 준장진급 명단에 올랐다. 일에 몰두하다 보니 진급심사에는 신경을 쓸 여유도 없었다. 그러나 경력, 평정, 교육성적, 현 보직면에서 타의 추종을 불허하는 차기문이었기에 동기생 중에 1차로 장군진급자 명단에 오를 수 있었던 것이다.

## 제 3 장　장군시절

1. 제5군단 참모장으로
2. 동·서·남해안 해안초소 근무체험
3. 제37사단과 나의 인연
4. 청와대 국방비서관으로
5. 한미연합사 부참모장과 군정위 수석대표

# 1. 제5군단 참모장으로

1989년 1월 1일!

꿈에도 그리던 장군진급을 했다. 임관 후 22개 성상이 흐르는 동안 우여곡절도 많았지만 만 45세의 나이로 동기생들 중에서 제일 먼저 장군이 되었다. 진급을 한 후 군단인사참모를 하던 육사24기 김판규 대령에게 작전참모를 인계하고 제5군단 참모장으로 영전되었다. 군단작전참모를 할 때 그렇게 많이 피우던 담배를 장군진급이 되면서 완전히 끊었다

장군진급 의장행사

장군진급신고는 국립묘지참배로부터 시작되었다. 국가와 민족을 위하여 몸을 던진 호국영령들에게 감사를 드리고 이 한 목숨 나라와 민족을 위하여 바치겠다는 다짐이었다. 장군진급 의장행사가 화려하게 진행되었다. 장군예포가 발사되는 가운데 장병들의 사열을 받으면서 양 어깨에 은빛 별을 달았다.

장군진급을 하게 되면 많은 부분이 달라진다. 대통령으로부터 삼정도(三精刀)를 하사받는다. 삼정도는 일생 동안 장군이 차고 다니는 칼로서 국가와 민족에 대한 막중한 책임을 부여 받았다는 의미가 있다. 장군은 모든 부문에서 모르는 것이 없다는 뜻이 있다. 장군계급부터 병과가 없어지고 영어로 General이라고 하는 것도 장군은 모든 분야의 만물박사라는 의미이다.

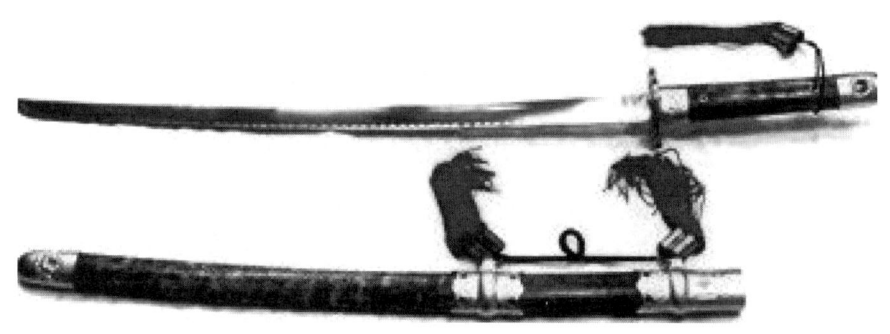

삼정도

장군에게는 성판과 장군기가 주어진다. 육군은 빨강, 해군은 짙은 남색, 공군은 파란색 바탕에 은색별이 반짝이는 장군표시판과 깃발이다. 성판은 항상 차량에 부착하고 다니면서 장군이 차에 타고 있다는 표시를 하는 것이다. 금색 수를 놓은 깃발에 별이 크게 새겨져 있는 장군기가 가는 곳마다 게양된다. 삼정도, 장군기, 성판은 장군이 가는 곳에는 항상 따라다니면서 장군으로서의 기풍과 품위를 간직하게 한다. 지퍼가 달린 특색 있는 장군화, 장군잠바, 장군모, 장군예복 등을 입으면서 장군으로서의 무거운 책임감을 느끼게 되었다.

전속부관과 운전병이 배당되었다. 전속부관은 24시간 장군을 수행하면서 개인적인 보좌를 한다. 전역을 한 직후 장군은 전화도 걸줄 모르고, 길도 모르고, 운전도 할 줄 모른다는 말이 나오게 된 것도 전속부관이 평소 모든 개인적인 일을 챙겨주기 때문이다.

오래간만에 고향을 방문했다. 평소 바쁜 군무에 매인 몸이라 조상산소에 벌초도 못했던 불효자식이 장군진급 인사차 아버지 산소를 찾았다. 형님들과 함께 고향 밤골에 있는 산소에 가니 초라한 아버지 묘지가 기다리고 있어 서글픈 마음을 금치 못했다. 어머니가 돌아가게 되면 쌍묘를 쓰고 상석을 할 것이라는 큰 형의 말에 다소 위로가 되었다. 아버지가 살아있었더라면 얼마나 좋아하실까 생각을 하면서 산소에 술잔을 올렸다.

아버지 산소에서 장군진급인사 (왼쪽부터 차기환, 필자, 차기홍, 차정석, 차원석)

고향집에서 장군진급 환영잔치

고향사람들은 차기문이가 장군이 되었다고 환영 현수막을 동네 입구에 걸어놓고 풍물을 치면서 큰 잔치를 베풀고 있었다. 이웃동네 사람들도 소문을 듣고 찾아와 밤이 깊어가는 줄 모르고 먹고 마시면서 기뻐했다. 고향사람들의 열렬한 장군진급 환영장면을 보면서 내가 여기까지 온 것은 주위 사람들의 은혜와 배려 덕분이었구나 하는 것을 새삼 느끼게 되었다.

나에게 주어진 시간이 많지 않았다. 집안어른들에게 서둘러 인사를 마치고 임지인 포천 제5군단사령부로 발길을 돌렸다. 제5군단장 정만길 장군(육사16기)은 개인적으로 잘 모르는 사이였지만 진급심사위원으로 들어가서 나의 자력을 보고 참모장으로 요청했던 것이다. 정장군은 제5공화국 시절 국보위에 근무했던 신군부세력의 실세로서 육군본부에서도 그의 요구를 거절할 수 없었던 것이다.

제5군단은 중부전선 철의삼각지대를 맡고 있는 한국군 주력부대이다. 제3, 6, 8, 66, 73, 75사단을 예하에 거느리면서 한미야전군사령부 작전통제를 받고 있었다. 정만길 군단장은 치밀한 계획성과 정력적인 추진력을 가진 유능한 장군으로 널리 알려진 명장이었다.

참모장은 실질적인 군단업무를 관장하는 부대의 총책임자로서 세부적인 부대살림살이와 전투상황을 점검하고 실천하는 막중한 임무를 띠고 있는 직책이다. 부임하자마자 각 참모부와 예하부대에 대한 업무파악을 했다. 부대가 많았기 때문에 전 부대에 대한 초도 업무보고를 받는데도 상당한 시간이 소요되었다. 밤낮을 가리지 않고 작전상황파악과 부대현황을 확인했다.

군단은 편조를 해서 주어진 전투임무를 수행하는 제대이기 때문에 직할대의 역할이 대단히 컸다. 포병, 특공, 공병, 통신, 화학 등 주요 전투지원요소가 군단 직할대에 편성되어있다. 사단은 독립된 부대로서 사단장이 핵심적인 역할을 하지만 군단 전투지원부대는 참모장이 지휘관 역할을 한다.

전투준비태세를 점검하는 필자

나는 사무실에 앉아 펜과 종이로 참모장 역할을 하는 관례를 깨고 직접 예하부대를 방문하면서 전투태세를 점검했다. 군단사령부의 의도가 예하부대까지 잘 전파되었는지, 오늘 밤에 전쟁이 일어난다면 이길 수 있는지를 직접 확인했던 것이다. 전쟁상황실은 기동과 화력을 통합한 효율적이고 실전적인 체제로 만들었다. 일목요연하게 전쟁지도가 가능한 공간과 조직으로 체제를 정비했다.

1989년 5월 26일, 정만길 군단장이 떠나고 새로운 군단장 김동진 장군(육사17기)이 부임했다. 육사를 수석으로 졸업하고 서울대 영문과를 나온 김장군은 덕망과 용맹성을 두루 갖춘 전략전술에 뛰어난 지장이었다. 후에 육군참모총장과 국방장관을 역임하면서 하나회 척결에 앞장을 서는 결단력을 보이기도 한 장군이었다.

승진훈련장에서 기동과 화력을 통합한 사상최대의 선봉섬멸작전 시범을 했다. 제1기갑여단을 중심으로 해서 17종 238문(정)의 중화기가 참여하고 공군전투기와 특전사 부대가 참여하는 실전과 같은 작전이었다. 대통령을 비롯한 정부주요인사와 일반시민, 외국무관, 방산업체 관계자 6천여 명이 참석한 가운데 실시되었다. 화력이 비오듯 쏟아지는 가운데 제1기갑여단이 포화를 뚫고 적진으로 돌진하면서 최종목표를 탈취하는 기동작전이었다. 각종 병과를 통합하는 제병협동과 공군과 육군을 통합하는 합동작전의 극치를 보여준 사상유래 없는 대규모 작전이었다. 수많은 병력이 실탄을 쏘면서 실시하는 이 작전은 안전사고 확률이 대단히 높았다. 박정희 대통령시절 많은 사람들이 희생을 당한 전례가 있었기 때문에 특별히 안전사고에 만전을 기하면서 성공적인 작전을 마칠 수 있었다.

선봉섬멸작전 주역들과 필자 (뒷줄 왼쪽부터 유종대, 허성, 이성규, 이시창)

군단사령부가 위치한 포천 이동은 산이 높고 계곡이 깊어 휴양지로서 이름나 있다. 물이 좋기 때문에 이동 막걸리는 전국적으로 최고 인기를 누리고 있었다. 국망봉 깊은 계곡에 장병들을 위한 휴양소를 개발했다. 실전과 같은 훈련을 마치면 장병들은 휴양소로 입소하여 충분한 휴식을 취하면서 내일의 전투에 대비할 수 있었다. 장병들 휴양이 없는 공한기에는 군인가족들도 이용하도록 배려했다. 어머니와 가족들이 군단에 왔다. 내가 개발한 휴양소에 모시고 가서 오래간만에 효도다운 효도를 할 수 있었다. 어머니와 가족들이 좋아하는 모습을 보면서 나의 피로도 함께 풀렸다.

휴양소에서 어머니와 차정석

1년간의 군단참모장 임기를 성공적으로 마치고 제2작전사령부 인사참모로 보직명령을 받아 군대생활 중 처음으로 후방지역으로 가게 되었다. 소위 임관부터 장군이 될 때까지 전방지역에서만 근무를 하다가 오래간만에 고향이 있는 대구로 가서 근무를 하게 되었던 것이다.

## 2. 동·서·남해안 해안초소 근무체험

군생활을 통하여 처음으로 경험하는 후방지역 근무라 제2작전사령부는 생소한 분야가 많았다. 해안이 많고 작전지역이 넓기 때문에 전방근무와는 차이가 많았다. 지형이 새롭고 부대구조가 전방부대와 상이하였으며, 업무수행을 하는데 용어까지 생소한 것이 많았다. 실무장교들이 가져오는 결재서류를 이해할 수 없는 경우도 있었다. 각종 회의 시 발표되는 내용을 쉽게 알아듣지도 못할 정도였다. 이러한 상태로는 제2작전사령부 근무를 할 수 없다고 생각하고 예하부대에 나가서 현장을 체험하면서 업무를 파악해야겠다고 결심했다.

먼저 대대급 지휘소를 방문하여 현황을 파악한 후 울진에서부터 시작하여 동해안을 거쳐 남해안을 따라 서해안 당진까지 도보로 해안초소를 답사했다. 해안 순찰로를 따라 소초(小哨)와 분초(分哨) 등에 도착하면 자정이 되기도 했다. 전반야 근무조와 후반야 근무조가 교대를 하는데 이 때에 라면으로 야식을 했다. 밤새도록 보초근무를 한 후 라면을 먹는 맛이란 임금님상의 진수성찬보다 더 맛이 있었다. 병사들이 가장 좋아하는 간식이 무엇이냐고 물으면 라면이라고 대답하는 이유를 알게 되었다. 병사들이 좋아하는 간식은 고급빵이나 과일 등이 아니라 바로 라면이라 것을 체험을 통해 알게 된 것이었다.

해안초소 순찰로를 따라가다 보면 비를 맞을 경우도 있었다. 바람에 모래가 날려 앞을 보지 못할 정도로 험악한 날씨를 만나기도 했다. 소대장들이 소초에서 잠깐 쉬었다 가라고 권고를 했다. 제한된 일정에 전 해안을 답사해야 하기 때문에 쉬지도 않고 발바닥이 불어터지도록 강행군을 하면서 최종목적지인 당진초소에 도착했다.

해안을 답사하는 동안 레이더 기지에서 오판에 의한 적 침투 비상을 내린 경우도 있었다. 바지선에서 병사들과 함께 보초를 서면서 고깃배를 간첩선으로 잘못 판단했기 때문에 일어난 해프닝도 있었다.

전 해안을 직접 발로 답사해 보았다는 성취감에 그 동안의 피로도 완전히 씻어졌다. 제2작전사령부지역 현황을 누구보다 가장 많이 알고 있다는 자신감이 넘쳤다. 이러한 소중한 경험이 나의 군생활에 대단히 큰 도움을 준 것은 말할 필요도 없다. 처음 부임해서 벙어리가 되었던 사람이 각종회의나 발표 시에 가장 활기찬 토론을 할 수 있었다. 체험에서 얻은 나의 견해가 가장 권위 있는 발언으로 인정받게 되었던 것이다. 모든 일이 다 마찬가지이지만 특히 군대업무는 현장에서의 체험이 가장 귀중하고 소중하다는 것을 다시 한번 느끼게 되었다.

제2작전사령부는 대구라는 큰 도시에 위치하고 있기 때문에 민간인들과 접촉하는 시간이 많았다. 후방지역작전은 주민들의 절대적인 지지를 받아야만 성공을 할 수 있다. 군은 물고기이고 주민은 물과 같은 것이다. 물이 없으면 고기가 살아날 수 없듯이 주민의 협조 없이는 군사작전이 성공을 거둘 수 없다. 제2작전사령부지역에서 평소 대민지원이 중요한 것은 유사시 주민들의 지지를 받기 위함이다. 천재지변이 일어났을 경우 군이 발벗고 나서서 복구작전에 나서는 것도 이와 같은 맥락이다.

보육원 어린이들과 필자

고아원에는 따뜻한 손길을 기다리는 불우한 아이들이 많았다. 장병들의 불우이웃돕기 운동으로 지역 내 고아원 등을 돕는 일이야 말로 우선과업이 아닐 수 없었다. 학습지도 능력이 있는 병사들을 차출해서 불우한 아이들에게 공부를 가르치고, 여유 있는 자재를 모아서 고아원 시설보수를 해 주었다. 외출 외박을 나가는 병사들 때문에 쌀이 여유 있게 돌아갈 때도 있었다. 잔여 쌀을 고아원에 보내면 한창 자라나는 어린이들의 영양보충에 큰 도움이 되기도 하였다.

히말리아시다 나무 사이로 지어진 제2작전군사령부 공관은 별장과 같았다. 아름다운 새소리를 들으면서 아침에 일어나면 상쾌한 공기가 활기를 더해주었다. 공관 옆에는 교회가 있었다. 기상하자마자 성경책을 들고 풀잎에 총총히 맺혀있는 아침이슬을 보면서 새벽기도를 나가는 길은 더없이 상큼했다. 새벽기도를 마치고 영내에 있는 골프장 오솔길로 조깅을 하면서 체력단련을 했다. 땀에 젖은 몸을 샤워로서 말끔히 씻어내고 출근을 하면 일의 능률이 배가 되었다.

아이들 교육 때문에 가족들과 떨어져서 나 혼자 대구에 내려가 있었다. 주말이나 휴일이 되면 가족들이 서울에서 내려왔다. 가족들이 올 때가 가장 기쁘고 행복했다. 군인이라는 특수직업으로 인하여 이산가족이 되었지만 가족과 함께하는 것이 업무능률도 향상된다는 것을 알게 되었다. 군인으로서 자주 이사를 하기 때문에 자녀교육에 어려움이 있었지만 자기들 스스로 반듯하게 자라주어 부모로서 고마움을 금치 못했다.

외갓집에서 자라고 있는 수진이는 자주 만나지를 못하니까 남의 딸 같은 느낌이었다. 평소 해주지 못했던 정을 주기 위하여 휴가가 되면 가족여행을 했다. 신혼여행 때 가본 이후 처음으로 제주도 여행을 했던 것이다. 제주도에는 군 휴양소가 있어서 비교적 저렴한 비용으로 여행을 할 수 있었다. 한라산등반을 하는데 건강이 좋지 않았던 아내는 힘이 들었지만 오랫동안 기억에 남을 산행이 되었다.

가족 한라산 등반 (왼쪽에서부터 필자, 차수진, 아내, 차정석)

　가족들과 함께 테니스, 승마, 스키 등 레저활동을 하는 것도 행복의 하나였다. 처음부터 이러한 스포츠를 잘하는 것은 아니었지만 가족과 함께 하나씩 익히면서 취미생활로 배워나갔다. 수진이와 정석이가 스키를 좋아하는 것도 이 때부터이었다. 나를 닮아 운동에는 별로 소질이 없었던 아이들이 전문가 수준으로 발전하였던 것이다.

## 3. 제37사단과 나의 인연

1992년 12월 29일!

소장 진급과 함께 제37사단장으로 부임했다. 사단장은 군대의 꽃이라고 한다. 실병력을 직접 관장하면서 마음껏 부대를 지휘할 수 있는 여건이 보장되기 때문이다. 제병협동작전을 할 수 있는 가장 강력한 단위부대이면서 병사들과 호흡을 함께 할 수 있는 최고의 전투부대이기 때문에 누구나 사단장을 한번 해보고 싶어한다.

제37사단은 충청북도 증평에 위치하면서 죽령, 이화령, 추풍령 등 백두대간을 수호하는 막중한 임무를 띠고 있다. 전임사단장은 육사21기 박순찬 장군이었다. 박장군이 잘 가꾸어놓은 정예사단을 내가 이어받아 더욱 영광스러웠다.

사단장 취임식에 육사 및 고교 동문들이 많이 참석했다. 대구에서 친지 가족들도 참석했다. 먼 길을 찾아와 축하해주는 선배 친지 동료들이 고맙고 감사했다. 제9군단장, 충청북도지사, 지역기관장, 인접부대 지휘관 등 많은 내빈들이 참석한 가운데 제37사단 제25대 사단장으로 부임을 했다.

취임식이 끝나고 이어서 리셉션이 진행되었다. 외국에서는 취임하는 지휘관 위주로 행사를 하지만 우리 한국군은 떠나는 사람을 섭섭하지 않게 배려해 주기 위하여 가는 사람, 오는 사람 다같이 환송, 환영을 한다.

제37사단장 이·취임식

사단장 취임식 후 리셉션 (왼쪽부터 오웅진 신부, 박순찬 장군, 이택형 장군, 필자, 아내)

사단 정자에 앉아 옛날을 회상하는 아내, 장인, 장모

보병 제37사단은 나와 특별한 인연이 있다고 할 수 있다. 제10대 사단장을 장인 김선규 장군이 역임했기 때문이다. 제37사단장을 하면서 사단을 최고의 부대로 육성시킨 후 육군대학 부총장을 끝으로 전역을 했다. 김선규 장군은 나의 사단장 취임식에 참석해서 옛날을 회상하며 감회에 젖어있었다.

지역주민들도 옛날 사단장이었던 장인 김선규 장군을 알아보고 대단히 반가워했다. 특별히 정이 많았던 김장군은 충청북도 주민들에게 각별한 사랑을 베풀었던 것이다. 청풍명월의 고장인 충청도에서 2대에 걸쳐 우리 가족이 사단장을 하게 되니 전생에 충청도와 인연이 많았던 것 같았다. 세월은 흘렀지만 인심과 풍월은 변하지 않았던 것이 중원 땅 충

제2부 조국의 간성

청도이었다. 사단에는 큰 연못이 하나 있다. 연못가에 있는 정자와 공관 잔디밭에 앉아 지나간 날들을 회상하면서 정담을 나누는 장인과 장모의 모습이 인상적이었다. 사단장 공관에서 자라난 아내 김경아는 내가 제37사단장으로 부임한 것을 누구보다 기뻐했다. 옛날 그 집 그 건물 그 뜰로 다시 돌아오게 되니 감개가 무량하지 않을 수 없었던 것이다.

사단장에 부임해서 첫째로 강조한 것이 부대단결이었다. 넓은 작전지역에 산재해 있는 부대를 통제하기 위해서는 사단 전 장병들이 부대에 대한 애착심을 가지도록 하는 것이 필요했다. 사단을 하나로 뭉치게 하기 위하여 부대혼이 담긴 노래를 만들었다. 내가 작사를 해서 사단군악대장에게 주었다. 곡을 만들라는 명령이었다. 군악대장 정진섭 소령은 전문가의 자문을 받아 나의 가사에 곡을 붙여 충용가를 만들었다.

### 충용가

중원벌에 진을 친 충용의 건아
강철같이 굳게 뭉친 민족의 방패
그 누가 당할소냐 불사조의 화신
그 이름도 영원할 충용부대 용사들

횃불같이 타오르는 불굴의 신념
갈고 닦아 단련된 무적의 투혼
그 누가 넘나보랴 내 조국 내 강산
그 이름도 영원할 충용부대 용사들

사단에 부임하니 참모들과 예하지휘관들이 모두 훌륭했다. 수도권에 가까운 사단이라 부사단장이 3명이나 되었다. 여길도, 최학, 이태희 대령이었다. 여길도 대령은 육사 21기로서 사관생도 때 나를 가르쳐주고 지도해준 자상한 육사선배이었다. 김현석(뒤에 육사교장이 됨)대령을 비롯한 연대장들도 사단장을 중심으로 부대발전을 위해 최선을 다해주었다. 사단장은 사무실에서 앉아 지휘를 하는 것이 아니라 주로 예하부대 현장에 나가 지도를 했다. 계획 5%, 감독 95% 원칙을 몸으로 실천했던 것이다.

상황보고 청취 (앞줄 왼쪽부터 여길도 부사단장, 필자)

사단장에게 지휘용 헬기 2대가 주어졌다. 작전지역이 넓기 때문에 차량으로 모두 다닐 수 없기 때문에 헬기를 타고 예하부대를 순회하면서 지도를 했다. 병사들에게는 사단장이 직접 정신훈화를 했다. 정신전력강화야 말로 싸움에서 일길 수 있는 중요한 요소이기 때문이다.

대대급 전술훈련장에는 사단장이 나가서 실전적인 훈련이 되고 있는지를 직접 확인했다. 군인은 항상 오늘밤에 전쟁이 일어날 것이라는 생각으로 전투준비태세에 만전을 기해야 한다. 전투준비태세의 요체는 실전과 같은 훈련에서 시작되는 것이다.

전술훈련 현장지도

1994년 7월 8일 북한 김일성이 심장마비로 사망했다. 전군에 전투준비태세 강화지시가 내려졌다. 1인 통치체제로 오랫동안 독재를 해온 북한이 지도자가 유고되었기 때문에 어떠한 일이 일어날지 모르기 때문이었다. 사단은 만반의 전투준비태세를 갖추고 실전에 대비했다.

예하부대 작전지도

통상 사단장이 훈련장에 나가면 예하부대장들이 의자와 탁자를 차려 놓고 사단장이 좋아하는 음식은 무엇이며, 차는 무슨 종류를 좋아하는가 하고 고심하고 있었다. 사단장이 꼬리곰탕을 좋아한다고 소문이 나면 가는 곳마다 꼬리곰탕이 준비되었고, 감기 때문에 쌍화차를 마시면 부대마다 쌍화차를 준비해 놓았다.

이러한 관습을 일소하는데 상당한 시간이 소요되었다. 야전에서는 절대로 의자와 탁자를 준비하지 못하게 했다. 땅바닥에 앉아서 있는 그대로 보고를 하도록 했다. 꼭 필요한 경우 야전 철의자를 놓는 경우는 있었지만 전쟁상황과 같은 조건에서 사단장에게 보고하도록 철저히 교육시켰다. 식사는 야전에서 병식사를 했다. 별도로 식당에서 사단장을 위한 음식을 준비하지 못하도록 했다. 전쟁이 났는데 언제 식사준비를 하고 차 준비를 할 수 있겠는가? 가능하다면 치환용 전투식량을 준비하도록 했다.

병식을 하는 필자

한국군은 장교가 병생활 체험을 하지 못하고 임관하는 것이 약점이다. 북한군은 병사들 중에서 군관을 선발하기 때문에 장교들은 모두 병사들의 세계를 잘 알고 있는 것이 특징이다. 그러나 우리 한국군은 사관학교, ROTC, 삼사관학교 모두 병생활을 모르고 임관을 하기 때문에 병사들의 세계를 모르는 것이 문제이다.

사단장은 스스로 병생활을 체험하기 위하여 가장 오지라고 하는 죽령 소초에서부터 병사들과 함께 생활을 했다. 처음에는 간부들이 불편해 하였다. 병사들도 사단장이 생활관에서 함께 시간을 보내게 되니 어려워했다. 그러나 날이 지날수록 사단장과 병사들 사이에 친근감을 느낄 수 있었다.

나의 병생활 체험

죽령, 이화령, 추풍령 소초를 돌아가면서 2박3일간씩 병사들과 함께 지냈다. 적의 예상 침투로인 백두대간은 6·25 한국전쟁 이전부터 한반도의 요충지였다. 사단의 최우선 과제도 이 지역을 튼튼하게 방어하는 것이었다. 모든 지원도 이 소초들에 집중하였다. 백두대간에서 병사들과 함께하는 식사도 몸에 배었다. 병식당에서 병사들과 똑같이 줄을 서서 배식을 받아 식사를 했다. 함께 잠을 자고 목욕을 하는 것도 어색하지 않았다. 모든 결재도 부사단장에게 위임한 상태였기 때문에 참모들이 사단장을 찾을 일도 없이 완전한 병생활 체험을 할 수 있었다. 장교와 병은 구분되어야 하는 것이 군대의 원칙이다. 그러나 병생활 체험상 일정기간 동안 병사들 속에서 생활해보는 것도 필요하다고 보았다.

　전투력 극대화와 완벽한 부대관리를 위해서 각 부대 간에 경쟁을 시켰다. 전투력 측정 우수부대와 무사고부대 등을 선발하여 표창을 주고 격려를 했다. 부대는 경쟁을 시키면 그 어느 집단보다 치열하게 노력을 경주한다. 반기단위로 각 분야별 우수부대를 선발하여 해당부대 깃발을 모든 사람들이 잘 볼 수 있는 사단사령부 앞에 높이 게양했다. 명예를 먹고 사는 집단이 군대이기 때문에 부대의 명예를 위해서도 자기부대 깃발이 사단사령부에 게양되기를 바라고 있었다.

　자기부대 깃발이 사단사령부에 올라가 있으면 그 부대병사들은 사단을 방문할 때마다 한번씩 바라보고 흐뭇해하였다. 경쟁을 통한 부대전투력향상에 있어서 우수부대기 게양모델도 좋은 방법 중의 하나이었다.

우수부대기가 게양되는 모습을 보고 있는 필자

　1993년 1월 7일 01:13분! 청주시내 상가에 대형화재가 발생했다. 청주시 상당구에 있던 우암상가가 폭삭 주저앉는 바람에 주민 28명이 사망하고 48명이 부상을 당했다. 또 지하1층과 지상1층에 입주해 있던 식료품과 옷가게 등 74개의 점포가 전소되었다. 지상 2~4층 아파트 59가구가 완전 붕괴돼 350여 명의 이재민이 발생하였다.7

　한밤중에 잠을 자다가 상황장교로부터 이 사실을 보고받은 사단장은 전투복을 입고 바로 현장으로 달려갔다. 상황이 심각하다는 것을 느끼고 사단에서 가용한 모든 병력과 장비를 현장으로 출동시켰다. 군대는 순발력이 있다. 초기작전에 대응하는 순발력 덕분에 소방차보다 더 빨

---

7 조선일보 1993년 1월 8일.

리 부대장비와 병력이 현장에 도착했던 것이다.

 국민의 생명과 재산을 보호하는 것이 군 본연의 임무이다. 전쟁에서 적과 싸워 이기는 전투작전 못지않게 재난복구 작전에도 군이 투입되는 것은 당연한 일이다. 재빠른 초기대응에서 성과를 거둔 사단은 지속적인 복구작업을 위하여 최학 부사단장을 현장 책임자로 임명하면서 국민들로부터 큰 찬사를 받았다.

최학 부사단장의 안내로 복구현장을 순시하는 필자

 부상자가 많이 발생하니 혈액이 많이 부족하였다. 병원마다 수혈을 기다리는 환자들이 줄을 잇고 있었지만 제한된 혈액으로는 도저히 감당해낼 수가 없었다. 사단장이 솔선해서 헌혈을 했다. 평소에도 1년에 2

회 이상씩 헌혈을 해온 나는 청주 적십자 지사장을 부대로 불러 헌혈을 하였다. 사단장이 선두에 서서 헌혈을 하니 사단 전 장병들이 동참을 했다. 부족했던 혈액문제를 제37사단 장병들의 젊은 피가 말끔히 해결해 주었던 것이다. 지역 매스컴은 물론이고 중앙언론에까지 제37사단의 효율적이고 헌신적인 청주상가 복구작업에 칭찬과 격려가 쏟아졌다. 국민과 함께 하는 군이 적과의 싸움에서도 이길 수 있다. 특히 지역주민 지원활동이 유사시 전투력 발휘에 직접적으로 영향을 받을 수 있기 때문에 이러한 활동이 바로 군 전투력향상의 한 요소가 되는 것이다.

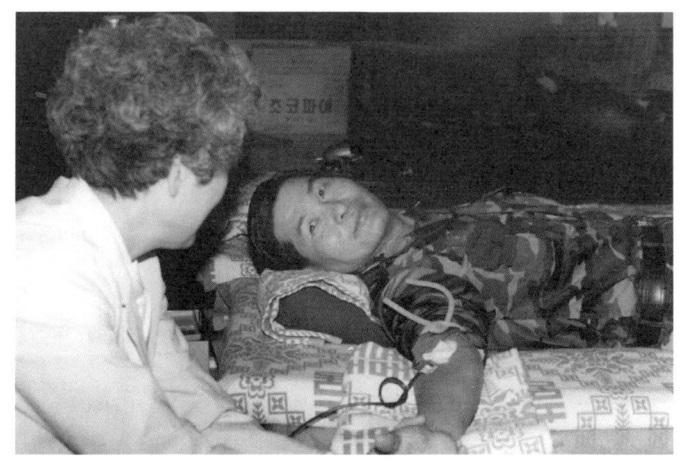

헌혈에 앞장선 필자

우리 사단장병들은 사단작전지역내 자연보호운동에도 앞장을 섰다. 청풍명월의 고장에 관광객들이 버리고 간 쓰레기와 오물로 곳곳이 오염되어 있었다. 남한강, 화양동 계곡, 충주호, 대청호 등 유명관광지일수록 오염은 더욱 심했다. 서울시민과 청주 및 대전시민들이 먹는 식수가 오염되고 있었을 뿐만 아니라 백두대간이 쓰레기 투기장으로 변하고 있었다.

솔선해서 남한강 자연보호 운동에 나선 필자

사단장은 솔선해서 쓰레기 수거작업에 나서면서 각 예하부대에도 자연보호운동에 앞장서라고 지시했다. 가용한 인력과 장비를 동원하여 강과 호수 물 속 깊이 퇴적되어 있는 오물까지 말끔히 청소를 했다. 장병들은 전역을 하고 나면 각각 국민의 한 사람이 된다. 현역 때에 참가했던 자연보호운동은 제대를 한 후에도 쓰레기를 함부로 버리지 않고 자연을 보호하는 습관으로 변화될 수 있다. 군대에서의 자연보호운동은 바로 국민교육도장으로서의 효과까지 얻을 수 있는 것이다.

부사관(전에는 하사관이라 칭했음)은 군대의 허리이다. 장교와 병사를 이어주는 교량역할을 하는 군대의 핵심요소이다. 그런데 일반적으로 부사관에 대한 활용과 관심이 저조했던 것이 사실이었다. 무능력하고 의욕 없는 집단이 부사관이라고 생각하는 경향이 있었던 것이다.

나는 이러한 잘못된 선입견을 타파하기 위하여 부사관을 적극적으로 활용했다. 모든 부사관들에게 능력에 맞는 임무를 주고 이에 해당되는 권한과 책임을 부여했다. 병사들이 부사관을 믿고 따르는 분위기를 조성했다. 모든 공식석상에서는 사단 주임원사를 사단장과 똑같은 위치에 올려놓았다. 장교들은 일정기간만 근무를 하고 부대를 떠나지만 부사관은 오랫동안 한 부대에 근무하면서 그 부대의 주인이 되고 주체가 되는 것이다. 사단창설기념일 같은 기회에 부사관 축제를 열어 부사관들의 사기와 의욕을 북돋아주었다.

부사관 축제에서 바비큐를 절단하고 있는 필자

사단 작전지역내에는 세계적인 화가 운보 김기창 화백의 별장이 있었다. 만원짜리 화폐에 있는 세종대왕의 초상화도 김기창 화백이 별장 화실에서 그린 것이다. 여생을 별장에서 보내는 그를 찾아가 대화를 나누면서 그림에 대한 공부와 인간 운보를 이해할 수 있는 기회가 되었다.

운보 김기창과 대화를 나누는 필자

양로원과 고아원을 자주 찾았다. 의지할 곳 없는 할아버지 할머니들과 부모 없는 어린 고아들을 찾아서 위문활동을 했다. 작전지역 내에는 이러한 불우한 시설이 많았다. 수도권에 가까우면서 공기 좋고 물 좋은 청풍명월의 고장이기 때문에 양로원과 고아원이 많았던 것이다.

대구 큰형댁에 있던 어머니가 사단장 공관에 놀러 왔다. 오랫동안 하지 못했던 효도도 할 겸 어머니와 지역 내 노인들을 위한 경노잔치를 베풀었다. 지금까지 한번도 없었던 노인들을 위한 잔치를 사단장이 직접 베풀어주니 지역주민들도 대단히 좋아했다. 국민들로부터 군에 대한 신뢰와 믿음을 얻는 것이 바로 전투력향상의 하나라는 것을 확신할 수 있었다.

작전지역내 양로원 위문

사단지역 내에 있는 꽃동네는 우리 사단장병들의 봉사활동과 정신교육도장으로서 좋은 장소이었다. 꽃동네는 1976년 11월 15일 오웅진 신부가 최귀동이라는 할아버지 걸인의 선행을 보고 감동을 받아 세운 불우한 사람들의 천국마을이다. 세상에서 버림받고 있는 사람들이 모여 있는 이곳은 유아로부터 100세 할머니까지 수용되어있다. 이곳에 가면 인생관이 달라지는 느낌을 받을 수 있다.

꽃동네 오웅진 신부를 만나러 갔는데 팔다리가 없는 사람이 밝은 얼굴로 현관에서 나의 신발을 정리하고 있는 모습을 보았다. 이 사람은 현관에서 손님들의 신발을 정리하는 것이 본연의 일이라고 했다. 사연을 들어보니 중동에 일하러 갔다가 아내가 그 동안 보내준 모든 돈을 가지고 다른 남자와 도망을 쳤다고 했다. 화가 난 그가 사제수류탄을 만들어 가지고 도망간 남녀에게 던진 것이 오발이 되어 자기의 팔다리가 날라가 버렸다는 것이다. 한동안 죽으려고 했지만 종교에 귀의해서 이제는 원한을 다 버리고 모든 일에 감사하면서 살고 있다고 했다. 목숨만이라도 살아있는 것에 감사하면서 밝은 얼굴로 행복한 생활을 하고 있었던 것이다. 꽃동네에 살고 있는 사람들은 불우하지만 항상 감사하고 기뻐하며 웃는 얼굴로 살아가고 있는 모습을 보면서 감동을 받았다.

우리 사단 장병들은 신병으로 들어오면 의무적으로 꽃동네에 가서 봉사활동을 하도록 했다. 그 결과 무사고 부대가 되었고 전투력 최우수 부대가 되어 대통령부대표창까지 받게 되었다. 사단장 재임기간 중 대통령부대표창을 2번이나 받은 부대는 제37사단밖에 없었다.

## 4. 청와대 국방비서관으로

1994년 10월 18일, 육군참모총장 김동진 장군이 육군본부 자기 집무실로 나를 오라고 하는 연락이 왔다. 참모총장이 사단장을 호출한다는 것은 드문 일이었다. 훈련장에서 현장지도를 하다가 옷도 갈아입지 못하고 바로 육군본부 참모총장실로 갔다.

『차기문 장군! 청와대 국방비서관으로 근무해보겠나?』

『예! 열심히 해보겠습니다.』

사단장 임기 2년이 끝날 무렵이었기 때문에 다음 보직이 무엇이 될 것인가 하고 궁금하던 시기였다. 그 동안 야전에서만 근무했던 나에게 정책부서에서 근무를 해본다는 것은 바라는 바였다.

청와대 국방비서관으로 간다는 소문이 나니까 사방에서 축하전화가 왔다. 사단장 근무를 마치고 누구나 한번쯤 근무를 해보고 싶은 곳이 청와대였기 때문이다. 또 승진을 할 수 있는 가장 유리한 보직이기도 했다. 사단에 쌓였던 2년간의 뜨거운 정을 남겨놓고 청와대로 향했다.

생소한 청와대 문을 들어서니 정종욱 외교안보수석비서관이 반갑게 맞이해 주었다. 정종욱은 1940년생으로 미국 예일대학에서 정치외교학 박사를 받고 서울대학교 교수를 하다가 김영삼 정부가 들어서면서 외교안보수석비서관으로 발탁이 되었던 것이다.

청와대 국방비서관으로 부임한 필자와 김영삼 대통령

외교안보수석 밑에 외교, 국방, 통일비서관이 있었다. 당시 외교비서관은 유명환(후에 외교부장관), 통일비서관은 정세현(후에 통일부장관)이었으며, 내가 국방비서관으로 임명되었던 것이다. 3인은 대한민국의 외교·안보·통일에 대한 트로이카로 불리었다.

국방비서관은 주요 국방정책을 입안하고 국방부와 각군본부와의 유기적인 연락과 통제를 하면서 대통령을 보좌하기 때문에 현역으로서 최고의 직책이었다. 국방비서관실 요원들도 육·해·공군 및 해병대에서 최고의 엘리트장교들이 선발되어 보직되었다. 이들은 각군에서 능력이나 인품 면에서 최고의 장교로 인정받으면서 차후 진급이 보장된 장교들이었다.

청와대 국방비서실 요원들 (왼쪽에서 네 번째가 필자)

 이때 사관학교에 여자사관생도를 모집하는 정책이 수립되었다. 이전까지만 하여도 사관학교를 금녀의 집이라고 하여 여성들은 접근이 되지 않았다. 그러나 현대전에서는 군대에도 여성이 해야 할 역할이 증가되고 있기 때문에 여자사관생도를 모집하는 것으로 정책을 입안했다.
 육군을 설득하는데 시간이 걸렸다. 전방 야전지역에서 여군을 수용할 준비가 되어있지 않다는 것이었다. 숙소와 화장실 등 여성들을 위한 시설이 별도로 구비되지 않았기 때문에 어렵다는 것이었다. 그러나 사관학교 교장을 꾸준히 설득한 끝에 결국 공군, 육군, 해군 순으로 1년 차씩 간격을 두고 여자사관생도를 모집했다.
 이러한 어려운 과정을 거쳐 여자사관생도제도를 실시한 결과 군대에서의 여성들 역할이 크게 향상되었다. 사관학교 수석졸업자, 각종군사 보수교육 수석졸업자들은 모두 여성이 차지할 정도로 우수한 자원이 여군장교로 임관했다. 이들은 우리군의 전투력증강에 큰 기여를 하고 있다.

청와대에는 연무관이 있다. 경호실요원들을 위한 시설이지만 청와대 요원들은 누구나 활용할 수 있었다. 비서관들이 검도동호회를 결성하여 매일 새벽에 검도를 했다. 서울에는 출퇴근 시간대에 교통체증이 심했다. 혼잡한 시간을 피하여 비교적 도로가 한가한 새벽 시간에 집을 나와 연무관에서 검도를 했던 것이다. 운동 후 샤워를 하고 구내식당에서 간단한 아침식사를 한 후 사무실로 출근했다. 하루도 빠짐없이 운동을 한 결과 국방비서관 근무 2년 임기를 마칠 때는 검도초단을 딸 수 있었다. 유도2단에 검도초단까지 무인으로서 갖추어야 할 무술을 완성하게 된 것이다.

청와대 연무관에서 검도 초단을 딴 후 기념촬영 (왼쪽에서 네 번째가 필자)

청와대 비서실장 한승수(후에 국무총리)를 중심으로 비서관들이 청산회(청와대 산악회)를 조직해서 매주 산행을 했다. 한승수 비서실장은 산에 가면 훨훨 날아다닐 정도로 산을 좋아했다. 해외출장을 가면 100층 짜리 건물계단을 오르내리면서 체력을 보강하는 것으로 이름나 있었다. 덕망과 지성을 두루 갖춘 그는 우리 비서관들의 존경과 신뢰를 한 몸으로 받고 있었다. 북한산을 위주로 산행을 많이 했지만 때로는 장거리 산행도 하면서 비서실장과 함께 비서관들은 체력단련과 친목을 다졌다.

청산회 북한산행 (앞줄에 필자와 한승수 비서실장이 보인다)

검도수련과 등산으로 체력단련을 한 결과 건강한 체력을 유지할 수 있었을 뿐만 아니라 단결된 분위기 속에서 업무 능률도 향상되었다. 청와대 근무는 문무를 겸비한 시간을 보내면서 보람된 나날이 되었다.

나는 개별적으로 승마를 했다. 가까운 육군사관학교에 30필의 말을 훈련시키는 승마장이 있었다. 처음 승마를 할 때에는 사타구니가 시퍼렇게 멍이 들었다. 1시간만 승마를 하여도 온몸에 땀 투성이였다. 평보, 속보, 구보 순으로 승마기술을 배우는데 날이 갈수록 말 타는 것에 흥미를 느낄 수 있었다. 청와대 국방비서관 시절은 업무적으로 보람이 있기도 했지만 다양한 취미생활을 할 수 있었던 의미 있는 기간이었다.

승마하는 필자

## 5. 한미연합사 부참모장과 군정위 수석대표

1996년 7월 30일, 청와대국방비서관 근무를 마치고 한미연합군사령부(ROK-US Combined Forces Command) 부참모장으로 보직을 받았다. 군에서 미군과 영어소통이 가능하고 한미연합작전분야에 경험이 많은 내가 적격자였기 때문이다.

한미연합사부참모장은 군사정전위원회(군정위) 수석대표를 겸하고 있었다. 군정위는 정전협정을 유지관리하기 위한 기구로서 남북한군, 미국군, 유엔군 및 중국군으로 편성이 되어 있었다. 공산군 측 수석대표는 북한군 이찬복 중장이었고 유엔군 측 수석대표는 내가 맡고 있었다.

한미연합사 참모장은 미군 중장으로 보직되어있는 반면에 그에 상응하는 한국 측 참모장 즉 한미연합사 부참모장은 소장으로 되어있었다. 한미연합사 부참모장과 군정위 수석대표인 내가 소장계급으로 있는 것은 미군과의 균형이나 공산군 측과의 균형으로 볼 때 밸런스가 맞지 않았다.

이러한 불균형을 해결하기 위해서 청와대와 국방부에서는 나를 중장으로 진급시키기로 했던 것이다. 사관학교를 졸업한지 29년 만에 중장으로 진급을 했다. 군에서는 한 단계 한 단계 진급하는 것이 곧 생명과 같다. 진급을 하지 못하면 전역을 해야 하기 때문에 실직자가 되는 것이다. 육군사관학교를 졸업한다고 모두 장군이 되는 것이 아니다. 진급은 능력도 있어야 하지만 관운도 함께 따라야 가능한 것이다. 육사 23기의 경우 전체졸업생의 28%만이 장군이 되었다. 그 중에서 중장은 8명뿐이다. 중장 8명 중에 이남신과 김석재가 대장이 되었다. 이남신 장군은 사관학교를 졸업할 때 유엔군사령관상을 받을 정도로 생도 때부터 동기생들에게 인기가 있었다.

대통령과 국방부장관이 필자에게 중장계급장을 달아줌

중장진급이 되니 김영삼 대통령이 직접 계급장을 달아주고 삼정도에 대통령휘장이 달린 수치를 달아주었다. 장군이 될 때 대통령으로부터 삼정도를 수여받고 계속해서 진급을 하게 되면 삼정도에 리본을 달아

주게 되는 것이다. 내가 중장이 되었다는 것은 관운도 따랐지만 동기생들의 헌신적인 희생과 하나님의 가호가 있었기 때문이었다.

중장으로 진급을 하면서 한미연합작전을 주도했던 나는 작전계획 5027을 작성하는데 한국군의 의지와 목표가 반영된 계획을 작성했다. 한미연합사는 한국군과 미군이 각각 50%씩 보직되어 있었다. 모든 계획작성과 부대운영은 공동으로 결정하게 되어있었다. 한국군의 목소리가 높아지고 우리의 의지가 적극적으로 작전계획에 반영될 수 있었던 것도 우리의 국력이 신장되었기 때문이었다.

쌍안경을 보면서 미군장군들과 함께 연합작전을 주도하고 있는 필자

초기 우리나라가 국력이 많이 부족할 때에는 전적으로 미군에 의존하고 있었지만 대한민국의 국력이 신장되면서 한국군의 위상도 비례해

서 올라갔다. 초기에는 훈련비, 식비, 행정소모품비 등을 미군의 지원에 의존했다. 그 때에는 미군들로부터 무시를 당하면서 자존심이 상했다. 작전계획작성에 우리의 의사도 반영하지 못할 때가 많았기 때문에 미군들과 싸움도 많이 했다.

그러나 우리의 국력이 신장되면서 모든 면에서 한국군이 주도적인 역할을 할 수 있게 되었다. 미군들은 한국에 대한 지형, 기상 및 부대구조에 대해서 한국군보다 알지 못했다. 한국장교들의 군사교육과 영어실력도 향상되었다. 계급도 대등한 위치에서 일을 할 수 있었다. 특히 나의 미국 측 파트너였던 Randy House 장군은 미국 지휘참모대학 동기생으로서 초급장교 때부터 잘 아는 친한 친구였다. 나이도 같았고 같은 중장으로 계급도 같았기 때문에 모든 면에서 협조와 협력이 잘 되었다.

Randy House 미8군사령관에게 우정의 지휘봉을 수여하는 필자

한미간에 공식적인 업무를 잘 풀리게 하기 위해서는 비공식적인 인간관계도 대단히 중요한 요소 중의 하나였다. 미8군사령관 겸 한미연합사 참모장이었던 Randy House 장군은 텍사스 출신으로 말타는 것을 좋아했다. 고향에 있는 목장에는 말을 150필이나 가지고 있었다. 어릴 때부터 말을 많이 탔기 때문에 O다리 형태로 걸음을 걸었다. 나도 태릉에 있는 육군사관학교 승마장에서 말을 타는 취미를 가지고 있었기 때문에 여가시간에는 함께 승마를 하면서 더욱 우의를 다졌다.

아내는 Randy House 장군부인 Jeany에게 한국의 문화와 전통 및 관습을 가르쳐 주었다. 여주 도자기공장에서 도예를 가르치고 민속촌에서 한국의 탈춤과 전통놀이를 소개했다. 설 명절에 한복을 Randy House 부부에게 맞추어주었더니 행사만 있으면 한복차림으로 나타나서 우리에게 감사를 표시했다.

Randy House 장군 부부와 함께 (왼쪽부터 필자, 아내, Jeany, House 장군)

비공식적인 교류를 활성화 하면서 친분이 두터워지니까 한미간에 믿음이 더욱 깊어졌다. 한미연합작전을 할 때면 함께 야전에 나가 지도를 했다. 미군전술은 Randy House장군이 맡고 한국전술은 내가 미군들에게 지도를 했다. 한국에서 전쟁이 났을 때 대비한 훈련이었기 때문에 한국적인 분야가 더 많았다. 미군은 유럽과 중동지역에서 실전경험을 많이 했지만 한국과 같은 산악지형에서는 생소한 상태이었다. 전차보다는 보병위주의 작전이 필요한 한국지형에서 나의 조언과 지도가 더 필요했던 것이다. 나의 파트너 Randy House 장군과의 돈독한 인간관계는 한미연합작전을 더욱 효율적으로 할 수 있었다.

신문에 보도된 필자의 미군 훈련지도 장면

군사정전위원회는 유엔군 측과 공산군 측이 각각 5명씩의 대표가 나오게 되어 있다. 유엔군 측에서는 내가 수석대표로 되어 있고, 미국, 영국, 기타 참전국 대표들이 참석하도록 되어 있었다. 공산군 측에서는 북한군이 수석대표로 되어있고 그 아래 중국군과 북한군으로 구성되어 있었다.

유엔군 측 수석대표로 있는 내 밑에 미군 소장인 헤이든(Michael V. Hayden) 장군과 영국군 준장 파(Colin Parr) 장군 그리고 유엔참전 16개국에서 대표로 나와 있는 대령들이었다. 헤이든(Michael V. Hayden) 장군은 후에 미국으로 돌아가 부시 대통령 밑에서 CIA국장을 역임한 바 있다. 그와는 오랫동안 서로 연락을 하면서 친분을 유지할 수 있었는데 Hayden 장군 부부는 누구보다도 인간적인 면이 있었다.

Michael V. Hayden 장군 부부와 필자

유엔군사령부 업무는 군정위 수석대표인 내가 주로 맡아했다. 유엔군사령관을 겸하고 있는 주한미군사령관 틸레리(John Tilleli) 장군은 모자를 7개(직책이 7개)나 쓰고 있기 때문에 유엔사 업무에 대해서는 관여할 시간이 없었다. 유엔군사령부 예하부대는 미군을 제외하고 모두 철수를 한 상태이었다. 미군도 판문점 경비병력과 의장병력 외에는 미태평양 사령부로 작전통제권이 이양된 상태이기 때문에 유엔군사령부는 정전협정을 유지, 관리하는 기능이 주요핵심 업무가 되어있었다.

장군으로 보직되어있는 미국 및 영국 군정위 대표와 기타 참전국 대표들이 만나 나의 주관 하에 1주일에 한 번씩 유엔사 업무에 대한 토의를 했다. 유엔군사령부는 유사시 참전하게 될 제3국 군대를 수용하기 위해서도 평소부터 잘 관리할 필요가 있었던 것이다.

유엔군 현안업무 회의를 주관하고 있는 필자

정전협정 위반사항을 감독하는 중립국감독위원회(중감위)도 나의 소관 하에 있었다. 중감위는 유엔군 측에 스위스, 스웨덴이 나와 있었고, 공산군 측에 폴란드와 체코슬로바키아가 나와 있었다. 그런데 1993년 4월부터 북한은 폴란드와 체코슬로바키아 대표를 강제로 철수시켰다. 정전협정을 무력화시키고 미국과 직접 대화를 하겠다는 속셈이었다.

유엔사 장병들과 함께 (가운데 흰 예복이 필자)

결국 판문점에서 캠프를 설치해서 정전협정위반사항을 감독하던 중감위의 기능도 마비가 되었다. 공산군 측 중감위 요원들은 서울로 와서 유엔군 중감위 요원들과 함께 정전협정에 관련된 업무를 수행할 수밖에 없었다. 북한에서 철수당한 폴란드와 체코슬로바키아 대표들은 성실하게 자기들의 기본임무를 서울에서 수행하고 있었다. 북한은 정전협정을 포함하여 국제적인 모든 협약을 무시하면서 스스로 외교적인 고립을 초래하고 있었던 것이다. 그러나 한국은 새로운 평화협정이 체결될 때까지 기존의 정전협정을 지키는데 최선을 다하면서 한반도의 안정과 평화를 위한 노력을 경주하고 있었다.

일본에는 유엔군사령부 후방지휘소가 있다. 한반도에서 전쟁이 일어났을 경우 유엔군이 다시 들어올 것에 대비한 것이다. 후방지휘소의 역할은 유엔군의 군수물자 저장과 중간기지 역할을 하도록 되어있다. 그리고 주일미군이 한반도에 전개하는데 핵심적인 역할을 하는 것이 유엔사 후방지휘소이기 때문에 군정위 수석대표인 나는 유엔사 장교들을 데리고 주기적으로 일본을 방문했다. 요코다 미5공군사령부, 요코스카 미7함대사령부, 오끼나와 미해병대사령부 등을 방문하면서 주일미군의 전비태세를 확인했다.

일본 요코스카 미 7함대를 방문한 필자와 아내 김경아

신미일안보조약에 따라 미일동맹이 강화됨으로써 유엔사와 일본과의 관계도 밀접해 지고 있었다. 유엔사 후방지휘소에 갈 때면 일본 자위대를 비롯해서 방위청에 대한 현황도 함께 알아볼 수 있었다. 한반도 유사시 일본의 역할이 무엇인지 연구할 수 있는 기회가 되기도 했던 것이다.

유엔군사령부의 업무를 능률적이고 효율적으로 하기 위해서는 참전국 대표들과의 친선활동이 중요했다. 한국의 문화, 풍습, 역사, 전통을 외국인들에게 소개하고 익히게 하는 것도 유사시를 대비한 전투태세 완비의 일환이었다.

명절이면 윷놀이, 제기차기, 연날리기 등을 하면서 한국의 고유한 풍습을 이들에게 가르쳐주기도 했다. "로마에 가면 로마법을 따르라"라는 격언과 같이 외국인들이 한국에 오면 한국 문화와 풍습에 따라야 한다는 것을 이들에게 강조하면서 한국을 이해시키는데 노력했다. 그들은 한국의 미풍양속을 대단히 좋아했다. 윷놀이만 하더라도 규율을 다양하게 만들어 놓으면 어떤 민속놀이보다 흥미롭기 때문이었다.

외국인들은 한국사람과는 달리 노래를 잘 하지 않는다. 우리는 노래방이 있기 때문에 누구나 18번은 하나씩 다 가지고 있지만 그들은 우리들과 같이 노래방 문화가 발달되지 않아 노래를 시키면 주저하는 경향이 있다.

유엔군사령부 요원들을 위한 가족 윷놀이
(중앙에 한복상의를 입는 사람이 필자)

노래방에 간 유엔군사령부 요원 가족들 (노래 부르는 필자와 춤추는 아내가 보인다)

이러한 외국인들에게 한국문화를 가르치는 것이 필요했다. 우리 풍습에 맞추기 위하여 노래방에 자주 데리고 가기로 했다. 처음에는 노래를 하지 못한다고 하면서 대단히 소극적인 자세이었다. 그러나 꾸준히 노래도 가르치고 춤도 배워주면서 우리 문화에 적응시키니까 나중에는 그들이 더 적극적이었다. 업무에 바쁜 나에게 귀찮을 정도로 노래방에 가자고 졸랐다. 비공식적인 교류를 통해서 유엔군사령부의 친목이 강화되고 신뢰도 쌓이게 되었다. 신뢰와 믿음을 통해서 유사시를 대비한 전투태세도 완비할 수 있었다.

1999년 1월 9일, 장녀 수진이가 결혼을 했다. 중매를 시켜줘도 결혼을 하지 않겠다고 하던 수진이가 어느 날 남자친구를 데리고 와서 결혼을 하겠다고 선언을 한 것이었다. 서울대학교 공과대학 기계공학과를 나온 김주혁이라는 청년이었다. 첫인상이 좋고 장래성이 촉망되는 능력있는 젊은이로 보였다. 심성이 착하고 명문가정에서 올바른 가정교육을 받은 엘리트였다. 무엇보다 당사자들이 좋아하는 것이 중요했다. 부모가 아무리 좋은 사람을 소개해도 본인들이 싫으면 되지 않는다는 것이 아내와 나의 생각이었다.

한미연합사령부 장군식당인 Hartel House에서 양가부모와 가족이 상견례를 했는데 사돈도 현대적인 사고방식을 가진 훌륭한 분이었다. 수진이 시누이가 될 사람도 이화여대 의과대학을 졸업하고 의사로 봉직하고 있는 교양과 덕망을 겸비한 훌륭한 분이었다.

사위 김주혁은 한국 최고의 자동차회사 본사에 근무하고 있었다. 마침 그 회사에 나의 육사동기 민성기 장군이 그의 상관으로 있었다. 민장군에게 김주혁에 대해서 알아보라고 했더니 민장군의 평가는 내가 보는 것 이상으로 후한 점수를 주었다.

　모든 준비가 끝나고 용산에 있는 육군회관에서 결혼식을 올리기로 했다. 민성기 장군에게 주례를 부탁했다. 양가가 모두 개혼이라 하객들도 많았다. 금실 좋은 딸 사위부부를 보면서 행복이 무엇인지 다시 한 번 느낄 수 있었다.

딸 차수진 결혼식에서 신부와 함께 입장하는 필자

## 제3부
# 제2의 삶

제1장  경남대학교
제2장  청주대학교
제3장  평택대학교

**제 1 장**     **경남대학교**

1. 유니폼을 벗으면서
2. 만학도로서
3. A+ 박사학위

## 1. 유니폼을 벗으면서

2000년 9월 29일!

사관학교를 포함하여 만 37년간 입었던 유니폼을 벗고 전역을 했다. 군생활 중에서도 내가 가장 애착이 많았던 제37사단 연병장에서 선후배, 친지동료 및 가족들이 모인 가운데 성대한 전역식을 가졌다. 전역식에 참석했던 친구 김기봉 씨가 보내온 아래 글로서 당시 장면을 대신한다.

### 차기문 장군 전역하는 날에 즈음하여

중부지방에 비가 내릴 것이라는 일기예보가 빗나갔는지, 푸르고 높고 높은 가을 하늘, 목화송이 구름꽃 사이로 아직도 따가움이 남아있는 햇살이 연병장에 선 장병들의 콧등에 작은 옥구슬을 메달아 주는 2000년 9월 29일 금요일 오후!

충청도 청주근교 증평벌의 나지막한 산자락에 자리잡은 제37보병사단 연병장, 골프장 페어웨이를 연상케 하는 고운 잔디 위에 장병들이 완전군장을 한 차림으로 정렬하여 사열대 양단에서 펄럭이는 붉은 색의 육군 3성기와 수많은 장성기를 주시하며 부동자세로 서 있다.

정숙을 깨는 군악대의 팡파래와 함께 사열대에 도착한 붉은 성판을 단 검은 승용차에서 내려서는 3성장군 부부! 장군의 양 어깨에 달린 별은 초가을 햇살에 눈부시고, 가슴에 달린 수많은 훈장은 만추의 수확처럼 풍요로워 보이고, 장군의 눈은 잔잔한 호수 위에 비치는 영상처럼 애잔한 추억이 어렸더라.

"인사명령 제127호, 육군중장 차기문은 37년간 숭고한 애국 애족의 정신으로 국가와 민족을 수호하고, 명예로운 전역을 하게 되므로, 대한민국 육군 예비역에 편입함. 2000년 9월 29일.    대 통 령  김 대 중"

사열차에 오르는 필자와 아내 김경아

37개 성상의 기나긴 행로의 영광과 명예와 번뇌가 한 줄의 인사명령으로 마감한다는 사실이 웬지 믿어지지 않는데도, 37년 전에 화랑대에서 받은 한 줄의 인사명령을 국가에 되돌려주어야 한다는 당위성 때문인지, 사열차에 올라 병사들의 경례를 받는 장군부부의 담담한 표정위로 가을바람이 스치더라.

"평범한 농부의 아들로 태어나서 군생활을 마감하는 오늘까지……, 아무에게나 주어지지 않는 육군중장까지 승진한 영광 하나만으로도 참으로 행복하고 보람찬 인생이었다"고 술회하는 장군! "안일한 불의의 길보다 험난한 정의의 길을 기꺼이 선택한 사관생도시절! 태백준령을 누비면서 무장공비 소탕작전을 지휘하던 소대장

시절! 월남의 정글 속에서 생사의 분수령을 넘나들던 청년장교시절!" 등 주옥같은 추억을 회고하며 마음에 새기는 듯 힘주어 말하는 장군의 표정은 경련이 이는 듯 하더라.

"스스로 선택한 군생활, 참되고 명예로운 군인으로서 의무와 책임을 다하기 위해 노력하고 인내했던 떳떳하고 후회없는 시간들이었다"고 만족해하는 장군에게 참석한 모든 하객들과 장병들은 성공한 인생에 대한 부러움과 존경의 눈길을 한없이 보내주더라.

"해빙이 될 때 위험에 조심하고, 평화를 원하거든 전쟁에 대비하라"는 세계 석학들의 경고를 떠올리며 "우리 민족이 전쟁의 두려움에서 해방되고 남북이 평화적 통일을 이룩하기 위해서는 강력하고 튼튼한 국가안보가 뒷받침 되어야 한다"고 통일의 환상에 사로잡힌 당면한 국가적 상황에 대한 염원과 당부도 잊지 않은 장군은 "37년간 입었던 명예와 영광의 상징인 푸른제복을 벗고 평범한 시민으로 소중한 추억을 간직하고 노병은 떠납니다."

전역 인사말을 하는 필자

"차기문 장군님에 대하여 받들어 총!"이라는 제병지휘관의 구령에 따라 "충성!"이라는 우렁찬 함성과 함께 군악대가 연주하는 경쾌한 멜로디의 3성장군에 대한 예는 마지막 인사되어 푸른 창공의 메아리로 흩어지더라.

다과회장에 모인 하객들과 함께 건배를 권하는 현직 사단장은 이렇게 소개한다. "차기문 장군님의 장인 김선규 장군께서 60년대 후반에 이곳에서 제10대 사단장을 역임하셨는데, 그분의 사위인 차장군님께서 1994년도에 또 제25대 37사단장을 지내셨습니다."라고 하니 차기문 장군 대답인즉 "저는 37이란 숫자와 인연이 많은 것 같습니다. 장인께서 37사단장을 역임했고, 저 또한 37사단장을 지냈으며, 37년간의 군생활을 37사단에서 마감하는 오늘이 바로 저의 집사람 생일입니다."라고 하니, 박수를 보내주는 하객들은 장군의 부부가 어떻게 만났는지 미루어 짐작할 만하더라.

동기, 동창, 친구, 교우, 후배, 친지 등등 꽃다발과 기념품을 증정하는 순서 중에도 가장 돋보이는 것은 역시 예쁘게 생긴 딸이 사위와 함께 나와 꽃다발을 아버지 품에 안겨드리고 아버지 볼에 입술을 갖다 대는 표정은 더없이 행복해 보이고, 아버지는 역시나 기쁘고 즐거우면서도 쑥스러운 표정이 역력하더라. 어느 직장 어떤 직위에 있던 사람의 퇴임식이 이렇듯 화려하고 당당하고 자랑스러울 수 있을까? 어떤 직장도 목숨을 담보로 한 직장은 없다. 오직 군이 있을 따름이다. 그 목숨의 담보는 자신을 위한 것이 아니라 국가와 민족을 위함이다. 그 이상 더 성스럽고 자랑스러움이 어디 있겠는가. 그 성스러운 직업에 청춘을 다 바치고 물러나는 장군은 사선을 넘나들며 고생한 것은 뒤로 두고, 영광과 행운에 감사하며 만족한 발걸음으로 군문을 나서는데, 사령부 본관에서 정문까지 5리가 넘는 연도에 늘어선 장병들의 환송 박수는 인생의 참 삶이 무엇인지를 다시 한번 일깨워주는 계기인 듯 싶더라.

왼쪽부터 아들 차정석, 아내 김경아, 필자, 딸 차수진, 사위 김주혁

 장군이시어! 수많은 선배 장군들이 명예와 영광의 상징인 제복을 벗고 나서 온갖 영욕에 휘말리어 성스러운 명예가 하루아침에 물거품이 되고 마는 순간들을 우리는 많이 보아왔습니다.

 비록 제복은 벗었지만 부디 언제나 오늘처럼 당당하고 명예롭고 존경 받는 삶이 지속되시길 우리 모두는 기원합니다.

글쓴이 : ㈜대한통운 택배사업 본부장   김 기 봉

위 글을 쓴 김기봉씨는 서울대학교 행정대학원 동기로서 죽마고우 이상으로 깊은 우정을 나누고 있는 친형제와 같은 사람이다. 이 글에서 당시의 현장을 생생하게 느낄 수 있어 나에게는 추억의 옥고가 되고 있다.

전역할 시 아들 차정석이가 ROTC에 입단을 했다고 학군단복을 입고 찾아왔다. 학군단은 대학생들 간에 인기가 많았다. 장교생활을 통해 책임감, 조직관리, 지휘통솔력 등 리더십을 향상시킬 수 있기 때문이다. 1961년에 창설된 학군단은 그 동안 수많은 장교들이 사회로 진출하여 우리나라의 지도자 그룹을 형성하고 있는 큰 압력단체가 되었다. 대학 선후배 이상의 강력한 ROTC 인맥이 형성되어 있는 것이다.

장기복무를 한 ROTC장교들은 육사와 동일한 진급, 보직, 교육의 대우를 받고 있다. 미국에서 도입된 이 제도는 선진국과 같은 추세로 되어가고 있다. 미국은 웨스트포인트보다 ROTC장교들이 미군의 주력을 이루고 있다. 주한미군에 17명의 장군이 있는데 이중 16명이 ROTC출신이고 1명만이 미국육사 출신이다. 주한미군사령관의 대부분이 ROTC 출신 장교라는 것은 미국에서 학군단의 비중이 얼마나 큰가를 알 수 있는 것이다. 한국에서도 ROTC에 대한 관심이 점점 고조되고 있는 상황에서 학군단에 입단을 한 차정석이가 더욱 자랑스러웠다.

차정석 ROTC 입단

아버지가 군복을 벗으니 아들이 뒤를 잇겠다고 한 것이다. 아버지가 못다한 것을 아들이 해주리라고 믿으며 정석이의 비장한 각오에 격려와 박수를 보냈다. 군생활을 하면서 가정을 제대로 돌보지 못하고 오직 조국과 민족을 위하여 헌신과 봉사를 하겠다는 일념으로 일생을 살다보니 자식에 대한 교육문제도 다른 직업을 가진 사람들 보다 소홀해질 수밖에 없었다. 이사를 평균 1년 반 만에 한 번씩 했다. 군생활을 하면서 25번이나 이사를 했던 것이다. 정석이가 학교를 옮긴 것만 하여도 천보초교, 포천초교, 영도초교, 예일초교, 구산중학교, 계남중학교, 심원고등학교 등이었으니 교육이 제대로 될 수가 없는 것은 당연한 것이었다. 조금 마음을 붙이고 학교생활에 적응을 하려고 하면 또 다시 이사를 하고 전학을 하여야 했으니 자식의 모교는 없는 것 같기도 하지만 수없이 많기도 했다. 그런데도 정석이는 낯선 환경에 적응도 잘 하고 친구도 잘 사귀었다. 고등학교 때에는 공개투표에 의한 선거에서 당당하게 반장으로 선출이 되어 학교에서 리더로서 위치를 확고히 하였다.

그 동안 아내의 어리석은 판단으로 속상한 일도 있었다. 마음이 여리고 동정심이 남달리 많은 아내는 다른 사람에게 잘 속고 이용을 당하는 일이 많았다. 어려움을 모르고 고귀하게 자랐기 때문에 군인생활의 악조건을 극복하는데 미흡한 점도 없지 않았다. 남에게 보증을 잘못 서서 곤혹을 치르기도 했다. 집이 없는 군인이라 집을 장만한다고 남의 솔깃한 속임에 넘어가기도 했다. 결국 눈덩이같이 불어나는 짐을 감당하지 못하여 전 가족이 함께 고통을 분담하여야 했다. 어린 수진이와 정석이가 받은 충격은 더욱 감당하기가 어려웠을 것이다. 군무에 매인 몸이라 집안일을 몰랐던 것이 아쉽기도 했다.

어려운 난관을 극복하고 외할머니와 외할아버지 슬하에서 슬기롭게 자라난 수진이는 반듯하면서도 강인한 생활력을 스스로 키웠다. 정석이는 학교를 많이 옮기면서도 새로운 환경에 잘 적응하였고 극한 상황 하에서도 명석한 판단력과 확고한 인생관을 가지고 자랐다. 이러한 자식들의 올바른 성장에 부모로서 감사할 다름이다.

## 2. 만학도로서

전역을 한 후 한동안 할일 없이 소일하고 있었다. 매일 출근을 하다가 집에서 쉬게 되니 생활의 리듬이 깨어져서 건강에도 해로웠다. 사람은 일을 해야 하는 동물이라는 것을 실감했다. 같은 처지에 있는 동기생들이 삼식이가 되어 집에서 미운 오리털이 되어가고 있다고 했다. 삼식이는 하루 3끼 식사를 집에서 하는 사람을 말한다. 집사람은 삼식이가 부담스러울 수밖에 없다. 삼식이가 되지 않기 위하여 전역한 동기생들과 등산, 골프, 낚시, 바둑 서예 등 평소에 하지 못했던 취미생활을 했다. 교회에 나가는 주일을 제외하고 월요일부터 토요일까지 일과표를 만들어서 규칙적인 생활을 해보려고 했다.

삼식이 때 태릉CC에서 골프
(왼쪽부터 필자, 김재명 장군, 강성철 장군, 이해종 장군)

내가 살고 있는 1000세대가 넘는 주상복합아파트 아이파크분당에는 취미생활을 할 수 있는 각종 동호회가 잘 되어있다. 서예, 골프, 등산, 낚시 등 아파트주민들의 모임이 활발하다. 짧은 시간 공부한 서예솜씨로 전시회까지 했다. 입주한지 얼마 되지 않은 아파트라 하자가 많았다. 새로 입주한 주민들이 입주자대표회의를 구성했다. 내가 초대 입주자대표회의 회장으로 추대되어 주민들을 위한 하자문제를 해결하는 해결사 역할도 했다.

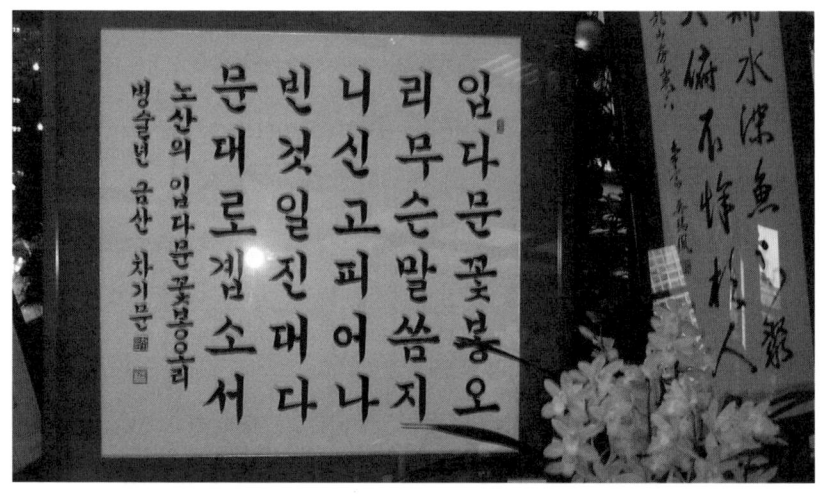

아이파크분당 서예전에 전시된 필자의 작품

그러나 확실한 목표가 없는 생활은 무의미함을 느꼈다. 공부를 계속하기로 했다. 배우는 것은 나이에 관계가 없다고 생각했다. 일생을 통하여 배우면서 살아야 한다는 것이 나의 신조였다. 현역에 있을 때 고려대학교와 미국 트로이 주립대학에서 석사학위를 이미 받았기 때문에 박사과정에 들어가기로 했다.

수소문을 하니까 서울에 있는 경남대학교 분교에서 박사학위 공부를 할 수 있다고 했다. 경남대학교는 원래 해인대학교가 모체였다. 박정희 대통령의 경호실장이었던 박종규의 동생 박재규가 해인대학을 인수하여 마산에서 경남대학교를 창설했던 것이다. 경남대학교 부설 북한대학원과 극동문제연구소가 서울 삼청동에 있다.

미국 트로이주립대학 석사학위를 받는 필자

박재규 총장을 찾아가서 박사학위 공부를 하겠다고 했다. 나의 경력과 학력을 보더니 대환영이었다. 입학절차를 밟으니 나만큼 자력을 갖춘 적격자가 드물었다. 함께 공부하는 학생들 중에서 내가 가장 나이가 많았다. 그러나 만학도로서 젊은이들에 못지 않는 공부를 했다.

박사학위 공부를 하고 있을 때 고등학교 때 가장 친한 친구였던 정석명 사장이 자기 회사에서 함께 일을 하자고 제안을 해왔다. 정석명 사장은 ㈜두손21이라는 아동복 회사를 직접 경영하고 있었다. "Cankids"와 "Pippy"라는 브랜드를 가지고 아동복을 제조해서 전국 유명백화점에 유통시키고 있는 우리나라 최대의 아동복 회사였다.

㈜두손21에서 사회를 배우는 좋은 기회가 될 것 같아 쾌히 받아들였다. 일생을 군대생활만 하다가 전역한 후 일반사회를 잘 몰라 고생을 하는 사람들이 많았다. 불량한 마음을 가진 사람들이 장교가 전역하기만 기다렸다가 사회물정을 모르는 예비역에게 접근하여 퇴직금까지 다 털어가는 세상이라는 말을 많이 들었다. 정석명 사장은 나에게 친절히 사회물정을 가르쳐주었다. 제조업에서 판매업까지 모두 총괄하기 때문에 ㈜두손21은 방대한 조직을 가지고 있었다. 직원만 하여도 수백 명이 되었고 전국적으로 깔려있는 백화점 점포 80여 개를 관리하는 데는 많은 손이 필요했다.

나는 기초부터 배우는 자세를 가지고 몸으로 뛰었다. 공장에서부터 매장까지 발에 물집이 생길 정도로 현장을 직접 뛰어다니니까 세상물

정을 조금은 알 것 같았다. 군대용어에만 익숙해 있다가 일반사회용어를 이해하는데도 상당한 시간이 걸렸다. 회계와 경영기법을 책상에서는 공부를 했지만 실물경제에서는 처음으로 해보는 과정이었다.

내가 군에서 컴퓨터관련 경험이 있으니까 정사장은 회사 전산망을 구축하는 작업을 나에게 맡겼다. 처음에는 시행착오도 많았다. 그러나 컴퓨터를 통한 전산거래망을 완성해놓으니 업무의 능률이 엄청나게 향상되었다. 종전에는 백화점이 문을 닫을 시간에 점장들은 그날의 결산을 정리해서 팩스로 본사에 보고하는데 많은 시간이 소요되었다. 본사에서는 전국 80개 점포에서 판매된 결과를 다음날 아침에야 확인할 수 있었다.

㈜두손21 창립기념행사 (왼쪽부터 필자, 정석명 사장, 전무)

전산프로그램을 개발해서 본사와 각 점포를 연결해 놓으니 실시간으로 판매현황을 파악할 수 있었다. 전화선에 노트북만 연결하기 때문에 쉽게 전산망을 구축할 수 있었다. 각 점포에서 리드기로 바코드를 찍으면 품명, 수량, 사이즈, 가격 등이 실시간으로 본사 데이터베이스에 들어왔다. 이 데이터는 공장으로 연결되어 매진되어가는 품목을 즉각 제조하는 시스템이 갖추어졌다. 제조로부터 판매까지 시스템 상의 혁명이 일어났던 것이다. 나도 보람을 느꼈다. 박사과정 공부를 하면서도 일을 할 수 있었기 때문에 나에게는 더 없이 좋은 기회였다.

정석명 사장과 나는 친구이면서 형제와 같은 우정을 나누고 있다. 월드컵2002가 개최되었을 때 상암경기장에서 월드컵 4강전을 정석명 사장과 함께 구경했다. 우리가 앉아있는 좌석 뒷편에는 "꿈은 이루어진다"라는 붉은 악마의 대형 현수막과 슬로건이 경기장을 압도하고 있었다. 경기가 절정에 달하고 있는데 서해 제2연평해전 소식을 접했다. 북한해군의 기습적인 공격으로 우리 해군 제2함대 장병 6명이 전사했다는 소식이었다. 백령도를 중심으로 한 서해 5도서해역은 남북간에 충돌이 일어날 수 있는 한반도의 화약고와 같은 곳이다.

남쪽에서 월드컵이라는 세계적인 축제를 하는데 북한이 잔치집에 찬물을 끼얹고 있었던 것이다. 당장이라도 군복을 입고 현장으로 달려가서 싸우고 싶은 생각이 들었다. 정석명 사장과 나는 일방적으로 당한 제2연평해전에 대한 울분을 삼키면서 밤새도록 소주잔을 나누었다.

월드컵 2002 4강전을 관람하는 정석명 사장과 필자

## 3. A+ 박사학위

경남대학교 대학원 정치외교학 박사과정에서 열심히 공부를 했다. 서울 삼청공원으로 올라가는 감사원 옆에 위치한 교정은 조용하면서 면학분위기가 나는 곳이었다. 젊은 학생들이 대부분이었지만 그 속에서 나는 조금도 뒤떨어지지 않았다.

박사과정은 세미나 발표가 많았다. 발표는 내가 항상 솔선수범해서 했다. 최신식 도서관에는 북한관련 자료들이 세계에서 가장 많이 보관되어 있었다. 시간이 나면 항상 도서관에서 생활을 했다. 김성진 도서관 직원은 나의 자리를 고정적으로 배려해주었다. 북한에 대한 자료를 많이 찾고 있었기 때문에 북한 자료실은 내가 독차지했다. 노동신문을 비롯하여 최신 북한소식은 내가 제일 먼저 받아보았다.

북한대학원 세미나에서 주제발표를 하고 있는 필자

심지연, 함택영, 최완규 교수 등은 나에 대한 애정이 많았다. 젊은 교수들이었지만 만학에 공부를 하고 있는 나에게 각별한 관심을 가지고 있었던 것이다. 박사과정 5개 학기 36학점을 올 A+로 받았다.

1학기에는 시민사회와 지방정치, 동북아 국제관계세미나, 고대·중세서양정치사상, 대중매체와 선거, 비교정당론을 각각 3학점씩 수강했다. 2학기에는 정치변동이론세미나, 한국외교정책세미나, 현대정치이론을 수강했다. 3학기에는 비교정치가정론, 현대중국정치세미나, 외교정책세미나, 국제관계이론을 공부했다. 4학기에는 현대일본정치세미나, 국제분쟁연구세미나, 현대민주주의사상, 비교정치경제론, 정치학방법론을 수강했다. 마지막 학기에는 한국정치론을 수강하고 논문을 썼다.

논문은 "한반도 정전체제 연구(부제 : 쟁점 및 평화체제로의 전환방안)"였다. 논문심사는 심지연, 함택영, 임용순, 이서항, 최완규 교수가 맡았는데 심지연교수가 심사위원장이었다. 최완규 교수가 처음부터 끝까지 논문지도를 자상하게 해주었다.

정치외교학 박사학위를 받는 필자

2003년 7월 24일 드디어 논문이 통과되었다. 학점을 따도 논문이 통과되지 않아 학위를 받지 못한 사람들이 더 많았다. 외국어 시험과 논문심사에 합격을 해야만 박사학위를 취득할 수 있다. 함께 공부한 사람들은 김용우, 김윤태, 김재홍, 박홍도, 윤란, 조부근, 천병한, 현성일 등이었다. 현성일씨는 북한에서 실세로 있는 최고위층의 자제로 외국에서 공부를 하다가 탈북을 한 분으로 북한에 대한 산 정보를 우리들에게 제공해 주었다. 내가 나이가 가장 많았지만 논문통과를 가장 먼저 했고 학위도 제일 먼저 취득했다. 박사학위를 받은 사람들은 매년 주기적으로 모임을 갖고 친목을 도모하면서 교류를 하고 있다.

박사과정 동창(앞줄 왼쪽에서 세 번째가 필자)

제 2 장   청주대학교

1. 청주대학 강단으로
2. 북한방문
3. 아프리카 기행
4. 남같지 않은 몽골(Mongolia) 사람들
5. 알래스카 탐방

## 1. 청주대학 강단으로

경남대학교 박사과정을 공부하면서 청주대학교 객원교수로 출강하여 강의도 병행했다. 배운 것을 바로 강의할 수 있다는 장점도 있었다. 객원교수제도는 국가기관, 산업체, 연구기관의 고위 정책관리자 및 경영자 등 유능한 전문경력자가 재직기간 동안 축적한 전문경험과 지식을 후진에게 전수하기 위해 과학재단에서 시행하는 것이었다. 나의 경우 사회과학 영역인 외교·안보·국제정치 분야에 대한 체험을 학생들에게 교육함으로 대학교육의 내실화를 도모하는데 기여할 수 있었다.

청주대학교에서 학부강의를 하고 있는 필자

객원교수에게는 과학기술부에서 교육활동에 소요되는 교재연구비, 교통비, 자료수집비, 연구활동비 등을 포함하는 충분한 연구장려금(Research grant)이 지급되었다. 해당학교에서도 기타 지원을 함으로써 연금을 받고 있는 사람들에게는 현역 못지 않는 혜택이 되었다. 전에는 장군으로 전역을 하면 국영기업체 사장이나 외국에 나가 대사를 하는 경우가 많았다. 그러나 국가경영체제가 선진화되면서 그러한 제도는 없어지는 대신 객원교수제도가 신설되었던 것이다.

청주대학교 정외과 학생들 현장교육 (앞에 코트 입고 서있는 사람이 필자와 양병기 교수)

청주대학교에서 내가 맡은 분야는 정치외교학이었다. 강의과목으로는 현대정치사상, 국제정치와 한국, 남북한 정치의 이해, 북한학, 전쟁사, 리더십 등이었다. 이러한 과목을 이론뿐 아니라 실제경험을 토대로 흥미 있는 강의를 함으로써 교양과목인 경우 200명이 넘는 학생들이 수강신청을 했다. 수강신청인원이 초과하여 추가로 받아달라는 학생들 때문에 어려움을 겪기도 했다.

학생들에게 현장교육도 병행하였다. 정치 외교학 전공학생들을 데리고 국회, 정부기관, 청와대, 판문점 등을 다니면서 현장에서 교육을 실시하기도 했다. 고학년 위주로 현장교육을 실시하였는데 함께 외부에 나가 숙식을 하면서 연구를 하는 가운데 사제간의 정이 더욱 깊어졌다. 정치외교학과 주임교수인 양병기 교수의 친절한 안내로 신임교수인 나의 위상이 한층 격상되었다.

청주대학교 대학원 강의

이 이외에도 대학원, 평생교육원, 지방단체 등에 특강을 하면서 나의 강의는 절정에 달했다. 명강의라는 소문이 입에서 입으로 퍼져 사방에서 초빙하는 경우가 많았다. 객원교수의 임기는 3년간이었다. 청주대학교에서 객원교수로서 임기가 끝난 후에도 학생들의 강의요청이 쇄도했다. 특히 정치외교학 박사학위까지 구비한 상태에서 학생들에 대한 나의 강의 인기는 점점 더 올라가고 있었다.

강의를 하면서 연구활동도 활발히 했다. 나의 논문이 학회지에 게재되고 각종세미나에서 발표자로 초청을 받았다. 특히 한국정치학회와 국제정치학회 등에서는 외교, 안보와 관련된 세미나가 있을 시에 나에게 발표자 또는 토론자로 나와 달라는 요청이 쇄도했다. 월간조선 같은 간행물에는 특집으로 나의 논문이 발표되고, KBS, MBC 등 각 매스컴에서도 출연해달라는 요청을 많이 받았다. 국회에서도 나를 초청하여 많은 국회의원들이 참석한 가운데 주제발표를 하면서 바쁜 일정을 보냈다.

국회 정당 정책토론회 주제발표를 하고 나서(왼쪽에서 세 번째가 필자)

학생들의 집요한 강의요청으로 과학재단에서 주관하는 객원교수 임기가 끝난 후 청주대학교와 별도 계약을 맺고 계속해서 강의를 했다. 현역에 있을 때보다 더 바쁘고 보람된 시간을 보내게 되었다. 제37사단장으로 인연을 맺은 청주가 나의 제2고향이 되었던 것이다.

## 2. 북한방문

대학에서 북한학을 강의하면서 북한을 한번 갈 볼 필요가 있었다. 폐쇄적인 사회로서의 특징을 가지고 있는 북한이기 때문에 1차 자료획득이 제한되고 자료검증도 어려움이 많았다. 직접 북한현실을 눈으로 보지 않고는 정확한 북한정보를 학생들에게 전달하기가 어려웠기 때문이다.

2003년 방학기간을 이용하여 북한을 직접 다녀오기로 했다. 주로 교수들로 구성된 우리 북한방문단은 평양, 남포, 영변, 묘향산, 청천강, 자강도, 양강도, 용문대굴 등을 둘러보았다. 인천공항에서 전세기를 타고 약 50분 정도 비행하니 평양 순안공항에 도착했다. 아무것도 없는 썰렁한 공항, 낡고 오래된 기종의 조그마한 비행기 몇 대만 덜렁 서있는 활주로, 커다란 김일성 사진이 먼저 눈에 들어왔던 공항풍경이 인상적이었다.

순안비행장에서 평양까지는 4차선 고속도로로 되어 있었는데 자동차로 약 40분 소요되었다. 북한의 고속도로는 군인들을 동원하여 손으로 포장을 했기 때문에 속도를 낼 수가 없었다. 순안 국제공항에서 평양까지 가는데 2~3대의 차량밖에 보이지 않았다. 중앙분리대가 없어 농부들이 소를 몰고 고속도로를 가로 질러 다니는 모습을 볼 수 있었다.

평양 순안 국제공항

인구가 350만인 평양은 핵심공산당원 등 선택된 주민들만 거주할 수 있는 도시이다. 평양시내로 들어가면 개선문을 통과하게 되는데 개선문 한쪽 기둥에는 1925, 또 한쪽 기둥에는 1945라는 숫자가 크게 새겨져 있다. 이것은 김일성이가 13세 때인 1925년에 평양을 떠나 만주로 가서 독립운동을 하다가 해방이 되면서 1945년에 평양으로 돌아왔다는 의미를 나타내고 있다. 김일성 개인의 개선문이라고 할 수 있는 것이다. 북한에는 어디를 가나 김일성과 김정일을 찬양하는 붉은 글씨로 된 구호로 가득 차 있었다. "위대한 김일성 수령은 영원히 우리와 같이 한다" "21세기의 태양 김정일 장군 만세" 등이었다. 상업용 간판은 일체 볼 수 없고 김일성 부자를 찬양하고 공산주의체제를 선전하는 구호로 가득했다.

김일성 광장

평양시내의 교통은 차가 많지 않고 여자 교통순경이 수신호로 교통정리를 하고 있었다. 사람들은 주로 걸어서 다니거나 자전거를 타고 다니고 가끔 일제 낡은 트럭 위에 사람들이 타고 다니는 모습을 볼 수 있었다. 북한사람들은 담배를 많이 피웠다. 길거리에서 담배를 피우는 사람들을 여기저기에서 볼 수 있었고, 담배를 선물로 주면 제일 좋아했다. 살기가 어려우니 담배를 많이 피우는 것 같았다.

평양에서 가장 큰 호텔은 고려호텔인데 여기에서 남북간에 회담을 하고, 외국 관광객들이 묵고 있었다. 호텔방에는 TV가 있었는데 17:00~23:00까지만 방영되었다. 프로그램은 모두 사회주의 체제를 선전하는 것으로 되어 있었다. 만약 남북이 TV방송을 개방하게 된다면 남한사람들은 북한TV를 한 시간만 보면 실증이 나서 채널을 돌려버릴 것이라고 생각되었다. 밤에 호텔 밖을 나가니 거리가 암흑세계와 같았다. 가로등이 있지만 전기사정이 어려워 가로등을 켜지 않았기 때문이다.

평양냉면 맛을 보기 위하여 대동강변에 있는 옥류관에 갔더니 사람이 많아 줄을 서서 한참 동안 기다려야 했다. 평양냉면이 좋다고 해서 기대를 했는데 빈대떡 한 접시가 나오고 이어서 냉면이 나오는데 서울에서 먹는 냉면보다 맛이 더 좋다고는 생각되지 않았다.

평양에는 단고기가 유명하다. 보신탕을 단고기라고 하는데 거리에서 단고기집 간판을 흔히 볼 수 있었다. 시설도 다른 음식점에 비하여 비교적 깨끗한 편이었다. 단고기는 부위별로 나왔다. 간, 창자, 다리, 배, 머리 등 부위별 요리가 나온 후 마지막으로 탕이 나왔다. 역시 단고기도 서울에서 먹는 보신탕이 우리 입맛에 맞는 것 같았다.

김일성 광장 옆에는 대동강이 흐르고 있었는데 대동강에서 손을 씻으려고 하니 물이 더러워서 손을 넣기가 싫을 정도였다. 북한은 환경오염에 대한 개념이 없기 때문에 대동강 물의 오염상태가 심각했다. 에너지가 부족하여 가동되지 않는 공장들이 많았지만 가동되는 공장에서도 굴뚝연기가 시커멓게 솟아오르고 있었다. 북한은 당장 먹고 살기가 어려우니까 환경보전이라는 개념이 없었다.

북한은 결혼을 할 때 신부집에서 결혼식을 하면 당일로 신랑집으로 신부를 데리고 간다. 신랑집으로 갈 때 강변이나 공원 등에서 사진을 찍는데 우리가 갔을 때 모란공원과 대동강변에서 사진을 찍고 있는 신혼부부들을 많이 만나볼 수 있었다.

평양에 지하철 2개 노선이 있지만 역이 모두 16개 밖에 되지 않아 서울 지하철의 1개 노선보다 더 짧은 상태였다. 지하철은 지하 300미터 깊이에 있었다. 이는 유사시 대피소로 사용하기 위해 만들었다는 것을 알 수 있었다. 광복역에서 천리마역까지 지하철을 한번 타보았는데 에스컬레이터 시설이 잘 되어있었다. 에스컬레이터가 없으면 지하 300미터까지 내려갈 수 없기 때문이었다. 지하철역 벽에는 호화로운 벽화가 잘 그려져 있었다. 이는 외국인에게 평양에도 좋은 지하철시설이 있다는 것을 선전하기 위한 것이었다. 우리 일행이 지하철을 타니까 남조선 손님들을 위하여 자리를 양보해야 한다고 하면서 모두 자리를 양보해 주어서 우리 일행은 자리에 앉아서 지하철을 시승할 수 있었다.

우리의 청소년회관 개념인 학생소년궁전이 평양시내에 있다. 관광객들이 볼 수 있도록 청소년들이 노래, 무용, 가야금. 서예 등을 하고 있었다. 우리들을 위하여 공연까지 준비해놓았는데 공연 관람요금을 지불하고 봐야 했다. 북한은 외화가 부족하여 외국사람들에게 볼거리를 제공하고 돈을 버는 재미를 톡톡히 보고 있는 것이었다.

경제적으로는 북한이 남한보다 뒤떨어져 있지만 사상적으로는 남한보다 훨씬 강하게 무장되어 있다. 북한은 주민들에게 공산주의사상을 주입시키기 위해서 어린아이 때부터 철저한 사상교육을 시키고 있다. 공산주의 이념을 주입시키기 위해서는 어린아이 때부터 가르치는 것이 효과적이기 때문에 북한은 건국초기부터 탁아소제도를 잘 발전시켜 왔던 것이다.

북한이 자랑하는 창광유치원을 방문했다. 이곳은 외국사람들이 북한에 가면 필수적으로 가야 하는 관광코스이다. 우리 일행이 가니 노래, 무용, 가야금 등을 배우고 있었고, 어린이들과 함께 손잡고 줄넘기 등 게임을 하도록 프로그램을 만들어 놓고 있었다. 창광유치원에서도 소년궁전같이 어린아이들이 공연을 하는데 어른이 하는 공연보다 더 능숙하게 연기를 하는 모습을 볼 수 있었다.

평양시내에 있는 봉수교회에 가보았는데 주일이 아닌데도 소위 그들이 말하는 목사와 목사가족 그리고 몇몇 직원들이 나와서 우리를 반갑게 맞이해 주었다. 목사의 인사말에 이어 목사가족과 직원들이 찬송가까지 부르면서 북한에도 종교가 있다는 것을 선전하고 있었다. 북한에서 번역한 우리말 성경이라고 하면서 기념으로 사가라고 진열대에 성경책을 쌓아놓고 있었다. 봉수교회 목사와 직원들의 얼굴에는 윤기가 흐르고 있었다. 이는 관광객들에게 성경책 등을 팔면서 다른 북한 주민들보다 다소 여유로운 생활을 하고 있었기 때문이었다.

북한은 민족주의를 강조하고 있다. 단군을 신화 속의 인물을 뛰어넘어 실존 인물로 부각시킴으로써 고조선, 고구려, 고려로부터 김일성 김정일로 이어지는 민족주의적인 주체사상을 추구하고 있다. 이를 위하여 평양에 단군왕릉을 복원한 것에 이어, 1993년에는 고구려 동명왕릉을, 1994년에는 개성에 고려 태조 왕건릉을 웅장하게 복원해 놓고 있다.

동명왕릉 (필자 옆에 북한 여성안내원이 앉아있다.)

동명왕릉과 단군릉을 둘러볼 기회가 있었는데 단군릉은 묘 속에 들어갈 수 있도록 해놓았다. 속에 들어가니 단군과 단군부인의 관이 나란히

놓여있었고 관속에는 시신이 들어있다고 했다. 돈을 주면은 시신까지 보여줄 수 있다고 했다. 모든 것이 사실인지에 대한 의심을 하게하는 장면들이었다.

북한 농촌지역은 비포장도로가 80%이상이었다. 우리가 묘향산과 용문대굴을 방문할 시 우리 차가 먼지를 내고 지나가니까 길을 가던 북한 주민들이 먼지를 덮어썼다. 그러나 아무 불평도 하지 않고 우리들에게 손을 흔들면서 환영하는 장면을 보고 북한 주민들이 가련하고 안스러웠다. 농촌은 소달구지가 주 수송수단이었으며, 목탄차, 증기기관차가 달리는 장면을 목격할 수 있었다. 집들은 유리창이 깨어져서 비닐로 창문을 가려놓고 있었다.

묘향산으로 갔는데 그곳에는 김일성 별장이 있었다. 별장 옆에 국제친선관이라고 하여 그 동안 김일성과 김정일이 외국 원수들로부터 받은 선물이 진열되어있었다. 산속에 바위를 뚫어 강당 같은 큰 방이 5개가 있었는데 3개 방에는 김일성 진열품이 있었고 2개 방에는 김정일 진열품이 있었다. 김정일 진열실 1개 방에는 남조선관이라고 하여 남한에서 보내준 선물로 가득 차있었다. 역대대통령들이 보낸 기념품이 진열되어 있었는데 공간이 남아있으니까 남한 기업체에서 김정일에게 사용하라고 보낸 장비들을 채워놓았다. 정주영이 보낸 현대 다이너스티 자동차, 이건희가 보낸 삼성프로젝션 TV, 에이스 침대 등이 진열되어있었다.

안내원이 남한 지도자들이 북한 김정일 국방위원장을 흠모해서 존경하는 의미로 이러한 선물을 보내왔다고 선전하고 있었다. 북한 주민들과 학생들도 의무적으로 이곳에 와서 관람을 하는데 북한주민들에게 교육을 시키기 위한 시나리오라는 것을 느낄 수 있었다.

묘향산 등산을 했는데 수학여행 온 북한 학생들을 만날 수 있었다. 그들과 함께 등산을 하면서 대화를 나누는 가운데 북한학생들이 사상교육을 철저히 받았다는 것을 느낄 수 있었다. 학생들이 중학생같이 키가 작은 것을 보고 어느 중학교에 다니느냐고 물었더니 대학생이라는 대답을 했다. 북한사람들은 영양상태가 좋지 않아 키가 작다는 것을 여기서도 확인할 수 있었다.

묘향산에 수학여행 온 북한학생들과 함께 (오른쪽에서 두 번째가 필자)

묘향산에 이어 남포로 갔다. 평양에서 50분 정도 고속도로를 따라 서해안쪽으로 가니 남포시가 나왔다. 남포에 들어가니 문선명 통일교에서 설립한 평화자동차 공장이 있었다. 이 평화자동차공장은 2002년에 설립된 것으로서 여기에서 생산되는 자동차는 소형승용차인 "휘파람"과 레저용인 "뻐꾸기"가 있었다. 이들 차량들은 모두 이태리 피아트 자동차회사에서 부품을 가져와서 조립을 한 것이었다. 쌍용자동차에서 생산되고 있는 체어맨 부품으로 "준마"라는 자동차도 조립생산하고 있었다. 평화자동차회사 관리자들은 남한에서 간 사람들이었고 노동자들은 모두 북한사람들이었다. 북한 노동자들은 앞으로 통일이 되면 "휘파람", "뻐꾸기", "준마"가 남조선 전역을 누비고 다닐 것이라고 하면서 긍지와 자부심이 대단한 것을 볼 수 있었다.

북한방문 마지막 날에는 평양교예단 공연을 관람했다. 공중그네타기, 줄넘기, 곰 재주 등 북한만이 할 수 있는 교예단 공연을 보면서 북한사회가 하나의 서커스단과 같이 광대놀음을 하는 사회같다는 느낌을 받았다. 북한을 떠나오면서 그 동안 찍었던 사진을 모두 검열받아야 했다. 대부분의 사진은 압수당하고 북한에서 반출해도 좋다는 장면만 가지고 돌아와 아쉬움이 많았다.

2007년도에는 금강산을 관광했다. 서울역에서 버스를 타고 곧바로 금강산 온정각까지 갈 수 있었다. 버스에 올라탄 그대로 번호판만 테이프로 가리고 비무장지대를 넘어 육로로 갔던 것이다. 비무장지대에서 금강산까지 가는 길은 한국에서 별도로 만들었다. 북한사람들은 다닐 수 없고 남측 관광객들만 다닐 수 있도록 한 도로였다. 도로 양측에는 가로등이 켜져 있고 매끈하게 포장된 노면은 남측의 도로와 차이가 없었다. 반면에 그 옆을 지나는 북한 도로는 좁은 비포장도로에 먼지를 자욱하게 덮어쓰고 걸어가는 북한주민들을 차창 너머로 볼 수 있었다.

금강산 온정각

비무장지대를 넘으면서 남북의 차이를 확연하게 느낄 수 있었다. 북측에는 나무가 없어 민둥산으로 되어있었다. 외금강 지역으로 들어가서야 비로소 산림이 보존되어 있는 것을 볼 수 있었다. 관광코스이기 때문에 이곳에는 북한주민들이 나무를 땔감으로 베어갈 수 없도록 통제하고 있었기 때문이다.

금강산의 이름은 계절에 따라 달리 불러지기도 한다. 봄에는 금강산, 여름에는 봉래산, 가을에는 풍악산, 겨울에는 설봉산이라고 한다. 금강산의 최고봉인 비로봉(1,639m)을 기준으로 동쪽의 봉우리들에서는 동해가 한눈에 들어오고, 서쪽으로는 내륙산악지대와 접하고 있는데 이들 지역을 크게 나누어 각각 외금강, 내금강이라고 부른다.

우리 일행은 외금강에 해당되는 목란관, 삼록수, 금강문, 옥류동을 거쳐 구룡폭포까지 올라갔다. 계곡을 따라 흘러내리는 맑은 물과 기암으로 엮어진 구룡연 코스는 절경이었다. 계곡에는 구름다리를 설치해서 산을 오르는데 불편함이 없었다.

　삼일포로 가는 길옆에 인민학교가 가까이에서 보였다. 유리가 다 깨진 창문틈으로 간간히 뛰어 놀고 있는 어린이들을 볼 수 있었다. 삼일포 주변에서 북한주민들이 팔고 있는 노점상에서 들죽술, 옥수수, 감자구이 등을 사 먹을 수 있었다. 북한 당국에서 남측관광객을 대상으로 판매하는 것이었다. 옥수수를 하나 샀는데 가격도 남쪽에서와 같은 수준인 "한 달러"이었다. 북한에서는 달러만 통용이 되는데 1달러라고 하지 않고 "한 달러"라고 하였다.

　남측관광객들이 지나가는 코스에는 북한 군인들이 일정한 간격으로 서서 우리를 감시했다. 조그마한 키에 햇볕에 그을린 북한병사들의 찌들린 얼굴을 보면서 측은한 느낌을 받았다. 비무장지대를 넘어 다시 한국으로 돌아오는데 건장하고 산뜻한 국군장병들의 얼굴을 보면서 긴장감이 풀리고 내 집에 왔구나 하는 느낌이 들었다.

　금강산 관광에 이어 2008년에는 개성관광을 했다. 임진각에서 집결하여 통일교를 넘어 조금 더 들어가니 남측 출입관리사무소가 나왔다. 이곳에서 명찰, 조끼 등을 지급 받고 돈도 달러로 환전했다. 조금 더 달려가니 안내방송이 나왔다. "지금 이 차량은 막 군사분계선을 넘었습니다." 모두가 약간 술렁거리기 시작하면서 긴장감이 돌았다.

북측 출입관리사무소 입구에 도착했다. 우리는 모든 짐을 가지고 내려야 했고 우리를 내려준 버스는 다른 길을 이용하여 북측으로 가고 있었다. 출입관리사무소에서 북측에서 발급해준 증명서를 제출하니 출발이라는 도장을 꽉 찍어주었다. 일행 중에 선글라스를 쓴 사람을 보고 북측 관리자가 얼굴을 찡그리며 신경질을 부렸다. 안내원은 선글라스를 벗으라고 했는데 그대로 쓰고 갔다고 성화였다. 확성기에서는 "반갑습니다."라는 어디선가 많이 들어본 노래가 울려 퍼졌다.

> 동포 여러분 형제 여러분 이렇게 만나니 반갑습니다.
> 얼싸 안고 좋아 웃음이요, 절싸 안고 좋아 눈물일세.
> 어 허허 어 허허허허 닐리리야 반갑습니다. 반갑습니다.
>
> 동포 여러분 형제 여러분 정다운 그 손목 잡아봅시다.
> 조국 위한 한마음 뜨거우니 통일잔치날도 멀지 않네
> 어 허허 어 허허허허 닐리리야 반갑습니다. 반갑습니다.

북측에 미리 가서 기다리고 있던 우리 버스에 몸을 싣고 얼마를 더 가니 개성공단이 눈에 들어왔다. 남측의 일반 공단모습과 같아서 이곳이 북한인지 실감이 나지 않았다. 우리은행 간판과 24시 편의점도 눈에 들어왔다. 개성공단을 거쳐 개성시내로 들어갔다. 개성은 38선 이남에 위치하여 한국전쟁 이전에는 한국땅이었다. 서울 50Km, 평양 162Km

이라는 어설픈 글씨로 쓴 도로간판을 보면서 서울이 더 가깝구나 하는 것을 실감했다.

오랜 시간 동안 사회주의 체제하에서 개성은 낡고 초라한 도시로 변해있었다. 주민들은 자전거 아니면 걸어서 다니고 차량은 거의 볼 수 없었다. 건물도 낡아서 한국의 60년대로 다시 돌아간 느낌을 주었다. 남루한 옷을 입고 걸어 다니는 개성사람들을 차창 너머로 볼 수 있었는데 모두가 어두운 얼굴을 하고 있어 측은한 느낌을 주었다.

개성시내에서 점심식사를 위해 들른 곳은 백송식당이었다. 13첩 반상기로 13가지 개성토속 음식이 놋그릇에 담겨 나왔다. 대체로 먹을 만한 맛이었지만 예상외로 입에 맞지 않는다는 사람이 많았다. 반세기 이상 갈라진 남북의 음식 맛이 세월의 속도와 비례해서 달라질 수밖에 없다는 것을 느끼게 하는 장면이었다.

식사를 마치고 커피 인삼차 등 간단한 차를 사서 마실 수 있었는데 종이컵 한잔에 무조건 "한달러"라고 했다. 커피 한잔이 북한주민 한달 월급의 1/4이라니 그 커피를 팔고 있는 점원이 느끼고 있을 무시무시한 문화적 충격이 걱정되기도 했다.

정몽주가 이방원에게 맞아 죽었다는 선죽교를 갔다. 한복을 곱게 차려입은 안내원의 설명을 들으면서 선죽교 역사공부를 하는 시간이 되었다. 선죽교는 919년에 건설된 길이 8.35m, 너비 3.36m의 석조다리이다. 건설 당시에는 선지교라고 불렀으나 정몽주가 이 다리에서 피살된 때부터 선죽교라고 고쳐 부르게 되었다.

선죽교 위에는 붉은 색 무늬가 군데군데 비치고 있어 정몽주의 핏자국으로 오해할 정도이었다. 그러나 그 붉은 색은 핏자국이 아니라 돌 속에 포함된 철이 산화되면서 나타나기 시작한 자연변화였다. 다리에 돌로서 칸막이를 설치해 놓은 것을 볼 수 있었다. 칸막이는 조선시대에 와서 일부러 설치한 것이라고 했다. 정몽주를 흠모하고 있었던 개성부사가 새로 부임하고 나서 선조의 피가 묻은 다리를 어찌 밟고 다니냐고 해서 칸막이를 설치해 놓았다고 했다.

개성 선죽교에서 북한 안내원이 설명을 하고 있다.

이어서 박연폭포로 향했다. 박연폭포는 개성에서 평양으로 가는 고속도로를 따라 약 30분 거리에 위치하고 있었다. 고속도로가 오래되고 낡아서 차량이 거북이걸음을 했다. 길가에는 일정한 간격으로 북한 군인들이 부동자세로 우리를 감시하고 있었다. 금강산에서 남측 관광객이 출입금지구역에 들어갔다가 피살된 직후라 감시가 더욱 심했다. 박연폭포에 도착할 때까지 군인들 이외에는 민간인을 볼 수 없었다.

박연폭포

35m 높이의 박연폭포 위에는 직경 8m의 아름다운 연못이 있다. 이곳에서 떨어지는 물이 고모담이라고 불리우는 직경 40m의 용추를 형성하고 있다. 용추의 동쪽언덕에는 범사정이라는 절이 있다. 옛날 이 호수 속에 있던 용녀가 어느 달 밝은 밤에 박진사라는 청년이 불고 있는 피리소리에 홀려서 호수 속으로 그 청년을 유인해 버렸다. 자식을

잃은 어머니는 슬픈 나머지 폭포 밑으로 몸을 던졌다. 이 이후로 이 폭포를 박연폭포라고 하고 밑에 있는 담을 고모담이라고 불렀다고 한다. 이 박연폭포는 서경덕과 황진이와 더불어 송도삼절(松都三絶)로 알려지고 있다.

박연폭포를 보고 다시 왔던 길을 따라 개성시내로 들어갔다. 북한주민들과의 접촉을 막기 위하여 차에서 내리지 못하게 했다. 차량마다 4명의 북한 감시원들이 타고 있으면서 지정된 장소에서의 식사와 차를 마시는 것 외에는 고립된 상태였다. 철저한 통제를 받으면서 개성공단을 거쳐 북측 출입국사무소에 도착했다. 이제는 "반갑습니다" 대신에 "다시 만납시다"라는 노래가 울려 퍼지고 있었다.

> 백두에서 한라로 우린 하나의 겨레
> 헤어져서 얼마나 눈물 또한 얼마였던가
> 잘 있으라 다시 만나요 잘 가시라 다시 만나요
> 목메어 소리칩니다. 안녕히 다시 만나요.
>
> 부모형제 애타게 서로 찾고 부르며
> 통-일아 오너라 불러 또한 몇해였던가
> 잘 있으라 다시 만나요 잘 가시라 다시 만나요
> 목메어 소리칩니다. 안녕히 다시 만나요.

같은 민족이면서 반세기만에 너무나 달라진 남북의 모습을 보면서 측은한 마음을 금치 못했다. 빵도 없고 자유도 없는 북한 동족의 비극이 하루 빨리 사라지고 남북이 얼싸안고 함께 춤추는 그날이 오기를 기원하면서 서울로 향했다.

## 3. 아프리카 기행

2006년 1월 28일부터 2월 4일까지 잠비아(Zambia), 짐바브웨(Zimbabwe), 보츠와나(Botswana), 남아프리카공화국(Republic of South Africa) 등 평소 한번 가보고 싶었던 아프리카지역을 여행했다. 인천국제공항에서 홍콩을 거쳐 요하네스버그(Johannesburg)까지 간 후 다시 잠비아까지 가는데 비행시간만 19시간이 소요되었다.

잠비아는 평균 섭씨 30도가 넘는 무더운 나라였지만 그늘에만 들어가면 시원한 느낌을 주고, 때때로 내리는 스콜현상은 더위를 식혀주는 청량제 역할을 했다. 일교차가 심하여 밤에는 싸늘한 느낌을 주고 있기 때문에 감기에 걸리기 쉬운 기후이었다. 1급 호텔인데도 방에 들어가니 침대에 모기장이 쳐있었다. 말라리아 예방약을 복용했지만 모기장을 보는 순간 황열병과 말라리아에 조심해야겠다는 생각을 했다.

잠비아에는 잠베지(Zambisi)강이 흐르고 있는데 잠비아라는 국가이름도 이 강에서 따온 것이다. 이 강에서는 선셋크루즈를 타기 위하여 많은 관광객들이 모여들고 있었다. 네덜란드 사람들과 함께 탄 우리 일행의 크루즈는 하마, 악어, 코끼리, 원숭이, 임팔라 등의 환영을 받았다. 3시간 동안 선상유람을 했는데 지평선 아래로 가라앉고 있는 황혼은 장관을 이루었다.

잠베지 강변에서 만난 원주민들과 함께 노래하는 필자

초베국립공원(Chobe national park)을 보기 위하여 잠비아에서 보츠와나로 들어갔다. 아프리카에서는 미리 비자를 받는 것이 아니라 국경을 넘으면서 여권을 제출하고 현장에서 비자를 받게 되어있었다. 보츠와나 국경선에서 비자를 받고 간단한 입국절차를 거치면 되는데 일을 처리하는 속도가 대단히 느리었다. 가이드가 껌이나 사탕 같은 것을 주면 빨리 처리된다고 하여 한국에서 가져간 껌 한 통을 건네주니 입국처리속도가 빨리 진행되었다. 일을 처리하면서 무엇이든지 바라고 있는 이곳 관료들을 보면서 후진국에는 부정부패가 많다고 하는 말이 실감났다.

초베국립공원은 사자, 표범, 코끼리, 하이에나, 악어, 얼룩말, 하마, 코뿔소, 버팔로, 늑대, 기린, 타조 등의 다양한 야생동물들이 자유롭게 서식하면서 약육강식(弱肉强食)의 동물왕국을 이루고 있었다. 이 중에서 표범, 사자, 코끼리, 코뿔소, 버팔로는 빅5라고 하여 이 동물들을 모두 볼 수 있다면 행운이 온다고 하여 사파리 차들이 빅5를 찾기 위하여 동분서주하고 있었다. 우리가 갈 때는 건기이기 때문에 버팔로들이 북쪽 탄자니아쪽으로 이동을 해 버려서 빅4만 보게 되어 아쉬웠지만 이 정도를 볼 수 있는 것도 행운이라고 가이드가 말했다.

빅토리아 폭포

보츠와나의 초베국립공원에서 자동차를 타고 2시간 정도 달려서 짐바브웨(Zimbabwe) 국경에 도착했다. 짐바브웨에서 세계 3대 폭포 중의 하나인 웅장한 빅토리아 폭포(Victoria Falls)를 볼 수 있었다. 1855년에 영국인 탐험가이며 선교사이었던 리빙스톤(David Livingstone)이 이 폭포를 발견했던 것이다. 당시의 영국 여왕 이름을 따서 빅토리아 폭포라고 명명했다. 폭포의 높이는 108m이고, 폭은 1,800m로서 높은 낙차에 의하여 발생하는 물안개와 무지개가 장관을 이루고 있었다.

아직 때묻지 않은 순수한 아프리카 원주민들의 마음속에서 사랑과 정을 듬뿍 느낄 수 있었다. 개발되지 않고 자연 그대로 보존되어 있는 광야를 보면서 무궁한 발전 잠재력을 감지하면서 남아프리카공화국으로 넘어갔다. 아프리카에서 유일한 온대기후 지역인 남아프리카공화국은 완전히 다른 세상같이 느껴졌다. 6차선 고속도로에 넘치고 있는 자동차물결과 광야에 펼쳐져 있는 거대한 농장들을 바라보면서 원시사회에서 21세기 문명사회로 다시 돌아온 기분이었다.

남아공 연방의회가 있는 케이프타운은 요하네스버그 다음으로 큰 도시로서 희망봉(Cape of good hope)과 물개섬(Seal Island) 등이 있다. 1497년 항해사 바스코다가마가 인도에서 유럽으로 가는 중에 풍랑을 만나 침몰 직전에 육지에 상륙하게 되었는데 이곳이 바로 지구의 끝 희망봉이다. 이 곳을 지나면 유럽으로 닿을 수 있기 때문에 희망이 있다고 하여 희망봉이라고 불렀다.

케이프타운 희망봉

　케이프타운에서 15분 정도 쾌속선을 타고 가니 물개섬에 도착했다. 섬에 내릴 수는 없었지만 배가 섬 주변을 돌면서 바위 위에서 놀고 있는 수천 마리의 물개를 볼 수 있었다. 물개는 수놈 한 마리가 50마리의 암놈을 거느리는데 싸움에서 진 다른 수놈은 평생 숫총각으로 지낸다고 했다. 우리 일행 중에 한 사람이 물개심을 살 수 없느냐고 가이드에게 물으니 돈만 주면 식당에서도 얼마든지 살 수 있다고 해서 지갑에서 돈을 꺼내는 사람들이 많았다.

　남극에서만 서식하는 줄 알고 있었던 펭귄을 이곳에서 볼 수 있었다. 1부1처제를 철저히 지키고 있는 펭귄은 잉꼬새보다 더 금실이 좋다. 어느 한쪽이 죽으면 며칠간 울면서 먹지도 않고, 새끼를 부화시킬 때는 알을 교대로 품으면서 다정한 부부의 정을 나누기도 한다. 우리 일행

가운데 한 부부가 있었는데 부인이 바람을 잘 피우는 남편을 보고 저 펭귄들은 당신보다 낫다고 하여 부부싸움이 나기도 했다.

물개섬

남아프리카공화국은 흑인들에 대한 인종차별이 심한 국가였다. 백인들은 자신들만이 이용할 수 있는 버스를 만드는가 하면 모든 부를 자신들이 독차지해 버렸다. 결국 남아프리카 원주민들은 자신의 나라에서 자신들의 인권을 침해당한 것이었다.

그러나 만델라(Nelson R Mandela)의 끈질긴 인권운동에 의하여 백인통치에서 흑인통치로 넘어가면서 흑인들의 인권이 회복되었다. 케이프타운에서 보면 멀리 조그마한 섬이 하나 보이는데 그 섬에서 만델라는 28년간 감옥생활을 하면서 흑인 인권운동을 펼치다가 1994년에 총선거를 통해 초대 흑인대통령으로 당선되었다.

백인정부에서 흑인정부로 넘어가면서 능력이 모자라는 흑인들까지 모두 백인의 자리를 차지했다. 흑인들은 행정능력이 뒤떨어지는데다가 부정부패가 심하여 권력이동에 대한 심한 홍역을 치르고 있었다. 심지어는 만델라 대통령의 영부인까지도 부정부패를 많이 했기 때문에 만델라는 영부인과 이혼을 하고, 30세 연하인 콩고 대통령 미망인과 재혼을 한 상태이었다.

　아프리카지역에는 에이즈가 심하여 고속도로변 간판에 '콘돔사용을 생활화하자'라는 선전문구를 쉽게 볼 수 있었다. 만델라 대통령 아들도 에이즈로 사망할 정도로 아프리카지역에는 에이즈에 의한 어려움을 겪고 있었다.

　그러나 이러한 어려운 과도기를 지나면 남아프리카공화국은 크게 발전할 수 있는 무한한 잠재력이 있다고 보았다. 광활하면서 많은 자원이 매장되어 있는 이 땅에서 누가 먼저 교두보를 확보하느냐가 문제이다. 중국은 이미 아프리카의 밝은 미래에 대한 예측을 하고 많은 투자를 하고 있다. 우리나라도 이러한 잠재력이 풍부한 지역에 관심을 가져야 되겠다고 생각했다. 이미 진출기반은 마련되어 있다고 보았다. 삼성, LG, 현대 등 우리 기업들의 이미지는 대단히 좋은 평가를 받고 있었다. 아프리카 사람들은 대한민국은 몰라도 삼성, 현대, LG는 잘 알고 있는 것을 확인하고 우리의 아프리카 진출 교두보는 이미 마련되어 있다고 보았다.

## 4. 남같지 않은 몽골(Mongolia) 사람들

2006년에는 한몽교류진흥협회의 협조 하에 한강포럼 탐방단 17명이 몽골을 갔다. 한때 세계 역사상 가장 강대하고 거대한 제국을 건설했던 칭기즈칸(Chinggiskhan)의 후예들이 모여 살고 있는 나라, 몽골을 탐방하기 위해 장도에 오른 것이다. 함께 간 일행 중에는 금진호 전 상공부장관도 있었다. 금장관은 나의 대륜 선배로서 후배들의 존경과 신뢰를 받고 있는 훌륭한 분이었기 때문에 함께 여행을 하게 되어 대단히 반가웠다.

인천국제공항에서 3시간 30분을 비행하니 몽골의 수도 울란바토르(Ulaanbaatar) 칭기즈칸 공항에 도착한다는 기내 방송이 나왔다. 시계를 맞추기 위하여 현지시간이 어떻게 되느냐고 스튜어디스에게 물으니 "몽골은 한국과 같은 시간대이기 때문에 시간을 조정할 필요가 없다"고 했다. 이 말을 들으면서 생각보다 몽골이 가까운 나라라는 것을 실감할 수 있었다.

칭기즈칸 공항에 내리니 사람들의 외모나 얼굴모양이 전혀 이국적인 느낌을 주지 않고 한국의 어느 국내공항에 내린 것 같은 기분이 들었다. 가까운 일본이나 중국만 가더라도 느낌이 다른데 몽골사람들은 친척을 만난 것 같은 친근감과 동질성을 느끼게 했다. 몽골반점을 공유하고 있다는 사실 때문인지 몰라도 몽골사람들도 우리를 보는 감정이 이국적이지 않다고 하면서 소박하고 친절하며 따뜻한 정을 보여주었다.

몽골사람들이 칭기즈칸에 대한 강한 자부심을 가지고 있는 것 볼 수 있었다. 칭기즈칸이 나라를 세운 1206년을 원년으로 하여 건국 800주년 기념행사가 몽골 곳곳에서 열리고 있었다. 공항청사 벽에 칭기즈칸 시대 즉 원나라 황제들의 대형 초상화가 걸려있는 것을 시작으로 호텔, 술, 도로, 건물 등에도 칭기즈칸이라는 명칭이 쓰이고 있었다.

공항에서 호텔로 가는 버스 안에서 전에는 몽고라고 하였는데 요즈음은 왜 몽골이라고 부르는가를 물어보았다. 가이드가 대답하기를 중국에서는 몽고라고 하고, 서구에서는 Mongolia라고 하지만 몽골어로는 몽골(Mongol)이라고 발음하기 때문에 원음을 그대로 호칭하는 원칙에 따라 몽골이라고 부른다고 했다. 중국에서 부르는 몽고(蒙古)라고 하는 것은 몽매하고 후진성을 벗어나지 못한 종족이라는 뜻이다. 오래 동안 몽골 족의 침략에 시달려온 중국인들이 몽골을 낮춰 부르기 위해 사용한대서 비롯됐기 때문에 몽고라고 부르는 것을 몽골사람들은 대단히 싫어한다.

몽골의 수도 울란바토르에는 전체인구 280만의 25%인 70만 명이 몰려 살고 있다. 시내에는 몽골의 전통가옥 게르 대신에 아파트가 많이 들어서고 있으며, 거리에는 한국에서 수입된 중고 자동차가 홍수를 이루고 있었다.

몽골은 13세기 초 칭기즈칸에 의하여 초원에 흩어져 있던 부족을 통합한 후 세계를 정복하는 대제국을 건설하였지만 몽골이 세운 원나라가 패망한 이래 청나라의 교묘한 몽골 분열정책에 따라 내몽골과 외몽골로 나누어졌다. 1911년 청나라 왕조가 멸망하게 되자 외몽골은 독립을 선언했지만 중국의 견제를 계속 받아오다가 1921년 소련의 지원을 받아 완전독립을 하면서 소련의 영향 하에 사회주의체제로 출범을 했다.

그러나 1990년 초, 소련 공산주의의 몰락과 더불어 몽골도 사회주의체제가 무너지면서 국호를 몽골인민공화국(Mongolian People's Republic)에서 몽골 공화국(Republic of Mongolia)으로 바꾸고 국가체제도 민주주의로 전환하면서 인간의 기본권리와 개인의 자유뿐 아니라 종교의 자유를 완전히 보장하고 있다.

한편 내몽골은 계속 중국의 통치 하에 있으면서 중국의 한 자치구로 설정되어 있다. 중국에 의한 내몽골의 중국화 정책에 따라 한족의 이주가 급증하면서 한족이 내몽골 인구의 90%를 차지하고 있다. 몽골족은 소수민족으로 전락하고 내몽골자치구는 완전히 중국화 되어가고 있다. 그래서 우리가 몽골이라고 하는 것은 내몽골을 제외한 외몽골을 말하는 것이다.

몽골여행 중에 몽골 최대의 휴양지 테렐지(Terelj)를 빠뜨릴 수 없었다. 우리가 테렐지에 도착하니 몽골의상을 한 유목민이 잘 조련된 말과 함께 대기하고 있었다. 말을 30분간 타는데 1$(US)이며, 한국 돈 1,000

원을 주어도 받았다. 몽골사람들은 어릴 때부터 말을 타면서 자란다. 어린 여자아이 두 명이 푸른 초원에서 먼지를 일으키며 신나게 말을 타고 달리는 장면을 보면서 우리 일행은 감탄의 박수를 보냈다.

몽골 말

몽골사람들의 절반이상이 살고 있는 게르(Ger)를 빼고는 몽골 이야기를 할 수 없다. 유목민의 가옥인 게르는 하얀색의 둥근 천막으로 3시간 정도면 설치하거나 철거할 수 있다. 바퀴가 여러 개 달려있어 보다 쉽게 이동할 수 있는 고급형도 있다. 도시 아파트에 사는 사람들도 여름에는 초원에 설치된 게르에서 지내기를 원한다.

게르의 문은 반드시 남쪽으로 향하게 되어 있으며 안에는 중앙에 난로가 있다. 게르에서 할아버지, 할머니, 아버지, 어머니, 손자 등 모든 가족이 함께 살고 있다. 이러한 게르에서 양고기로 만든 몽골의 전통음식에다가 보드카 칭기즈칸과 마유주(馬乳酒) 등을 마시면서 유목문화의 진수를 맛볼 수 있었다.

전통 게르

광활한 초원을 지나면서 성황당, 장승 등 우리나라와 유사한 몽골의 풍습을 볼 수 있었다. 이러한 풍습은 고려시대 우리 여성들이 공녀(貢女)로 뽑혀 몽골로 보내졌던 것에서 기인했다. 오늘날까지 전해오고 있는 한국과 유사한 생활풍습이나 민속을 살펴보면 성황당, 장승, 공기놀이, 굴렁쇠 굴리기, 가위 바위 보, 씨름, 신선로, 귀신에 먼저 음식을 바치는 고수레, 신방 엿보기, 신랑 다루기, 신부의 두 볼에 찍는 연지 등을 들 수 있다.

몽골 성황당

고려시대에는 우리나라가 6차에 걸쳐 몽골군의 침입을 받으면서 공물(貢物)과 공녀(貢女)까지 바치기까지 하였다. 우리나라 왕들은 몽골 즉 원나라의 공주를 왕비로 맞아드리는 것이 관례로 되어 있었다. 그러나 오늘날에는 몽골이 우리의 도움을 간절히 바라고 있는 모습을 보면서 국가 리더십이 얼마나 중요한가를 느끼고 대한민국 국민의 한 사람으로써 감회가 새로웠다.

우리 일행이 엥흐바야르(Nambaryn Enkhbayr) 몽골 대통령을 집무실에서 만났다. 엥흐바야르 대통령은 "한국의 새마을운동을 몽골의 근대화 모델로 삼고 있다"면서 한국과 더 많은 교류를 희망했다. 몽골은 1인당

국민소득이 한국의 1/30에 불과한 실정이기 때문에 몽골인들은 한국에 가서 일할 수 있기를 간절히 바라고 있었다. 실제로 몽골인구의 1%인 28,000여 명이 한국에서 근로자로 체류하면서 몽골 외화수입의 절반이상, 국내총생산(GDP)의 10%를 본국으로 송금하고 있다.

왼쪽으로부터 김문환 서울대 교수, 김용원 조선일보 편집국장, 몽골대통령, 금진호전상공부장관, 임영자한몽교류회장, 필자

냉전시대에 사회주의 체제를 따랐던 몽골이 탈냉전 후 민주화되면서 북한보다는 남한과의 교류가 훨씬 많아지고 있다. 울란바토르 시내에는 미장원, 음식점, 사우나, 각종상점 등 한국 간판이 즐비하게 늘어서 있고 한국말을 하는 몽골사람들을 많이 만날 수 있었다. 한국과 몽골간의 교류가 얼마나 많은가는 인천국제공항과 칭기즈칸공항 간에 대한항

공이 매일 운항을 하는데도 빈자리가 없을 정도로 효자노선이 되고 있는 것을 보아도 알 수 있었다.

울란바토르 시내에 30여 개의 한국식당 가운데 북한식당이 하나 있었다. 줄곧 한국식당을 이용하다가 마지막 날 저녁에는 북한식당을 한 번 이용하는 기회가 있었다. "평양 모란식당"이라는 한글 간판이 있는 건물 안으로 들어가니 평양에서 파견된 색동옷 입은 종업원 아가씨들이 친절하게 우리 일행을 맞이했다. 우리가 찾아온다는 연락을 미리 받고 식탁에는 쇠고기볶음, 버섯요리, 김치찌개, 생채, 콩나물 등으로 깔끔하게 차려놓고 백두산 들쭉술이 식탁마다 한 병씩 놓여 있었다.

마지막으로 비빔냉면을 서비스한 후 여자 종업원들이 마이크를 잡더니 노래방기기 반주에 맞추어 "반갑습니다" "휘바람" "다시 또 만나요" 등 북한노래를 메들리로 부르면서 춤과 함께 분위기를 돋웠다. 종업원들이 부르는 노래배경화면에 태극기가 휘날리는 장면이 나오는 것이 신기했다. 나중에 알아보니 노래반주기가 한국에서 제작된 "금영" 제품이었다. 겉으로는 태연한 척하지만 내심으로는 한국을 부러워하는 눈치를 이들로부터 느낄 수 있었다.

몽골은 한반도의 7배나 되는 광활한 초원에 인구는 대구 정도 되는 280만 명에 불과하지만 무한한 잠재력이 있는 나라이다. 특히 풍부한 에너지와 광물자원 그리고 넓은 초원지대를 개발하는데 우리의 기술과 자본을 투여할 만한 약속의 땅이라고 생각하면서 서울로 향했다.

## 5. 알래스카 탐방

2005년 8월 7일부터 8월 18일까지 알래스카를 탐방했다. 인천공항에서 7시간을 비행 후 앵커리지(Anchorage)에 도착했다. 옛날에 미국을 가면서 들린 앵커리지 공항은 크고 현대적인 시설이었다. 그런데 이번에 보니까 시설이 낡고 공항도 한산했다. 냉전이 끝나고 공산권국가의 영공으로 항공기가 통과할 수 있게 되니 앵커리지를 거치지 않아도 목적지까지 갈 수 있기 때문이었다. 또 항공기 성능이 발달되니 앵커리지에서 연료재보급을 하지 않아도 되기 때문에 공항이 한산했던 것이다.

앵커리지에서 미국 국내선 비행기로 갈아타고 코디악(Kodiac)으로 갔다. 코디악은 알래스카 서남부해안에 위치한 백야현상이 일어나는 조그마한 섬이다. 밤 12시인데도 대낮같이 밝아 밤인지 낮인지 구분이 되지 않았다. 너무나 낮의 길이가 길어 생활의 리듬이 깨어지는 듯 했다.

코디악에서 바다낚시를 했다. 광어, 우럭, 연어들이 잡혔다. 1미터 크기의 할리밧도 잡혔다. 하루 동안 낚시를 하니 배에 고기가 가득했다. 우리 낚싯배 옆으로 집채만한 고래가 물살을 가르면서 지나가고 있었다. 배가 뒤집힐 정도로 큰 물살이었다. 가까이에서 고래를 만나니 겁이 났다. 하얀 이빨을 드러낸 고래들이 금방 우리를 집어삼킬 듯 했다.

나는 낚시에는 문외한이다. 특히 바다낚시는 생전 처음 해보았다. 낚시 바늘에 달린 플라스틱 미끼는 실물과 똑같은 형태이었다. 바늘이 여러 개 달린 낚시를 바다 밑으로 내리고 바닥에 추가 닿는 느낌을 받을 때까지 릴을 풀었다. 광어는 모랫바닥에 바짝 엎드려 있기 때문에 추가 바닥에 닿을 때까지 풀어주어야 한다고 옆에 있는 낚시 전문가가 알려주었다. 내 옆에는 제5공화국시절 실세였던 허문도 장관이 있었다. 친절히 가르쳐 주는 그의 낚시 교습에 나도 반 전문가가 되는 듯 했다.

바다낚시로 광어를 잡은 필자와 허문도 전장관

보트를 타고 바다낚시 나가는 필자

　낚싯줄을 풀어놓고 잠깐 기다리니까 큰 고기가 물렸다는 느낌이 왔다. 낚싯줄이 팽팽하게 당겨졌기 때문에 릴을 감기 시작했다. 릴을 감으면서 고기가 당겨오는 쾌감은 처음으로 느껴보는 환희였다. 낚시꾼들이 낚시에 미치는 이유를 이해할 수 있었다. 초보자인 나도 잠깐 낚시를 하였는데 70cm 이상 되는 광어와 우럭 등을 수십 마리나 잡을 수 있었다. 배 위에서 잡은 고기를 바로 먹을 수 있게 초장과 칼도 준비해 갔다. 직접 잡은 고기로 배 위에서 회를 떠먹는 기분은 경험을 하지 못한 사람은 알 수 없을 것이다.

　강 하구에는 연어들이 떼를 지어 올라오고 있었다. 물 반 고기 반이 아니라 물 1/3, 고기 2/3라는 표현이 정확할 것 같았다. 우리가 강 낚시를 하려고 하니 라이센스(License)가 필요하다고 했다. 가이드에게 20$(US)을 주니까 주의사항이 적힌 종이와 함께 라이센스를 나누어 주었다. 주의사항의 핵심은 낚시를 할 때 반드시 아가미에 걸린 고기만 잡아야 된다는 것이었다. 연어가 너무 많아 낚시를 강물에 던지면 비늘이나 몸뚱이에 낚시 바늘이 걸려 올라오는 경우가 많았다. 그럴 경우 고기가 튀기 때문에 낚시 바늘이 옆 사람에게 위험을 줄 수 있어 안전사고를 일으킬 수 있다는 것이다.

알래스카 강하구에서 연어를 낚은 필자

연어는 태어나면 먼 바다로 나가 원해를 돌아다니다가 4년 후에 다시 태어난 곳으로 돌아온다. 강으로 흘러 들어가는 수많은 하구 중에서 어떤 것이 고향으로 가는 길인지를 예민한 미각과 후각을 이용해 정확히 구별해 찾아온다. 사람도 죽을 때 고향을 찾고 싶어하는 마음이 생기는데 연어와 사람은 닮은 데가 있는 것 같다.

　연어가 고향으로 돌아와서는 알을 낳기 위하여 강 상류로 올라오는데 암놈 뒤를 따라 수놈이 같이 올라온다. 암컷이 알을 물위에 뿌리면 수컷이 뒤를 따르면서 정자를 뿌린다. 이런 행위를 한 후 연어는 모두 그 자리에서 죽는다. 강가에는 죽은 연어들이 산더미같이 쌓이고 있는데 산에 있던 곰이 내려와서 이 연어들을 먹고 있었다. 한국사람들은 연어낚시보다 웅담에 침을 흘리고 있었다. 알래스카는 연어와 곰 천국이라는 것을 현장에서 확인할 수 있는 장면이었다.

　알래스카는 땅이 넓고 인구밀도가 적기 때문에 도로망이 발달되지 않아 소형비행기가 주 교통수단으로 되어 있다. 마을마다 소형비행장이 있기 때문에 어디를 가든지 비행기를 이용하고 있다. 따라서 마을과 마을의 교통을 해결해 주는 에어택시(Air Taxi)가 잘 발달되어 있다. 경비행기를 타고 베링해협으로 갔는데 그곳에서 에스키모들을 볼 수 있었다. 어릴 때 교과서에서만 에스키모를 배웠는데 실제로 그들의 동네에 가서 같이 생활해보니 감개가 무량했다.

　베링해협에서 빙하를 많이 볼 수 있다. 산더미 같은 빙하가 천둥소리를 치며 바다로 떨어지는 소리에 깜짝 놀라기도 했다. 바다 위에는 얼음 사이로 수달이 수없이 떼를 지어 다니고 있었다. 대자연이 잘 보존되어있는 곳이 알래스카라는 것을 보면서 감탄을 금치 못했다.

　앵커리지에서 자동차를 타고 비행장으로 가는데 교통사고현장을 목격했다. 지나가는 사람들이 차를 세워놓고 증인이 되어주기 위하여 명함을 건네주는 모습을 볼 수 있었다. 남의 일도 내일같이 생각해주는 장면이었다. 이기주의적인 세상에 이런 곳도 있구나 하는 생각을 하면서 우리도 배울 점이 많다고 생각되었다.

북미지역에서 가장 높은 산이 알래스카에 있는 맥킨리(Mckinly) 산이다. 만년설이 쌓인 해발 6,191미터 높이의 맥킨리 산은 많은 산악인들이 즐겨 찾는 곳이다. 우리나라 고상돈씨도 이곳 맥킨리에서 추락사고로 운명을 달리했다. 등정에는 성공했으나 하산 도중 자일사고로 추락해서 사망했다. 경비행기를 타고 고상돈 씨가 돌아간 장소에서 묵념을 잠깐 올리면서 웅장한 만년설을 둘러보았다.

귀국을 할 때 그 동안 낚시해서 잡은 광어, 연어, 우럭 등을 냉동박스에 담아서 가져왔다. 양이 많아서 아파트 사람들과 함께 나누어 먹었다. 한국에서는 볼 수 없는 자연산 1미터짜리 광어를 본 주위사람들은 놀라서 입을 다물지를 못했다.

## 제 3 장　평택대학교

1. 학군단 창설
2. 성지순례
3. 중국 자매학교
4. 영원한 삶을 위한 리더십 요체

## 1. 학군단 창설

 청주대학교에서 6년간 강의를 하다가 평택대학교로 옮겼다. 평택대학교에서 나를 스카우트한 것이다. 학회에서 주제발표와 토론자로 많이 참석하고 있던 때였다. 한국정치학회와 한국국제정치학회에서 이사로서 활동을 하면서 학회에 소속되어 있는 많은 교수들과 넓은 친분관계를 가지고 있었다.

 한국국제정치학회 회장이었던 중앙대학 김형국 교수가 평택대학교에서 나를 필요로 하니 학교를 옮길 생각이 없는가 하고 의사를 타진해 왔다. 서울에서 청주까지 출퇴근을 한다는 것이 보통 일이 아니었다. 새벽에 일어나 복잡한 고속도로를 뚫고 매일 청주까지 왕복하는데 시간을 다 보내는 상태였다. 분당집에서 평택까지는 청주의 반밖에 안되는 40분 거리이다. 평택대학교는 기독교정신을 이념으로 해서 창설된 학교이다. 하나님을 섬기는 나로서는 믿음을 바탕으로 한 학교에서 나를 필요로 한다면 이것은 하나님의 부름이라고 생각했다.

 평택대학교에서는 학군단을 창설 중이었다. 새로 학군단을 창설하는데 오랜 군 경험을 가졌으면서 대학에서 실무경력을 가진 내가 필요했던 것이다. 학군단을 새로 창설한다는 것은 대단히 중요한 과업의 하나이다. 전국 200여 개 4년제 대학 중에서 학군단이 있는 대학은 절반도

되지 않는다. 학생들은 대학에 학군단이 있는가 없는가 하는 것으로 학교를 평가하는 분위기였다.

평택대학은 오랜 전통과 역사를 지닌 수도권 명문대학이다. 1912년 피어선 박사(Dr. Arthur T. Pierson)의 유지에 따라 서울 서대문에 피어선기념성경학원을 설립하면서부터 역사가 시작되었다. 1980년 조기홍 총장에 의해 신학, 사회복지학, 음악학과를 모체로 하여 4년제 대학으로 승격되면서 서울에서 평택으로 이전하였고, 1996년 피어선대학에서 평택대학교로 개명을 했다.[1]

대학의 필요성과 나의 구미가 일치해서 평택대학교로 옮기게 되었다. 평택대학교를 세운 조기홍 총장을 처음으로 면담할 때 덕망과 믿음과 자비의 화신을 보는 듯 했다. 우리 한국의 특성상 사립학교 설립자는 족벌경영을 하는 것이 일반적인 관례이다. 그러나 조 총장은 당신의 직계는 말할 것도 없고 친척들도 대학에 접근하지 못하도록 하고 있었다. 장손이 평택대학교에 2번이나 시험을 쳤는데 성적이 미달된다고 하여 결국 불합격시킨 분으로 이름나 있다.

조기홍 총장이 나를 정교수로 승진시켜 최고의 대우를 해주겠다고 하니 나를 알아보는 총장이 더욱 존경스럽고 평택대학교에 대해 마음이 끌렸다. 대학에는 비정규직에 해당되는 비전임교수와 정규직에 해당되는 전임교수가 있다. 비전임교수로는 명예교수, 석좌교수, 객원교

---

[1] http://www.ptu.ac.kr/main1.asp 피어선기념연구원.

수, 대우교수, 초빙교수, 겸임교수 등이 있고, 전임교수는 전임강사, 조교수, 부교수, 정교수가 있다. 정교수는 교수 중에서 최고의 위치에 해당되는 직위로서 정교수가 되지 못하고 정년퇴임을 하는 경우도 있다. 정교수로 보직 받아 총장을 도와서 평택대학교를 위해 마지막 열정을 다하면서 새로 창설되는 학군단을 반석 위에 올려놓아야겠다는 사명감을 느꼈다.

모든 사람들의 관심과 배려 속에 평택대학교 학군단은 창설되자마자 전국대학 학군단 중에서 훈육관 자질, 후보생 수준, 시설 등 모든 면에서 최고의 평가를 받았다. 평택대학교에서의 강의는 청주대학교 못지않게 의욕과 긍지와 보람을 가질 수 있었다. 내 강의를 듣기 위하여 학생들이 구름같이 몰려들었다. 수강신청 기간이 되면 매 과목당 100명 정원에 두 배 이상의 학생들이 줄을 서서 대기하고 있었다. 강의실이 좁아서 강당에서 강의를 해야만 했으며. 학생들에 대한 나의 인기도 절정에 달했다. 캠퍼스를 다니게 되면 멀리서 나를 보고 "교수님!" 하고 달려와 인사를 하는 학생들을 보면서 교수로서의 보람과 자긍심을 느낄 수 있었다.

내 강의는 여학생들이 더 많이 수강신청을 했다. 남학생들은 의연한데 여학생들은 메일과 문자 메시지를 보내고 스승의 날에 꽃을 가슴에 달아주면서 귀여움을 더해주었다. 축제 때가 되면 학생들과 어울려 춤과 노래를 하면서 젊음을 함께 했다. 학생들과 같이 어울리는 가운데 몸과 마음이 모두 젊어지는 기분을 느낄 수 있었다. 이러한 분위기 속에서 학생들에게 하나라도 더 가르쳐 주고 싶은 충정에 밤낮을 가리지 않고 혼신을 노력을 다했다.

평택대학교에서 학부강의를 하고 있는 필자

강의를 하면서 국제교육원장이라는 보직을 맡았다. 국제교육원은 주한미군, 다문화가족, 유학생, 교환학생들에게 한국학 등을 가르치고, 한국학생들에게는 영어, 중국어, 일본어를 비롯한 외국어를 가르쳐서 글로벌화된 리더를 양성하는 것이다. 또 국제적인 협력관계와 교육을 담당하면서 세계로 뻗어가는 평택대학교의 중추적인 역할을 하는 기구가 국제교육원이다.

평택은 주한미군이 집결되고 있는 지역이다. 평택에서 유일한 4년제

대학교인 평택대학교에서 주한미군에 대한 한국 동화교육을 시키고 있다. 한국에 오는 미군들은 처음으로 외국근무를 하는 병사들이 대부분이다. 이들은 한국문화를 잘 모르기 때문에 본의 아니게 범죄를 저지르고 있다. 평택대학은 국가적인 차원에서 미군들에게 한국 문화, 역사, 풍습 그리고 기초적인 한국어를 가르치는 것이 필요하다고 인식했던 것이다. 한국으로 전입오는 모든 미군들에게 Head Start 프로그램이란 이름으로 매주 3일간씩 교육을 시키고 있다. 연간 1,500명 이상의 미군을 평택대학교 국제교육원이 교육시키면서 한미유대강화와 주한미군의 범죄예방에 많은 효과를 보고 있다.

또 평택대학은 다문화가족 센터를 운영하면서 사회적인 문제가 되고 있는 결혼이민 여성에 대한 한국동화교육을 실시하고 있다. 이들에게 가장 시급한 것은 한국어 습득과 한국 풍습 및 문화에 적응시키는 것이다. 특히 말이 통하지 않으니까 부부간에도 문제가 생기고, 가족간에도 불화가 발생하고 있어 결국은 사회적인 문제로까지 확산되고 있다.

이러한 결혼이민여성들에게 한국어를 가르치려고 해도 기본적인 한국어를 모르는 사람들이 많기 때문에 어려움이 많았다. 결국 먼저 한국에 정착한 결혼이민여성을 대상으로 한국어보조교사 교육을 시킨 후 이들을 활용하여 교육을 하니까 능률이 올랐다. 기본적인 강의 이외에 국제교육원장으로서 다양한 임무를 수행하는 과정에서 평택대학에 대한 애착과 사랑이 더욱 깊어졌다.

한국어 보조교사 양성과정 수료식 (앞줄 왼쪽에서 네 번째가 필자)

## 2. 성지순례

평택대학교는 기독교 정신을 창학이념으로해서 설립되었기 때문에 매주 수요일은 채플을 하고, 교내에 교회가 있어 누구나 자유롭게 예배를 볼 수 있다. 방학이 되면 구약과 신약지역으로 나누어 성지순례를 한다. 2008년 1월 22일부터 2월 1일까지 신학과 학생 및 교수들과 함께 구약지역을 순례했다. 이집트, 요르단, 이스라엘 등 성경에 나오는 지역을 답사하는 기회가 되었던 것이다.

인천공항을 출발하여 10시간 30분을 비행해서 이집트국제공항에 도착했다. 이집트하면 피라미드와 스핑크스를 먼저 생각하게 된다. 피라

미드는 고대 이집트의 국왕, 왕비, 왕족의 무덤이며 카이로에 80기가 산재해 있다. 스핑크스는 피라미드를 수호하는 파수꾼 역할을 하도록 자연암석을 조각한 것인데 군데군데 보수한 흔적을 볼 수 있었다. 도굴이 심하여 피라미드 속에는 아무것도 없고 유물은 모두 고고학 박물관에 보관하고 있었다.

유윤종 교수가 찍어준 피라미드와 스핑크스 그리고 필자

성지순례를 하면서 빠트릴 수 없는 것은 카이로에 있는 아기예수 피난교회였다. 마태복음 2장 13절에 "주의 사자가 요셉에게 이르되 헤롯이 아기를 찾아 죽이려 하니 아기와 그의 어머니를 데리고 애굽으로 피하여 내가 네게 이르기까지 거기 있으라 하시니"라고 한 말씀과 같이 이집트에서 아기예수의 피난처를 볼 수 있었다. 헤롯왕이 메시아로 태어난 아기예수를 없애려고 이스라엘에 있는 모든 어린아이들을 죽이려고 했다. 이 때 요셉이 현몽을 통하여 사자의 명령을 받아 아기예수와 함께 전 가족이 이집트로 피난을 한 것이다.

아기예수 피난교회는 예수님 일행이 1개월간 피난생활을 했던 동굴 위에 지어져 있으며, 이집트의 초대교회 구성원들이 비밀회합을 가졌던 장소이기도 하다. 이 교회를 보면서 당시 기독교의 탄압이 어떠했던가를 실감했다. 너무나 초라한 현장을 둘러보면서 성금을 모아서라도 아기예수의 피난장소를 성지화했으면 하는 생각이 들었다.

기원전 3000년에 건설된 룩소르(Luxor)를 보지 않고는 이집트를 보았다고 할 수 없다. 룩소르는 카이로에서 남쪽으로 660Km 떨어진 나일강변에 있다. 유명한 룩소르신전은 제18왕조의 아멘호테프 3세가 건립하고 제19왕조의 람세스 2세가 증축한 것으로 나일강을 따라 북쪽으로 펼쳐져 있다.

고대 이집트 신왕국시대의 수도였던 룩소르 건너편에는 거대한 왕가의 계곡이 있다. 왕가의 계곡은 당시 국왕들이 매장품의 도굴을 방지하기 위하여 사람들의 눈에 뜨이지 않게 인적이 드문 계곡 바위틈이나 벼랑에 묘지를 만들었다. 어떤 능은 폭포 위에 바위를 뚫고 100m 이상 통로를 만들어 시신을 숨겨놓았다. 이집트의 왕들은 정치적 종교적으로 절대의 지도자 행세를 하면서 스스로 파라오(Pharaoh)라고 불렀다.

왕가의 계곡에서 김동수 교수와 필자

　이집트를 출발해서 모세가 출애굽을 해서 이스라엘로 갔던 길을 따라 갔다. 홍해 바다를 지팡이로 가르고 시나이산을 거쳐 요단강 쪽으로 갔다가 느보산에서 세상을 떠난 그 코스이었다. 어린 모세는 파라오에 의한 이스라엘 민족 영아학살을 피하기 위하여 나일강에 버려졌는데 다행히 파라오의 딸에 의해 구출되어 왕궁에서 양육되었다. 그가 성장했을 때 이스라엘 백성들이 몹시 학대받는 것을 보고 분개하여 동포들을 이끌고 이집트를 탈출했던 것이다. 홍해를 건너 시나이산에서 하나님으로부터 십계명을 받았다. 그 후 모세는 "약속의 땅"인 가나안으로 들어가기 위해 이스라엘 백성들을 이끌고 광야에서 40년간 유랑생활을 계속하지만 자신은 가나안에 도달하지 못했다. 모세는 하나님의 명에 의하여 요단강을 건너기 직전 느보산에서 향년 120세로 세상을 떠났다.

이집트를 떠나서 40년이 넘게 광야를 헤매었기 때문에 출발할 때의 사람들은 대부분 죽었다. 여호수아를 포함하여 2명만이 이스라엘 백성 2세들을 이끌고 가나안으로 들어가서 여호수아가 이스라엘의 초대왕이 되었던 것이다.

모세가 하나님으로부터 10계명을 받은 시나이산 정상
새벽에 산에 올라 해 뜨는 장면을 보면서 예배를 본 후의 필자

모세가 하나님으로부터 10계명을 받은 시나이산을 오르기 위하여 산 아래 산장에서 잠깐 눈을 붙이고 해 뜨는 시나이산을 보기 위하여 새벽 1시에 일어났다. 광야에 있는 산장이라 몹시 추워서 새우잠을 잤다. 옷을 단단히 입고 손전등을 하나씩 들었다. 산 중간쯤 올라가니 현지인들이 낙타를 대기시켜 놓았다. 낙타를 타고 시나이산 정상까지 오르는

데 15$(US)이었다. 정상에 오르니 햇살이 얼굴에 비치었다. 떠오르는 아침햇살을 바라보며 우리 일행은 예배를 봤다.

　모세가 가는 길은 모두 광야이었다. 광야는 풀, 나무 하나 없는 황무지이다. 사막이라고 표현하는 것이 맞는 말이다. 강수량이 1년에 20미리밖에 되지 않기 때문에 생명이 살 수 없는 메마른 땅이다. 이러한 광야를 40년간 방황하다가 요단강 건너 수풀이 우거진 이스라엘 땅을 보니 젖과 꿀이 흐르는 가나안이라고 생각되었던 것이다. 이에 비하면 대한민국은 참으로 하나님의 축복을 받은 금수강산이라는 것을 새삼 느끼게 했다. 모세가 죽은 느보산에 올라 대한민국에서 태어난 것을 하나님께 감사드리면서 요단강을 건너 이스라엘로 향했다.

　이스라엘로 들어가기 전에 요르단에 있는 페트라를 보았다. 페트라는 헬레니즘 시대와 로마제국시대에 걸쳐 아랍왕국의 중심지였던 고대도시이다. 천연방어지대에 로마가 물길을 만들고 원형경기장을 건설하여 문화생활을 했던 흔적을 보면서 놀라지 않을 수 없었다. 페트라에서 볼 만한 것 중의 하나는 바위 벽 속의 무덤인데 많은 무덤이 정교한 모양을 하고 있어 오늘날까지도 무덤을 개조하여 현지 주민들이 거주지로 사용하고 있었다.

　모세가 바위를 칠 때 물이 용솟음쳤다는 모세계곡을 들렸다. 모세계곡은 연노란색으로 변해가는 빨간색과 보라색의 암맥을 가진 사암(砂岩)절벽으로 둘러싸였다. 이 때문에 페트라를 빨간 장미빛 도시라고 불렀다.

페트라

페트라를 거쳐 요르단의 수도 암만으로 가는 길에 십자군의 요새지 카락성을 둘러보았다. 봉건시대 십자군들이 중동 회교국가를 공격하면서 쌓은 카락성 요새는 현대적인 시각에서 볼 때도 과학적인 요소를 다 갖추고 있었다. 암만을 지나 요단강변에서 예수님이 세례요한으로부터 세례를 받던 현장에 도착했다. 여리고 평지를 지나는 요단강변이었다. 이곳은 요르단과 이스라엘이 국경을 접하고 있어 일반 순례객이 접근하기에 어려운 곳이다. 우리가 갔을 때는 양국 사이가 좋았기 때문에 비교적 쉽게 현장에 도착해서 야외에서 예배를 보았다.

요단강은 조그마한 개울과 같았다. 강폭이 8~15m로 좁은 편이나 고대에는 매우 크고 자주 범람을 했다. 특히 모세의 뒤를 이어 여호수아가 이끄는 이스라엘의 출애굽 행렬이 요단강을 건너던 때는 큰 강이었다는 것을 성경기록에서 찾아볼 수 있다. 현재는 이스라엘의 가장 중요한 수자원인 갈릴리의 하구에 수문을 건설하여 요단강으로 흘러 들어가는 물을 통제하기 때문에 요단강의 모습이 볼품없게 변하여 순례자들에게 실망을 안겨주고 있다.

요단강변 예수님 세례터에서의 우리 일행 예배

이스라엘로 들어가니 마사다 요새가 나왔다. 이스라엘 사관학교 생도들이 졸업식을 이곳에서 한다고 했다. 이스라엘 민족이 로마군의 공격에 끝까지 저항하다가 960명이 모두 자결을 했다는 곳이다. 천연적인 지형에다가 정교한 작업을 한 요새이다. 이스라엘의 안보현장이기 때문에 내가 대표기도를 하면서 우리 일행은 함께 예배를 보았다.

여리고, 벳산, 갈릴리호수, 사해 모두 평소 내가 보고 싶었던 장소를 순례했다. 예수님이 사역을 하던 갈릴리(Galilee)호수는 바다와 같았다.

이 호수는 베드로가 고기를 잡던 곳으로서 그가 살던 집터도 해변에서 볼 수 있었다. 오병이어의 기적을 행하시던 들판도 바로 호수 북쪽연안이었으며 유명한 산상보훈의 설교도 이곳 언덕 위에서 하였다.[2]

갈릴리 호수

예수님 당시의 갈릴리 호수연안은 중요한 교통의 요지이면서 아름다운 경치와 기름진 옥토를 갖고 있어서 주변에는 인구가 매우 많았다고 한다. 우리가 갈 때 바나나, 목화, 오렌지, 올리브 등 갖가지 농산물이 풍부하게 재배되고 있었다. 갈릴리 호수의 물은 전 이스라엘 땅의 음료수는 물론 농업용수와 공업용수까지 충당하고 있는 생명의 물이 되고 있다. 호수에서 처음 시작되는 송수관은 큰 자동차가 드나들 수 있을

---

[2] 갈릴리 해변에 다니시다가 두형제 곧 베드로라 하는 시몬과 그 형제 안드레가 바다에 그물을 던지는 것을 보시니 저희는 어부라(마4:18).

정도로 크지만 점차 가늘어지면서 흡사 사람 몸의 혈관처럼 이리 저리 연결되어 전 이스라엘 국토를 적셔주고 있다.

예수님 시대 이스라엘에 파견되어 유대인들을 통치하던 로마 총독의 관저가 있던 가이사랴에 갔다. 지중해에 있는 가이사랴에서 진눈개비와 함께 내리는 강한 폭풍우를 만났다. 추운 겨울에 강한 바람이 불어 산더미 같이 일어나는 파도를 바라보며 2,000년 전에 선교를 위해 지중해를 항해하던 바울의 조각배가 어떤 상태이었겠는가 하고 생각에 잠겨보았다.

예루살렘으로 들어가니 눈이 많이 왔다. 이스라엘에서 눈이 이렇게 오는 일은 처음이라고 했다. 이스라엘은 유대인과 팔레스타인들이 함께 살고 있으면서 오랫동안 갈등이 해소되지 못하고 있다. 예루살렘도 동서로 나누어져서 서쪽은 이스라엘, 동쪽은 팔레스타인 지역이다. 서구 사람들은 치안상태가 좋지 않은 동 예루살렘을 기피하는 경향이 있다. 우리 일행은 일부러 사람들이 많이 찾지 않는 팔레스타인지역, 동 예루살렘에 호텔을 정했다. 한가한 팔레스타인 호텔에 들어가니 직원들이 현관까지 나와서 친절하게 맞이해 주었다. 민족과 종교간의 대립에 의하여 많은 사람들이 고통을 받고 있는 현장을 보면서 이 지역에도 하루 빨리 평화가 정착되기를 기도했다.

예수님이 십자가를 짊어지고 올라가신 골고다 길을 따라 올라갔다. 골고다로 오르는 골목골목에는 교회가 세워져 있다. 십자가가 무거워

쉬어가던 길목마다 교회를 세워놓은 것이다. 길 양 옆에는 조잡한 팔레스타인 상점들이 늘어서 있었다. 이곳은 팔레스타인 지역이라 가난한 팔레스타인 사람들이 순례객들에게 물건을 팔기 위해서 허름한 좌판을 설치해 놓은 것이다. 물건을 사라고 따라오는 팔레스타인 아이들을 뒤로 하고 눈이 쌓인 골고다 언덕길을 올랐다.

통곡의 벽에서는 악천후인데도 불구하고 많은 유대인들이 찾아와 참배를 하고 있었다. 솔로몬 왕은 예루살렘에 장엄하고 아름다운 성전을 세웠다. 그 후 성전은 전쟁으로 파괴되었으나 성전 서쪽에 옹벽 일부가 남아있다. 예수님이 돌아가신 후 로마군은 예루살렘을 공격하여 많은 유대인을 죽였다. 이 같은 비극을 지켜본 성벽은 밤이 되면 통탄의 눈물을 흘렸다고 하여 통곡의 벽이라고 이름이 붙여졌다.

돌아오는 항공기는 텔아비브 국제공항에서 타게 되어 있었다. 예루살렘에서 텔아비브 국제공항까지 가는 데는 고속도로로 멀지 않은 거리였다. 사상 처음으로 내린 눈 때문에 교통이 통제된다고 하여 새벽 1시에 호텔을 나와 텔아비브 공항으로 가는데 걸어서 가는 것이 더 빠를 것 같았다. 그런데도 빨리 출발한 덕분에 예상보다는 이른 시간에 도착해서 공항 대기실에서 오랜 시간 새우잠을 자고 난 후 서울행 비행기에 올랐다.

## 3. 중국 자매학교

평택대학은 Global화된 리더를 육성하기 위하여 많은 해외대학과 교류를 하고 있다. 중국에 있는 자매학교만으로도 곡부사범대학, 북경물자대학, 심양사범대학, 인민대학, 호북대학 등이 있다. 중국뿐 아니라 미국에는 오레곤대학, 조지팍스대학, 고든콘엘신학대학원이 있다. 일본에는 마쯔야마대학, 동경경제대학, 오사카산업대학, 동북학원대학, 구주루터대학, 일본 루터학원대학 등이 있다. 스페인에는 바르셀로나대학, 국립무르시아음악대학이 있으며 독일에 마인츠대학이 있다. 러시아 국립극동기술대학, 필리핀 중앙대학, 멕시코 꼴리마대학, 아르헨티나 꾸요국립대학, 칠레 플라야안차대학 등이 있다.[3]

이들 학교와는 교환학생, 교환교수, 교수 상호교류방문 등이 이루어지고 있는데 2008년 여름방학동안 중국 자매학교를 내가 인솔단장이 되어 방문한 일이 있다. 첫 번째로 방문한 곡부사범대학는 공자의 고향인 곡부에 본교가 있고 일조에도 캠퍼스를 가지고 있다. 중국에서 대학은 인민을 가르치기 위한 선생을 양성하는 곳이라 해서 대부분의 대학들은 사범대학이라는 명칭을 붙이고 있다.

---

[3] www.ptu.ac.kr

곡부사범대학 任廷琦총장의 영접을 받고 있는 필자

산동성에 위치한 곡부사범대학은 1955년에 설립된 명문대학으로서 학생수는 본교와 분교에 각각 2만 5천명이 있으며 거대한 도서관에는 장서가 180만권이나 소장되어 있다. 이 학교는 평택대학교와 학생을 교환하고 있는데 한쪽에서 3년간 수업을 하고, 나머지 1~2년간은 상호 교환하여 수업을 마치면 학위를 수여하는 3+2 프로그램을 운영하고 있다.

곡부사범대학 캠퍼스에 들어가니 공자동상이 높이 서있는 것을 보고 대학의 역사를 한눈에 느낄 수 있었다. 대학은 마치 거대한 도시와 같았다. 모든 학생들이 기숙사에서 생활하고 교수들도 학교 안에서 가족과 함께 거주했다. 출퇴근이라는 개념이 없기 때문에 캠퍼스는 24시간 북적이고 있었다.

공자묘소 (앞줄 왼쪽에서 세 번째가 필자)

곡부는 공자와 태산으로 우리에게 잘 알려진 곳이다. 기원전 551년 곡부에서 출생한 공자는 일찍 부모를 여의고 고아로 자라면서 마을의 늙은 선생 밑에서 열심히 공부를 했다. 노나라 대학에서 시경과 서경을 배웠고 음악도 배웠다. 공자는 고대로부터 전해 내려오던 고서들로 제자들을 가르쳤다. 아들인 백어가 죽고 가장 사랑하는 안희와 자로도 잇달아 죽으면서 만년을 불행하게 지내다가 72세가 되던 해인 기원전 479년에 제자들이 지켜보는 가운데 숨을 거두었다. 공자가 세상을 떠난 후 제자들은 스승이 남긴 어록을 모아서 논어라는 책을 펴내었다.[4] 공자의 가르침은 오랜 세월에 걸쳐 유교로서 우리나라에까지 전해 내려오고 있다.

---

[4] http://ko.wikipelia.org/wiki

태산 정상

    곡부에서 차량으로 1시간 30분 정도 가니 진시왕이 제사를 지낸 후 황제에 올랐다는 태산이 나왔다. 중국 5악 중 첫번째로 꼽히는 태산은 생각보다 높지 않은 해발 1,545m 이었다. 그러나 산동성 일대의 광활한 평지에 우뚝 서 있어 예부터 높은 산의 대명사로 여겨지고 있으며, 공묘, 공림과 함께 유네스코 세계유산으로 지정되어 있다.

    태산이 높다하되 하늘 아래 뫼이로다
    오르고 또 오르면 못 오를 리 없건마는
    사람이 제 아니 오르고 뫼만 높다 하더라

    양사언(楊士彦)이 지은 이 시에 의하여 태산은 한국사람들에게도 잘 알려져 있다. 태산 정상에 오르니 수많은 연인들이 걸어놓은 자물쇠더미를 볼 수 있었다. 자물쇠는 헤어지지말자는 의미로 잠가놓고 열쇠는 영원히 찾지 못하게 태산 아래로 던져버린다고 한다.

태산을 출발하여 고속도로를 따라 3시간을 달리니 일조에 되착했다. 고속도로 주변에 높은 건물들이 우후죽순 격으로 솟아오르는 장면을 보면서 중국이 무섭게 발전하고 있구나 하는 느낌을 받았다. 중국은 다양성을 지닌 큰 나라이다. 56개의 서로 다른 민족들이 모여 살고 있으며, 5,000년이 넘는 장구한 역사 속에 여러 나라들이 거쳐 갔다. 21세기로 들어오면서 중국은 마르크스 레닌주의 경제체제를 벗어버린 후 비약적인 발전을 하고 있다. 중국을 통일한 마오쩌둥, 근대화의 아버지 덩 샤오핑, 그리고 중국현대화에 박차를 가하고 있는 후진타오를 중국인들은 3대 영웅으로 생각하고 있었다.

일조캠퍼스 만찬에서 인사말을 하고 있는 필자

곡부사범대학 일조캠퍼스에 도착하니 부총장 이하 교직원들이 우리 일행을 반갑게 맞이해 주었다. 만찬을 베풀어주는데 독한 술로 중국식 건배가 계속되었다. 중국사람들은 손님이 음식을 먹고 남아야 대접을 잘 했다고 생각한다. 충분한 음식과 술이 계속 나왔다. 나도 평택대학 교수 인솔단장으로서 중국교수들에 뒤질 수 없었다. 마치 양국간에 건배시합을 하는 듯한 분위기로 흡족한 만찬이 진행되었다.

　서부 대개발의 시발지역이기도 한 쓰촨성(四川省) 일대를 둘러보는 기회가 있었다. 쓰촨성은 양자강, 민강, 퉈장강, 자링강 등 4개의 강이 흐르는 곳이라고 하여 붙여진 이름이다. 한족과 더불어 이족, 장족(티베트), 묘족, 회족 등의 소수민족들이 거주하고 있고, 한국사람들의 입에 맞는 매운맛이 나는 사천요리의 고향이기도 하다. 특히 세계문화유산으로 지정된 구채구(九寨溝), 황룡(黃龍)을 비롯하여 두보초당, 망강루, 아미산, 낙산대불 등이 모두 쓰촨성에 있다.

　이른 아침에 기상을 하여 구채구로 가는 중국 국내 비행기를 타고 해발 3,500m 고지에 있는 구황(九黃)공항에 도착했다. 백두산(2,744m)보다 높은 위치에 있는 공항에 내리니 산소가 부족하여 호흡이 곤란했다.

　구채구는 골짜기 안에 9개의 티베트족 마을이 있다고 하여 붙여진 이름이다. 해발 4,700m 고지에 위치한 구채구의 산 위에는 만년설이 덮여있었다. 이곳에 사는 티베트족들은 목욕을 자주하면 고산지대라 피부가 자외선에 상한다고 하여 일생에 3번 밖에 목욕을 하지 않는다고 한다. 태어날 때 한번, 결혼할 때 한번, 그리고 죽을 때 한번 목욕을 한다. 죽을 때는 시신을 목욕시킨 후 토막 내어 야산에 버리면 독수리와 까마귀가 와서 시신조각을 물고 하늘로 올라가는 것을 보고 천당으로 간다고 믿고 있다. 이러한 조장(鳥葬)풍습이 티베트족들에게 있기 때문에 이곳에서는 묘지를 볼 수가 없었다. 대신에 천당으로 보내준다고 하는 독수리와 까마귀를 신과 같이 모시고 있는 장면을 볼 수 있었다.

"황산을 보면 다른 산을 보지 않고, 구채구의 물을 보면 다른 물을 보지 않는다"라는 말이 있듯이 비취처럼 영롱하고 아름다운 색을 띤 구채구의 물은 미경이었다. 호수물은 투명하게 바닥을 비칠 뿐만 아니라 빛의 변화와 계절의 흐름에 따라 각기 다른 색깔과 지질을 드러내고 있다. 온 계곡 안에 흩어져 있는 호수바닥에는 초석이 깔려있어 언뜻 바라보면 마치 공룡이 움직이는 듯하여 눈 돌릴 틈이 없었다.

구채구를 뒤로하고 남으로 150km 떨어진 황룡으로 갔다. "이승의 선경"이라 불리는 황룡은 민산산맥의 주봉 설보산(5,588m) 자락에 있다. 산에 오를수록 산소가 부족하여 숨이 차오르지만 등산로를 따라 펼쳐져 있는 에메랄드색 물길은 감탄을 하지 않을 수 없었다. 고산지대에서의 체력소모는 일반산행의 2~3배에 달한다. 산 아래에서 가이드가 산소통을 하나씩 나누어주어 숨이 찰 때에는 산소를 마시면서 등산을 했다. 그래도 호흡이 곤란한 사람들은 등산로 중간 중간에 설치된 움막에서 제공되는 산소를 마시고 있었다. 힘들게 등산을 한 후 황룡정상에서

V자형 계곡에 계단식 밭처럼 된 오색채지를 바라보는 순간 피로를 순식간에 다 잊어버렸다.

가지고 갔던 라면과 사탕봉지가 부풀어 올라 있는 모습을 보면서 높은 고지라는 것을 시각적으로 느낄 수 있었다. 몸이 좋지 못한 사람은 끝까지 오르지 못하고 중간에서 포기하는 경우가 많았다. 건강한 사람도 저녁식사를 제대로 못하고 우황청심환과 정로환 등을 찾았다.

황룡에서 버스를 타고 도강언으로 향했다. 민강을 따라 놓여있는 2차선 도로는 관광객을 실은 차들로 붐비고 있었다. 원래 중국인들은 자본주의 근성을 가진 사람들이다. 중국인은 비가 오면 우산을 2개 들고 나간다고 한다. 하나는 자기가 쓰고 또 하나는 우산이 필요한 사람에게 비싸게 팔기 위함이라고 한다. 정치적으로 사회주의체제이면서 경제적으로는 자본주의 방식을 따르게 되니 노사분규도 없고, 지방자치단체의 이기주의도 용납되지 않기 때문에 우리나라 박정희 대통령시대의 개발독재 이상의 발전속도가 붙을 수밖에 없는 것이다.

도강언은 청두 서북쪽으로 60Km되는 도강언시의 서쪽 민강에 위치하고 있는데 수리건설의 찬란한 진주로 불린다. 기원전 256년 진나라 리빙과 그의 아들이 40년에 걸쳐 도강언을 완성했다. 홍수가 나서 물량이 많을 때는 자동으로 60% 정도가 외강 즉 원래의 강줄기로 흐르고, 40%가 인공수로인 내강으로 흘러 들어간다. 물량이 적으면 외강으로 40%가 흐르고, 내강으로 60%가 흐르게 되어 홍수 조절과 평원에 물의 공급을 원활히 하고 있다.

  도강언을 거쳐 낙산대불로 갔다. 낙산대불은 민강, 청의강, 대도하 등 3개의 강이 모이는 지점에 절벽을 깎아 만든 자연바위 부처이다. 불상이 하나의 산이요, 산이 하나의 불상이다. 대불의 높이가 71m, 머리 14.7m, 귀 6.72m, 코 5.33m, 눈썹두께가 2.4m 이다. 대불 주위로 100명이 넘는 사람이 둘러 앉을 수 있는 세계에서 가장 큰 석각불상이다. 낙산대불은 당나라 시기였던 서기 713년부터 만들어지기 시작하여 처음 시작한 해통법사가 죽고 난 뒤 90년이 지나서야 완성되었다. 우리 일행은 유람선을 타고 절벽아래에서 그 위대함을 감상할 수 있었다.

  낙산대불과 함께 중국 3대 자연문화유산 중 하나로 지정된 아미산에 올랐다. 아리따운 여인의 눈썹같이 생긴 아미산 정상(3,099m) 금정(金頂)에는 4면부처가 높이 서 있다. 4면부처는 백두산보다 355m 높은 곳에 위치하면서 동남쪽으로 민강과 청의강 등 양자강 지류를, 북으론 청두 평원을, 서쪽으로는 대설산을 바라보고 있다. 아미산에는 케이블카가 설치되어 있고, 정상에는 일출을 볼 수 있도록 관광객을 위한 호텔도 구비되어 있다.

  서울로 돌아오기 위하여 국제공항이 위치한 청두로 갔다. 이 도시는 중국 서남부지역의 과학, 기술, 상업, 경제, 교통의 중심지로서 인구가 980만이다. 청두는 삼국지에 나오는 촉나라 수도이었기 때문에 유비와 제갈공명의 묘소 무후사를 볼 수 있다. 무후사에 있는 삼국지에 관한 유적이 많은 사람들의 눈길을 끌고 있었다. 유비와 제갈공명 묘소는 나무가 무성히 자라 묘지라기보다는 큰 산과 같이 보였다. 유비, 관우, 장비를 모시는 사당과 도원결의의 상징물들을 보면서 삼국지를 다시 읽어보는 느낌이었다.

청두 서쪽지역에는 시인 두보가 거처했던 두보초당이 있다. 평생 정치에 뜻을 두었음에도 그 뜻을 제대로 이루지 못했던 두보가 서기756년 겨울, 안녹산의 난을 피해 촉으로 피난을 와서 아름다운 호숫가에 초가집을 짓고 살았다. 이 초가집에서 두보는 4년여 동안 240여 수의 시를 지어 오늘날 유명한 두보시가 되었다. 서예에 관심이 많았던 나는 명필로 조각된 두보시를 초당에서 읽어보면서 예술품의 진수를 보는 듯했다.

중국 어디를 가나 한국 관광객들이 붐비고 있고, 길에 있는 교통표지판도 한글로 되어 있는 것을 곳곳에서 볼 수 있었다. 일본사람들이 지나간 자리에 한국사람들이 다 차지하고 있다. 중국은 빈부의 차이가 많이 생겨 잘사는 사람은 한국사람들보다 더 고급스럽게 살고 있다. 우마차 옆에 벤츠가 줄을 서있고, 우리나라에서는 볼 수 없는 최고급 양담배가 길거리에서 팔리고 있다.

중국은 갈 때마다 새로운 발전모습을 보여주었다. 등샤오핑의 개방정책이후 비약적으로 발전하고 있는 중국은 미국에 대응하는 세계강국이 될 날이 머지않았다고 생각되었다. 한반도의 44배나 되는 광활한 영토에 13억 인구가 기지개를 펴는 그날이 바로 세계를 제패하는 날이 될 것이다. 동북공정으로 우리에게 위협을 주는 중국에 대하여 정신을 차려야겠다는 생각을 하며 인천공항으로 돌아오는 항공기에 몸을 실었다.

## 4. 영원한 삶을 위한 리더십 요체

대학에서 리더십을 강의해온 필자로서 영원한 삶을 추구하는 사람들에게 전하고 싶은 지도자의 덕목을 생략한 채 넘어갈 수 없다. 일생을 통하여 겪었던 멸사봉공의 리더십에 대한 필자의 체험적 이론을 정리해서 이 책의 결론으로 대신하고자 한다.

리더십은 인간사회가 형성된 이래 계속적으로 논의되고 연구되어 온 학문적인 영역이다. 훌륭한 리더십은 부하에게 영향력을 행사하여 지도자가 원하는 방향으로 조직을 움직이게 하는 한가지 기술이며 예술이라고 할 수 있다. 참된 리더십은 하급자의 자발적인 복종이 따를 때 가능해 짐으로 지도자는 리더십배양을 위하여 부단한 노력을 경주해야 한다.

군자(君者)는 대도지행(大道之行)이라고 했듯이 지도자는 항상 떳떳하고 당당한 큰길을 걸어야 한다. 인간은 감정과 의지의 두 가지 길에 당면하게 되는데 감정을 억제하고 의지를 굳게 가졌을 때 군자의 길을 갈수 있다. 사람의 마음속에는 안일한 욕망을 추구하고자 하는 본능이 도사리고 있다. 이러한 원초적인 본능과 싸워서 이길 수 있다면 그 사람은 지도자로서 1단계로 성공했다고 할 수 있다. 리더십은 스스로 속이지 말고, 남을 사랑하면서 자신과 싸워 이길 수 있는 수양에서 나오는 것이다.

조직의 목표를 달성하기 위하여 집단의 의식구조를 올바르게 이해하고 이에 대한 방책을 찾아보는 것이 리더십의 요체이다. 따라서 그 동안 나의 실무적인 경험에 의한 리더십원칙을 다음과 같이 정리해 본다.

첫째, 비전을 가져야 한다. 비전을 정했으면 그 비전을 구체화 시킬 수 있어야 한다. 비전이 없는 리더는 리더가 아니다. 단지 관리자일 뿐이다. 관리자는 현실을 있는 그대로 받아드리지만, 지도자는 현실에 도전한다. 관리자는 당장 눈앞에 보이는 것만 보지만, 지도자는 장기적으로 먼 곳까지 내다본다. 관리자는 '언제, 어떻게'를 문제 삼을 뿐이지만, 지도자는 '무엇을, 왜' 하는가를 문제 삼는다.

사람들은 관리 받기를 원하지 않는다. 그들은 이끌어 주기를 원한다. 세계적인 관리자란 말을 들어 본 적이 있는가? 그러나 세계적인 지도자란 말은 있다. 정치지도자, 군사지도자, 종교지도자, 기업계지도자 등이다. 그들은 리더한다. 따라서 리더를 하기 위해서는 비전이 필요하며 리더와 관리의 차이는 비전이 있느냐 없느냐에 있는 것이다.

둘째, 하급자에게 모범을 보여라. 윗물이 맑아야 아랫물이 맑듯이 리더십의 요결은 무엇보다 솔선수범에 있다. 지도자는 항상 어항 속에 들어있는 금붕어와 같이 모든 사람들이 주시하고 있다는 생각을 가지고 일거수일투족에 신경을 쓰고 모범을 보여야 한다. 성공적인 지도자의 조직원을 보면 모든 것을 상급자와 닮아 가려고 하는 모습을 볼 수 있다. 전화목소리를 들으면 그 부하들의 목소리가 상급자와 유사한 것을 느낄 수 있으며 걸음걸이나 행동양식도 상급자와 닮아 가고 있는 장면을 볼 수 있다. 그렇기 때문에 지도자는 투명한 생활을 습성화 하면서 하급자에게 모범된 언어와 행동을 보이도록 해야 한다.

항상 아랫사람 위주로 조직을 관리하고 부하를 위하여 헌신하는 자세를 가져야 한다. 지도자가 그 조직을 위하여 희생하고 헌신하며 온몸을 바쳐 소속된 집단을 위해 일한다는 인상을 줄 때 그 조직원도 주인정신을 가지고 자기가 소속된 집단을 위해 최선을 다하게 되는 것이다. 부하들은 좋은 집단에 소속되기를 원하는 속성이 있기 때문에 지도자는 그 조직의 명예와 전통을 계승하도록 하고 전 요원을 다 소중히 생각하고 아무리 작은 일일지라도 최선을 다하도록 하는 분위기를 조성해야 한다.

리더는 아랫사람으로부터의 존경과 신뢰를 바탕으로 하여 그들의 마음속에 자기 일을 성공시키고 싶어하는 의욕을 가지도록 해야 한다. 여기서 신뢰는 자기개인의 행동에 대한 높은 규범과 통제를 엄수함으로써 얻을 수 있다.

부하에게 책임을 전가하면 신뢰를 상실한다. 책임은 자신이 져야 한다. 그래야만 아랫사람이 윗사람을 믿고 따르게 되는 것이다. "자네가 했으니 자네가 책임져. 난 몰라"하는 식으로 꽁무니를 빼면 난처해진다. 그 문제를 해결할 기회가 없어져서 일은 일대로 안 되고 다음부터는 윗사람 대접도 못 받게 된다. 따라서 지도자는 하급자에게 솔선수범하고 모범을 보일 때 신뢰와 존경을 받을 수 있는 것이다.

셋째, 감정의 균형을 유지해야 한다. 지도자는 화를 내어서는 아니 된다. 화를 내는 것은 리더십의 적이다. 부하의 가치관을 존중하고, 의욕을 고취시켜야지 화를 내서 의기를 상실시키면 아니 된다. 속으로 울고 겉으로 웃어라. 마음속으로 감정을 조절해야 한다. 즐거움을 외부로 발산하지 말라. 우둔한 자는 큰 소리로 웃고 현명한 자는 혼자서 웃는다. 상대가 완전하게 못했다고 화내지 말라. 사람마다 개성과 가치관이 다르다. 사람은 장점과 단점이 있으며, 단점을 좋게 보는 상관이 있는가 하면 장점이 단점으로 보이는 사람도 있다. 자기주장이 관철되지 않았을 때 불만을 나타내지 말라. 불만의 표시는 마음이 유치한 증거이다.

인내하고 극기하는 능력을 구비해야 하고, 말이나 행동은 심사숙고한 후에 해야 한다. "말은 당신의 노예이지만 일단 입 밖으로 나오게 되면 당신의 주인이 된다."라는 탈무드의 말과 같이 감정대로 말을 함부로 하지 말고 신중을 기해서 말을 하도록 해야 한다.

한국전쟁 직후 군 조직이 팽창되면서 젊은 장군들이 지식과 경험이 부족한데도 상위직위에 보직되면서 훌륭히 부대를 지휘했다. 그것은 말을 최소화함으로써 권위를 세웠다는 뜻이다. 예를 들어 참모가 결재를 받으러 오면 내용을 잘 모르는 경우에는 고개만 끄덕이고 마음에 들지 않으면 고개를 좌우로 돌리면서 결재를 함으로써 침묵에 의한 지휘를 성공적으로 할 수 있었다고 한다.

인내하여야 할 상황에서 참지 못하고 감정적인 용어를 사용함으로써 후회를 하는 경우가 많다. 지도자가 하급자에게 생각나는 대로 앞뒤를 가리지 않고 말을 함으로써 하급자에게 상처를 주고 스트레스를 쌓이게 하는 경우가 많은 것이다. 때로는 하급자로 하여금 사기를 꺾어 일의 능률을 저해시키는 경우도 있게 된다.

조직 내에서 마찰이 일어나는 것도 지도자의 인내심이 부족한 것에서 기인되는 것이다. 한번은 내가 회의를 마치고 부대로 복귀하기 위해 차를 찾았는데 운전병이 없었다. 바로 부대로 전화를 걸어 운전병이 없다고 하여 중요하지도 않은 일을 가지고 화를 냄으로써 부대의 분위기가 험악했던 일이 있었다. 초급 지휘관 시절에는 화를 많이 내어야만 권위가 서고 지휘의도가 즉각 침투된다고 착각했던 것이다.

화내는 것과 지적하는 것을 혼동하지 말아야 한다. 성을 버럭 내고 욕을 하는 상급자가 의외로 많다. 욕은 아니라도 큰 소리로 야단치기도 한다. 반감만 사지 아무 도움이 되지 않는다. 말과 행동을 감정대로 하지 말고 심사숙고해서 감정의 균형을 유지한 가운데 지도를 해야만 부하들이 존경심을 가지고 스스로 따라오게 되는 것이다.

넷째, 부하를 알고 능력에 따라 사용해야 한다. 하급자를 이해하고 그를 깊이 있게 알고 있다는 인상을 주는 것이 대단히 중요하다. 하급자들의 이름, 가족사항, 고향 등을 파악하고 있다가 직접 대화를 할 때 사용하면 놀라울 정도로 하급자는 상급자를 존경하게 되며 자기에게 관심을 가지고 있다는 확신과 함께 충성을 다하게 된다. 하급자를 지휘할 때도 능력에 따라 임무를 부여해야 한다. 100일도 되지 않은 신병에게 100Km 행군을 시킨다든가, 고참들만이 할 수 있는 큰 능력을 요구하게 되면 무리가 생겨 결국 파멸을 초래하게 되는 경우가 있게 된다.

도망갈 구멍을 남겨두면서 나무라야 한다. 핑계를 대면 모르는 척하고 넘어가야 한다. 난감해 하면 토닥거려 주라. 몰라서 일을 제대로 못했다면 가르쳐 주라. 사람이란 막다른 골목에 이르면 무슨 일을 저지를지 모른다. 대들어 폭행하는 수도 있고 자살하는 수도 있다. 자신의 실패담을 한 예로 들려주는 것도 한 방법이다. "그 때 내가 만일 이런 저런 방법으로 했더라면 좋았을 텐데…… 지금은 후회가 되네……" 하는 식이다. 다른 사람과 비교해서 평가하지 말아야 한다. "김과장은 자네하고 동기지! 가서 그에게 좀 배워!" 한다거나 "김과장은 잘하는데 자네는 어째서…" 하는 식으로 말하는 것은 자존심을 몹시 상하게 할 뿐이다. 지적한 것으로 끝내지 말고 일을 제대로 할 수 있도록 친절하게 안내를 해주어야 한다.

잘못된 행위 자체를 지적해야 한다. 인격이나 인간성을 들먹이는 말은 자존심을 건드려 반감만 사고 주눅들게 해서 역효과가 난다. "이렇게 해 놓고 어떻게 중령이 되었어?" "당장 계급장을 떼어!" "이것도 공문이라고 해가지고 왔나?"라고 꾸중을 하는 경우가 있는데 이는 오히려 문제만 만들게 된다. 그 보다는 "이 부분이 좀 모호하게 됐구먼! 이런 방향으로 고쳐보면 어떻겠어?"라고 구체적으로 지적해 주는 것이 아랫사람에게 스스로 잘 못을 느끼고 책임감을 가지고 용기를 내어 일을 처리할 수 있게 할 것이다.

비리가 있을 때는 주저 말고 이런 저런 말이 들리는데 앞으로 그런 말이 다시 들리지 않도록 조심하라고 분명히 말해 주라. 그렇게 하고도 계속 비리가 있으면 단호히 조치해야 한다. 하급자를 잘 파악하고 그의 능력에 따라 임무를 부여할 때 조직의 능률도 오른다는 것을 명심하고 부하를 알고 능력에 따라 사용해야 한다.

다섯째, 하급자에게 약점을 보이지 말라. 초등학교 학생이 존경하는 선생님이 화장실에서 나오는 장면을 보고 크게 실망했다는 이야기가 있다. 인간은 자기가 존경하고 따르고자 하는 상급자의 약점을 보게 되면 크게 실망하게 된다. 따라서 지도자는 강점은 부각시키고, 약점은 최소화 하도록 노력해야 한다. 나폴레옹은 키가 작은 것을 나타내지 않게 하기 위하여 항상 굽이 높은 구두를 신고 다녔다고 한다. 지도자는 자기를 따르는 부하들에게 실망을 주지 않도록 각별한 관심을 가져야 한다.

여섯째, 조직계통을 통해 지시하고 신상필벌을 해야 한다. 조직을 무시하는 처사나 명령하달을 해서는 아니 된다. 부득이 차차 하급자에게 지시를 했을 경우 차후에 차 하급자에게 그 지시 사실을 통보해 주어야 한다. 그래야만 상하 간에 신뢰를 구축할 수 있고, 조직의 명령계통에 부작용을 해소할 수 있다. 처장이 계장에게 직접 지시를 할 수밖에 없는 상황이 있을 지라도 차후에 이를 과장에게 통보해 줌으로써 처장과 과장간의 신뢰를 더욱 굳게 하고 불필요한 오해를 불식시킬 수 있는 것이다.

신상필벌을 잘 해야 한다. 잘한 사람에게는 상을 주고 못한 사람은 벌을 주어야 한다. 많은 사람들 앞에서는 부하를 칭찬하고, 사람들의 눈에 띄지 않게 책임추궁을 하고 질책을 해야 한다. 즉, 칭찬은 다른 사람이 있는 곳에서 하는 것이 좋으나 질책은 단둘이만 있는 곳에서 하는 것이 좋다. 다른 사람 앞에서 지적해주면 자존심이 상하고 침착성을 잃고 반성보다는 반발을 일으킬 수 있기 때문이다.

일곱째, 자기 자신을 계발해야 한다. 완전한 인간은 없다. 지도자 또한 무엇인가 부족한 점이 있다. 따라서 지도자는 부하를 지도하고 참모를 계발하기에 앞서 자기 자신에 대한 반성과 수양이 필요하다. 자신을 올바르게 다듬지 않고 부하를 바르게 지도할 수 없다. 자신을 계발하기 위해서는 남보다 더 많은 노력이 필요하다. 하루 1시간씩 다른 사람들보다 더 활동을 하면 10년이면 3,650시간을 다른 사람보다 더 많이 살게 된다.

"생각이 바뀌면 행동이 바뀌고, 행동이 바뀌면 습관이 바뀌고 습관이 바뀌면 인격이 바뀌고 인격이 바뀌면 운명이 바뀐다."라고 윌리암 제임스가 말했듯이 지도자는 항상 바른 사고와 행동을 습관화함으로써 자기의 인품과 자질을 함양해야 한다.

지도자는 도덕성과 인품, 및 윤리와 지혜를 쌓기 위하여 극기하는 힘을 키워야 한다. 극기는 자기 자신과 싸워 이기는 것으로써 이는 그렇게 쉽게 이루어지는 것이 아니다. 인간은 누구나 안일하고 싶어하고 향락을 추구하며 각종 유혹에 도전을 받고 있다. 이러한 내면적인 적과 싸워 이기는 극기력이야 말로 지도자의 도를 함양하는 첩경이 되는 것이다.

무욕즉강(無慾即强), 욕심을 버리면 그것이 바로 강하게 되는 것이다. 욕심을 버려라. 바둑을 둘 때 대단히 유리한 국면에서 욕심을 부리기 때문에 역전되는 경우가 많다. "심령이 가난한 자는 복이 있나니 천국이 저희 것이요, 마음이 청결한 자는 복이 있나니 저희가 천국을 볼 것이라"고 한 성경말씀과 같이 욕심을 버리면 마음의 평화를 가져오고 여유를 가질 수 있다. "항상 기뻐하고 범사에 감사하라" 주어진 여건은 모두에게 동일하다. 자기에게 주어진 환경을 어떻게 생각하고 이를 어떻게 극복하는가에 따라 행복지수가 달라진다.

충청북도 음성에 가면 꽃동네가 있다. 그 곳에는 2,000여 명의 버림받은 사람이 모여 있는데 이들 중에는 알코올중독자, 정신질환자, 심신장애자, 결핵환자 등 이 세상에서 얻어먹을 힘도 없는 사람들이 수용되어 있다. 그러나 그 사람들의 얼굴에는 행복이 넘치고 있는 장면을 볼 수 있다. 아무리 어려운 여건에 처할 지라도 이를 호기로 삼고 감사하면서 위기를 극복해 나간다면 인생의 승리자가 될 수 있으며 그 사람의 인품은 깊이를 더하게 될 것이다. 극기하는 힘과 감사하는 마음으로 자기 자신부터 수양하는 지도자가 되도록 자기계발에 부단한 노력을 해야 한다.

여덟째, 변해야 한다. 오바마 미국대통령은 Change! Change! 라는 슬로건으로 무명정치인에서 대통령까지 되었다. 시대상황의 변화와 개혁에 맞추어 "일신 우일신(日新 又日新)"하는 자세로 변화를 해야한다. 현대사회는 하루하루가 다르게 변하고 있다. BC 5세기 때부터 산업혁명이 일어나던 19세기까지의 문명발달이 산업혁명 이후 불과 100년간의 변화와 같은 비중을 차지하고 있다. 그 이후는 점점 더 가속화되어 오늘날에는 하루가 옛날 10년간의 변화보다 더 크게 달라지고 있다.

"당신이 지식을 넓혀가고 있지 않으면 그것은 바로 퇴보를 의미한다."라는 탈무드에서의 말과 같이 제자리걸음은 지식의 낙오자가 되고 마는 것이다. 지식을 함양하는 방법은 독서를 통해서 간접적인 경험을 얻는 경우가 많은데 우리나라 사람들의 독서량이 다른 나라 사람들에

비하여 뒤떨어지고 있는 현실이 안타까울 뿐이다. 미국인의 연간 평균 독서량은 10.8권이며, 일본인은 12.7권인데 반하여 우리 한국인의 연간 평균독서량은 2.7권에 불과하다. 지도자는 독서를 습관화하여 지식함양에 꾸준한 노력을 경주해야 한다. 적어도 일주일에 1권씩의 독서는 필히 함으로서 지식을 통한 변화를 추구함으로써 바람직한 지도자의 자질을 스스로 구비하도록 해야 한다.

아홉째, 사심을 버리고 공명정대하여야 한다. 개인적인 욕심을 버리고 오직 국가와 민족 그리고 인류를 위하여 이 한 목숨 초개같이 버리겠다는 "멸사보국(滅私保國)"의 정신을 자져야 한다. 지도자가 사사로운 일에 얽매어 자신과 자기 주위의 안녕과 이익을 챙기게 되면 지도자로써의 자격을 상실하게 된다. 이러한 지도자가 있게 되면 그 조직의 분위기는 침체하는 방향으로 치닫게 된다. 지도자가 새로 부임하게 되면 "고향이 어딘가?" "무슨 출신인가?" "누구와 친한가?" 하는 것부터 일일이 따져보고 그렇다면 "누구는 잘 됐고, 누구는 망했다." 더라 하는 풍조가 조성될 것이다. 지도자와 인간관계가 있는 친구의 친구 연고까지 이용하여 불순한 동기의 특정그룹을 형성하게 된다. 더 나아가 구성원 개인의 이익 실현을 위해 인사 및 지휘에 영향을 주는 행위가 이루어질 수 있게 되어 그 조직은 파멸하고 말 것이다.

따라서 지도자는 공적 지휘기능에 장애가 되는 배타적 요소가 잠재된 사적 모임에 절대로 참석해서는 아니 되며 만에 하나라도 불순한 동기에서 형성된 개인적 모임이 있다면 지도력 확립차원에서 즉시 해체시켜야 한다. 개인적인 사심을 버리고 공명정대한 처신을 할 때 지도자로서 위치를 유지할 수 있는 것이다.

열째, 강건한 체력을 유지하고 실천하는 지도자가 되어야 한다. 아무리 훌륭한 인품과 전문적인 지식을 가지고 있다 하더라도 건강이 따라주지 않으면 유능한 지도자가 될 수 없다. 지도자는 규칙적인 생활로 자기의 건강관리에 항상 최선을 다해야 한다. 나는 건강을 유지하기 위해서 매일 아침 조깅을 했다. 아침 일찍 기상하여 맑은 공기를 마시며 조깅을 한 후 샤워를 하고 나면 일의 능률이 오르고 몸이 가뿐하여 하루의 생활이 기쁨으로 가득하게 된다. 그리고 건강관리를 하면서 취미생활을 병행하는 것도 좋은 방법이다. 여가시간을 이용하여 테니스, 탁구, 승마, 등산, 스키, 배드민턴 등을 함으로써 건강관리도 되고 취미도 개발할 수 있는 효과를 얻게 되는 것이다.

실천이 없는 지도자는 지도자가 아니다. 계획 5%, 감독 95% 라는 말이 있다. 이는 계획보다도 실천이 중요하다는 뜻이다. 아무리 좋은 계획도 실행이 없으면 그림의 떡에 불과하다. 실천은 진인사대천명(盡人事待天命)에 있다. 인간으로써 가장 행복할 때는 부여된 일에 최선을 다하고 다시 그 일을 한다고 해도 그 이상 할 수 없다고 믿고 있을 때이다. 누구나 최초에 임무를 부여 받으면 부담을 느끼게 되고 그 결과에 대하여 두려움을 가지게 된다. 그러나 "정신일도 하사불성(精神一到 何事不

成)"이라는 말과 같이 무엇이든지 혼신의 노력으로 전력투구하면 불가능한 것이 없다. 따라서 적극적이고 긍정적인 사고방식으로 사물을 평가하고, "Can Do" 철학으로 그 일에 접근한다면 신바람 나는 업무수행이 될 것이며 그 결과도 긍정적으로 나오게 된다.

임무를 수행할 때에는 심사숙고한 후에 정확한 판단을 하고 치밀한 계획을 세워 철저한 준비를 해야 한다. 완벽한 준비가 되었으면 과감한 실천을 해야 한다. 과업이 끝난 후에는 정교한 분석을 거침으로써 보다 발전된 업무수행을 할 수 있도록 해야 한다. 이러한 절차로 전력투구하여 일을 완수한 후에 그 결과는 하늘의 뜻에 맡기는 자세가 되어야 한다.

결론적으로 지도자는 비전을 가져야 하고 모범을 보여야 한다. 희로애락을 바로 나타내지 말고 포커페이스가 되어야 한다. 부하를 잘 파악하고 부하의 능력에 따라 임무를 부여해야 한다. 자기의 약점을 나타내지 말고 신상필벌을 철저히 해야 한다. 시스템을 파괴하는 행동을 삼가고 자신의 발전을 위하여 꾸준히 노력해야 한다. 항상 새로운 것을 개발하고자 하는 창의력을 발휘해야 하며, 공명정대한 처신을 해야 한다. 무엇보다 중요한 것은 강인한 체력이다. 체력이 뒷받침되지 않으면 지도자로서의 자격이 없다. 강인한 체력을 바탕으로 해서 실천하는 지도자가 되어야 한다. 실천 없는 리더십은 허구에 불과하다.

## 저자 차기문(車基文)

- 경남 합천 출생(1944)
- 육군사관학교(제23기)
- 미국 육군대학(CGSC)
- 고려대학교 대학원(석사)
- 미국 트로이 주립대학 대학원(석사)
- 경남대학교 대학원(정치외교학 박사)
- 제6군단 작전참모
- 제5군단 참모장
- 제37사단장
- 청와대 국방비서관
- 한미연합사 부참모장 겸 군정위 수석대표
- 육군중장 예편
- 청주대학교 교수
- 평택대학교 교수
- 국제교육원 원장
- 한미포럼 회장

**저서** : 『정전에서 평화체제로』, 『정의의 전쟁』 외 다수

## 영원한 삶을 위하여
My journey in the eternal life

초판 인쇄  2009년 8월 18일
초판 발행  2009년 8월 25일

지은이  차기문
펴낸이  최종숙

기  획  홍동선
편  집  이태곤·권분옥·이소희·추다영
디자인  이홍주
마케팅  문택주·안현진
관  리  심용창
펴낸곳  글누림출판사
주  소  서울시 서초구 반포4동 577-25 문창빌딩 2층
전  화  02-3409-2055(편집부), 2058(영업부)
팩  스  02-3409-2059
등  록  제303-2005-000038호(등록일 2005년 10월 5일)
이메일  nurim3888@hanmail.net
홈페이지  http://www.geulnurim.com

정  가  20,000원
ISBN  978-89-6327-025-8  03810

*파본은 교환해 드립니다.
*저자와의 협의에 의하여 인지는 생략합니다.